귀여운 털북숭이 친구 햄스터

The Hamster Handbook

Copyright © (2015) by B.E.S. Publishing Co., originally published in the United States by SOUCEBOOKS, LLC., www.sourcebooks.com/.
All rights reserved.

This Korean translation published by arrangement with Sourcebooks, LLC through Alex Lee Agency ALA

이 책의 한국어판 저작권은 알렉스리 에이전시 ALA를 통해서 Sourcebooks LLC 사와 독점 계약한 씨밀레북스에 있습니다. 저작권법에 의해 한국 내에서 보호를 받는 저작물이므로 무단 전재와 복제를 금합니다.

귀여운 털북숭이 친구 햄스터

2025년 08월 25일 초판 1쇄 찍음
2025년 09월 05일 초판 1쇄 펴냄

제작기획 | 씨밀레북스
책임편집 | 김애경
지은이 | 패트리샤 바틀릿
옮긴이 | 이수현
펴낸이 | 김훈
펴낸곳 | 씨밀레북스
출판등록일 | 2008년 10월 16일
등록번호 | 제311-2008-000036호
주소 | 서울시 서대문구 이화여대2다길 9 301호
전화 | 02-3147-2220/2221 **팩스** | 02-2178-9407
이메일 | cimilebooks@naver.com
웹사이트 | www.similebooks.com

ISBN | 978-89-97242-05-9 13490

이 책은 저작권법에 따라 보호받는 저작물이며,
무단전재와 무단복제는 법으로 금지돼 있습니다.
※값은 뒤표지에 있습니다.

마니아를 위한 PET CARE 시리즈
20

귀여운 **털북숭이** 친구
햄스터
Hamster

패트리샤 바틀릿 지음 | 이수현·성민혁 옮김

씨밀레북스

| prologue

가장 **사랑스러운** 설치류, **햄스터**

플로리다 중북부에 마련한 사무실에서 글을 써 내려가다, 책상 옆 케이지 안에서 베딩을 정리하고 있는 작은 햄스터를 보니 어린 시절의 추억이 떠오른다. 아주 오래전, 나는 매사추세츠주 서부에서 어린 시절을 보냈다. 어렸을 때부터 온갖 종류의 동물을 좋아했고, 다행히 부모님도 나의 관심을 인정해 주셨다. 밤마다 지역 신문에 실린 '분양용 반려동물' 광고를 읽는 것은 일종의 의식이었다. 그러던 어느 날 밤, 아버지가 멈춰 서서 "햄스터가 뭐야?"라고 물으신 것이 기억난다(개와 고양이에 대한 광고가 흔했던 때였다). 그때 나는 열 살이었고, 햄스터에 대해 확실하게 알지 못했다. 아버지는 나에게 그 광고를 소리내 읽어주셨다. "골든 햄스터, 한 마리에 10달러"라고 말한 다음 전화번호를 읽었다. 아버지는 "전화해 보자"라고 말씀하셨다.

광고를 낸 분양자에게 바로 전화를 했는데, 아버지와 나는 그에게서 골든 햄스터가 작은 '테디 베어(Teddy Bear)'[1]와 같다는 말을 들었다. 아버지는 분양자에게 10달러 미만에 데려올 수 있는지 물으셨고(당시에는 10달러가 큰돈이었다), 잠시 논의한 끝에 결국 한 쌍에 16달러를 지불하기로 합의했다. 우리는 당장 분양자를 만나러 가기로 했다. 분양자는 주 외곽에 거주하고 있었는데, 아버지와 나는 드라이브를 하는 동안 골든 햄스터가 과연 어떻게 생긴 녀석일지 열심히 상상의 나래를 펼쳤다.

---

1 손으로 만든 곰 모양의 봉제인형을 말한다. 테디 베어는 20세기 초 '모리스 믹텀-Morris Michtom'이 미국에서 개발했으며, 같은 시기에 독일에서도 '리하르트 슈타이프-Richard Steiff'에 의해 개발됐다. '테디'라는 이름은 미국 26대 대통령인 시어도어 루스벨트-Theodore Roosevelt-에서 유래한다.

뭔가 떠오르기는 했지만, 그것은 확실히 우리가 여태 봤던 작은 생물들과는 전혀 달랐다. 도착했을 때 분양자는 아버지와 나를 지하실로 데려갔고, 그곳에는 여섯 개의 작은 테라리움(terrarium)[2] 속에 수십 마리의 새끼 골든 햄스터가 있었다. 분양자가 말한 것처럼 곰같이 보이지는 않았지만, 첫눈에 반해버렸다. 나는 저축한 용돈과 앞으로 받게 될 용돈이 그날 다 쓰이리라는 것을 직감했다. 30분 후 자리를 떠날 때 우리는 어린 골든 햄스터 한 쌍이 들어 있는 판지상자를 들고 있었다.

우리가 데리고 온 햄스터 한 쌍은 어느 설치류처럼 잘 자라고 번식도 했다. 햄스터를 집으로 데려온 지 불과 몇 주 만에 첫 번째 새끼들을 낳았다. 또 몇 주가 지난 후에 그 새끼들이 새끼를 낳았고, 나는 곧 이웃들에게 새끼 햄스터를 나눠줬다. 우리는 신문에 광고를 실었고, 몇 마리를 분양했다(분양가는 저렴했다). 일부는 반려동물 숍으로 팔려 갔고 일부는 다른 브리더에게 갔다. 결국 나에게 남은 것은 원래 데리고 온 한 쌍뿐이었다. 그리고 시간이 지나면서 늙어버려서 더 이상 번식하지 않았다. 확실히 기억은 나지 않지만, 그때 온 가족이 안도의 한숨을 쉬었던 것 같다.

골든 햄스터란 동물에 대해 거의 알려지지 않았던 시절부터 굉장히 인기가 많았던 반려동물로 기억한다. 이 작은 생물은 모든 반려동물 숍에서 볼 수 있었고, 당시 일종의 작은 월마트였던(5센트짜리 숍이라고 불리던) 숍의 반려동물 코너에도 구비돼 있었다. 사람들이 별로 좋아하지 않는 집단에 속하는 작은 설치류가 그렇게 인기를 끌 수 있다는 것이 경이롭다고 생각했다. 지금도 골든 햄스터는 여전히 반려동물로서의 매력을 발산하고 있다. 나는 아직도 가장 사랑스러운 설치류로 햄스터를 꼽는다. 볼주머니에 씨앗과 과일을 가득 채우고 여기저기 돌아다니는 모습을 보면, 항상 브라운관 밖으로 튀어나올 것 같은 엉뚱한 만화 캐릭터인 마구 씨(Mr. Magoo)[3]가 생각난다. 이렇게 매혹적인 존재에게 어떻게 빠지지 않을 수 있겠는가. 이 글을 읽는 독자 여러분들도 햄스터의 매력에 흠뻑 빠져보길 바란다.

패트리샤 바틀릿(Patricia Bartlett)

---

[2] 유리 용기 안에 식물과 흙으로 꾸민 작은 생태계를 의미하며, 실제로 식물을 기르거나 뱀·거북 등을 투입해 기르는 데 사용하는 유리 용기를 이른다.   [3] 영국 CITV에서 방영됐던 만화 시리즈 '미스터 마구'의 시력 나쁜 주인공 이름을 말한다.

contents

Prologue 6

Chapter 1 햄스터의 생물학적 특성
section 1 햄스터의 정의와 기원, 유래 12
햄스터의 정의 I 햄스터의 유래 I 햄스터 사육의 역사(최초로 언급된 시리안 햄스터/연구동물로 사용하기 위해 채집된 시리안 햄스터/한센병 연구에 이용된 시리안 햄스터/햄스터 시장의 시작과 번성/야생 시리안 햄스터의 후손들) I 햄스터의 학문적 분류 I 햄스터의 현황

section 2 햄스터의 신체구조와 특성 30
이빨 I 볼주머니 I 눈과 수염 I 귀 I 코 I 입 I 사지와 발 I 꼬리와 성별 I 털 I 피부 I 내부장기(위/폐/심장/생식계)

section 3 햄스터의 생태와 생애주기 40
햄스터의 서식지 I 햄스터의 크기와 수명 I 햄스터의 성장 I 햄스터의 먹이활동 I 햄스터의 성별 I 햄스터의 번식 I 햄스터의 라이프사이클(출생/유년기/청소년기/성성숙기/성체기/노년기)

section 4 햄스터의 특성과 습성 50
야행성 혹은 박명박모성 I 먹이를 저장하는 습성 I 굴 파기 I 단독생활? 공동생활? I 카니발리즘(cannibalism) I 햄스터의 소화 I 식분증 I 햄스터의 동면과 휴면(햄스터의 동면과 휴면/휴면에 들어가는 경우/휴면이 지속되는 시간과 영향/휴면 여부를 확인하는 방법/휴면에서 깨우기/휴면을 방지하는 방법) I 햄스터의 감각(시각/후각/청각/촉각) I 실험동물로 많이 이용되는 햄스터 I 햄스터의 행동(정상적인 행동-어두울 때 활동하기, 물건 씹기, 볼주머니 채우기, 굴을 파고 숨기, 기타 정상적인 행동/비정상적인 행동-휴면에 들어간다, 에너지가 부족하다, 먹거나 마시지 않는다, 씹지 않기, 평소와 다른 은신, 기타 비정상적인 행동)

Chapter 2 햄스터 기르기의 기초
section 1 반려동물로서의 햄스터 70
반려동물로서 햄스터의 장점(귀엽다/크기가 작다/관리가 쉽다/분양비용이 저렴하다/조용하다/깨끗하다/관찰의 재미가 있다/단기적인 헌신/온순하다/특별한 환경적 요구사항이 없다) I 반려동물로서 햄스터의 단점(물기/박명박모성 생활방식/질병과 박테리아/짧은 수명/성인의 감독 필요) I 반려동물로 기르기 좋은 햄스터 종

section 2 햄스터 기르기 전 고려할 사항 80
호기심이 많은 기질 I 입양에 드는 비용 I 보호자의 라이프 스타일 I 어린아이와 햄스터 I 보호자의 건강 I 가족구성원의 합의 I 유대감 형성하기 I 헌신을 위한 준비 I 햄스터는 탈출전문가

section 3 햄스터 선택의 일반적인 기준 88
햄스터 종류의 선택(시리안 햄스터/차이니즈 햄스터/캠벨 드워프 햄스터/러시안 드워프 햄스터/로보로브스키 햄스터) I 햄스터 마릿수의 선택(1케이지에 1마리) I 햄스터 성별의 선택(시리안 햄스터 암수의 차이/차이니즈 햄스터 암수의 차이/러시안 드워프 햄스터 암수의 차이/캠벨 드워프 햄스터 암수

의 차이/로보로브스키 햄스터 암수의 차이) | 햄스터 나이의 선택 | 건강한 햄스터의 선택 | 햄스터의 입양 | 햄스터의 이동 | 새로운 환경에 대한 적응

section 4 햄스터 기를 때 주의할 점 102
핸들링 | 길들이기 | 스트레스와 햄스터 | 햄스터와 다른 반려동물 | 번식에 대한 고찰 | 햄스터의 성별 구분 | 입양 당시 임신 중일 때 | 새끼의 성장

Chapter 3 햄스터 케이지의 조성
section 1 케이지 조성에 필요한 용품 120
케이지(케이지의 크기와 설치/케이지 디자인 유형-철장 케이지, 유리 수조 케이지, 2단 케이지, 플라스틱 케이지, 리빙 박스, 아크릴 케이지, 비상용 케이지) | 베딩(펄프 베딩/우드 쉐이빙/펠릿 베딩/부드러운 건초와 토양/자작 베딩) | 물병 | 먹이그릇 | 쳇바퀴 | 은신처 | 화장실 | 목욕통 | 장난감 | 이빨갈이용품

section 2 케이지 세팅과 풍부화 142
케이지의 세팅(수면 공간 세팅하기/경사로 세팅하기/쳇바퀴 세팅하기/먹이그릇과 물병 세팅하기/화장실 세팅하기/햄스터 투입하기) | 케이지 풍부화

Chapter 4 햄스터의 일반적인 관리
section 1 케이지 및 케이지 환경 관리 154
온도 관리(겨울철 온도 관리-히터·히팅 패드 사용하기, 푹신한 베딩·은신처 제공하기, 케이지 옮기기/여름철 온도 관리-시원한 물 제공하기, 에어컨·선풍기 사용하기, 놀이 제한하기, 용품 냉동해 제공하기, 케이지 옮기기) | 청소 관리 | 안전관리 | 탈출

한 햄스터 다루기

section 2 먹이의 급여와 영양관리 164
햄스터 먹이의 종류(펠릿사료/혼합사료/익스트루전 사료/신선한 채소와 과일/건초/밀웜과 귀뚜라미/사료 구입 시 주의사항) | 비타민·미네랄보충제 | 간식 | 먹이급여방법 | 먹이급여량

section 3 햄스터의 이빨 관리 176
이빨과 관련한 건강상 문제(앞니의 손상/어금니의 손상/볼주머니 질환) | 이빨 질환의 예방을 위한 관리(올바른 먹이 제공/건강한 간식 제공/이빨갈이용 장난감 제공/박테리아감염 예방/1년에 한 번 치과 검진하기) | 잠재적인 이빨 질환의 식별(매주 이빨 검사하기/식욕의 변화 살피기/체중의 변화 살피기/과도한 침 흘리기 확인하기/입 냄새 맡아보기/수의사에게 문의하기) | 이빨 질환의 치료

Chapter 5 햄스터의 건강과 질병
section 1 질병의 징후와 예방 조치 188
질병의 징후(자극에 대한 반응/전체적인 외관의 상태/기분 및 태도의 변화) | 질병의 예방(좋은 식단 제공/건조한 환경 제공/은신처 제공/운동용 쳇바퀴 제공/안전사고 주의) | 질병 발생 시 응급조치

section 2 흔히 걸리는 질병 및 대책 196
골절 | 교상(물림) | 농양 | 눈 질환 | 볼주머니 부상 | 이빨 질환 | 귀 질환 | 열사병 | 호흡기질환 | 장 질환 | 살모넬라증 | 곰팡이와 기생충 | 쇼크 | 햄스터의 노화 | 유전적 문제

Chapter 6 햄스터의 커뮤니케이션

section 1 햄스터의 신체언어와 소리에 대한 이해 218

햄스터의 신체언어(귀를 쫑긋 세우고 보호자를 지켜보는 경우/귀가 뒤로 젖혀져 있는 경우/귀가 앞으로 나오고 볼주머니가 부풀어 오른 경우/열심히 그루밍을 하는 경우/기지개 켜는 동작을 하는 경우/볼주머니를 급하게 비우는 경우/마치 권투를 하는 것처럼 뒷발로 서서 앞발을 동시에 움직이는 경우/이빨을 딱딱거리는 경우/케이지에 접근하면 놀라서 도망가는 경우/등을 대고 누워 이빨을 드러내는 경우/케이지 바닥, 특히 벽 근처를 기어다니는 경우/케이지 안의 깨끗한 베딩을 파헤치는 경우) I 햄스터의 소리

section 2 햄스터 간의 커뮤니케이션 224

가까이 접근하기 I 코를 킁킁거리며 주위 빙빙 돌기 I 대면 스파링(face-to-face sparring) I 유화동작(appeasement) I 롤링 파이팅(rolling fighting) I 냄새 마킹(marking)

Chapter 7 햄스터 종의 소개

section 1 반려동물로 기르는 햄스터 5종 232

시리안 햄스터(시리안 햄스터의 생태적 특징/시리안 햄스터의 신체적 특징/시리안 햄스터의 행동적 특징/시리안 햄스터의 번식 특징) I 캠벨 드워프 햄스터(캠벨 드워프 햄스터의 생태적 특징/캠벨 드워프 햄스터의 신체적 특징/캠벨 드워프 햄스터의 번식 특징) I 러시안 드워프 햄스터(러시안 드워프 햄스터의 생태적 특징/러시안 드워프 햄스터의 신체적 특징/러시안 드워프 햄스터의 번식 특징) I 로보로브스키 햄스터(로보로브스키 햄스터의 생태적 특징/로보로브스키 햄스터의 신체적 특징/로보로브스키 햄스터의 번식 특징) I 차이니즈 햄스터(차이니즈 햄스터의 생태적 특징/차이니즈 햄스터의 신체적 특징/차이니즈 햄스터의 번식 특징)

section 2 반려햄스터 5종의 색상과 패턴 260

시리안 햄스터의 색상(골든/블랙/블루/브라운/초콜릿/시나몬/쿠퍼/블랙 아이 크림/레드 아이 크림/다크 그레이/라이트 그레이/실버 그레이/허니/블랙 아이 아이보리/레드 아이 아이보리/라일락/펄/러스트/세이블/세이블 로안/토르토이즈쉘/엄브로우스 골든/다크 이어 화이트/페일 이어 화이트/옐로우/옐로우 블랙) I 시리안 햄스터의 패턴(셀프/밴디드/도미넌트 스팟/로안/토르토이즈쉘/리세시브 데플) I 시리안 햄스터의 털 유형(헤어리스/쇼트/롱-헤어/새틴/렉스/엄브로우스) I 캠벨 드워프 햄스터의 색상(노멀/모틀 노멀/플래티넘 노멀/알비노/레드 아이 아르젠테/블랙 아이 아르젠테/모틀 아르젠테/베이지/블루 베이지/블랙/모틀 블랙/블루/모틀 블루/블루 폰/초콜릿/도브/모틀 도브/라일락 폰/오팔/모틀 오팔/오팔 플래티넘/블랙 아이 화이트/레드 아이 화이트) I 러시안 드워프 햄스터의 색상(노멀/사파이어/펄) I 로보로브스키 햄스터의 색상(노멀/아구티/화이트 페이스드/허스키/모틀 or 파이드/헤드 스팟/화이트 프롬 화이트 페이스드/화이트 프롬 파이드/블랙 아이드 화이트/레드 아이드/블랙 블루/) I 차이니즈 햄스터의 색상(노멀/도미넌트 스팟/블랙 아이드 화이트)

Chapter 01

햄스터의 생물학적 특성

햄스터의 기원과 유래 및 역사 그리고 신체적인
특성과 기본적인 생태에 대해 살펴보고, 햄스터
특유의 행동과 습성에 대해 알아본다.

햄스터의 정의와 기원, 유래

햄스터(Hamster, Cricetinae-비단털쥐아과)는 손 안에 쏙 들어오는 작은 크기와 앙증맞고 귀여운 외모, 다른 반려동물에 비해 상대적으로 낮은 관리난이도, 조용하고 차분한 성격 등 여러 가지 장점을 두루 가지고 있어서 전 세계 애호가들로부터 많은 사랑을 받고 있는 소형 반려동물이다. 수명도 짧고 손이 많이 가지 않는 동물이라는 이유로, 종종 반려동물을 처음 기르는 초보자에게 적합한 '입문용 반려동물(starter pet)'이라고 소개되는 것을 볼 수 있다. 그러나 사실은 전혀 그렇지 않으며, 비록 수명이 짧다 해도 반려동물로 함께하는 동안 제대로 기르기 위해서는 공부해야 할 내용들이 생각 외로 많다. 이번 섹션에서는 햄스터가 어떤 동물인지 이해하는 데 도움이 되는 기본적인 사항들에 대해 자세하게 살펴보도록 한다.

햄스터의 정의

'햄스터(Hamster)'는 포유류(Mammalia) 쥐목(Rodentia) 비단털쥣과(Cricetidae) 비단털쥐아과(Cricetinae)에 속하며, 비단털쥐아과 내 8속 20여 종의 작은 설치류를 통틀어 이

햄스터는 비록 수명이 짧다 해도 반려동물로 함께하는 동안 제대로 기르기 위해서는 공부해야 할 내용들이 많다.

르는 용어다. 모두 구세계(Old World; 유럽, 아시아, 아프리카를 가리킴) 출신이고, 먹이를 저장하는 것을 좋아하는 습성을 지니고 있다. 비단털쥣과에는 햄스터그룹 외에도 코튼 랫(Cotton rat, *Sigmodon* spp.; 목화쥐), 우드 랫(Wood rat, *Mus* spp.; 숲쥐), 하비스트 마우스(Harvest mouse, *Reithrodontomys*; 들쥐), 레밍(Lemming; 나그네쥐), 볼(Vole, meadow mice; 들쥐의 일종), 저빌(Gerbil or Mongolian gerbil, *Meriones unguiculatus*) 등이 속한다.

비단털쥣과에는 민첩하게 기어오르는 종(Harvest mouse), 수영을 잘하는 종(Muskrat, *Ondatra zibethicus*; 머스크랫, 사향쥐), 일반적으로 어둠 속에서 이곳저곳으로 빠르게 돌아다니는 종(Gerbil) 등이 있으며, 햄스터는 비단털쥣과에서 굴을 파는 종과 먹이를 저장하는 종으로 두드러진다. '햄스터'라는 이름은 '저장하다(store)'라는 뜻의 중세 고지 독일어(Middle High German) '하마스트라(hamastra)'에서 유래했다고 하는데, 이는 잠자리에 먹이를 저장하는 습성을 보고 붙여진 이름이라고 할 수 있다.

햄스터는 현재 전 세계에서 작은 크기의 반려동물로 확실히 자리 잡고 있다. 반려 햄스터로 가장 널리 알려져 있고 또 많이 길러지고 있는 종은 골든 햄스터(Golden hamster)라고도 불리는 시리안 햄스터(Syrian hamster, *Mesocricetus auratus*)다. 시리안 햄스터 외에 반려햄스터로서 일반적으로 사육되는 종은 3종의 드워프 햄스터, 즉 캠벨 드워프 햄스터(Campbell's dwarf hamster, *Phodopus campbelli*), 러시안 드워프 햄스터(Russian dwarf hamster or Winter white dwarf hamster or Djungarian hamster, *Phodopus sungorus*), 로보로브스키 햄스터(Roborovski hamster, *Phodopus roborovskii*) 등이다.

햄스터의 유래

햄스터의 많은 종은 사막 출신이며, 일부는 시리아에서 왔고 일부는 중국 북부와 같은 지역에서 유래했다. 사막이나 바위가 많은 지역에 주로 서식하는데, 두 지역 모두 밤낮으로 매우 뜨거워졌다가 극도로 추위지는 등 극심한 온도변화를 겪을 수 있는 곳이다. 일부 지역에서는 이처럼 열악한 온도조건이 햄스터가 지하에 굴을 파고 털이 빽빽하게 나는 이유가 된다. 이와 같은 야생의 특성은 로보로브스키 햄스터같이 오랫동안 인간에게 길러지지 않은 종들에서 두드러지게 나타난다.

햄스터를 반려동물로 일반 대중에게 널리 알리는 데는 영국 기생충학자인 사울 아들러(Saul Adler), 예루살렘대학의 동물학자인 이스라엘 아하로니(Israel Aharoni), 앨라배마주 모바일(Mobile)의 고속도로 엔지니어인 앨버트 마시(Albert Marsh) 등 세 사람의 공이 매우 컸다(대한민국에서는 1990년대에 들어서 반려동물로 널리 길러지기 시작했다). 햄스터는 이미 1839년 워터하우스(G. R. Waterhouse)에 의해 과학적으로 분류됐지만, 사육 및 인공번식이 성공적으로 이뤄지기 시작한 것은 100년이 채 되지 않는다. 1930년 시리아의 알레포 지역에서 채집된 암컷 1마리와 새끼 11마리가 햄스터 사육 역사상 최초의 개체들이며, 이 12마리가 현재 애호가들에게 널리 길러지고 있는 시리안 햄스터(Syrian hamster or Golden hamster, *Mesocricetus auratus*)의 시초가 됐다.

앞서 언급한 세 사람은 모두 시리안 햄스터가 지닌 반려동물로서의 잠재력을 인지했다. 사울 아들러는 자신의 연구에 사용할 수 있는 야생햄스터의 필요성을 깨닫고, 야생햄스터를 얻은 후 다른 과학자들과 공유한 공로를 인정받았다. 아하로니는 사실상 최초의 햄스터를 발굴하고, 아내와 함께 그 새끼를 길러내려는 끈질긴 의지로 공을 세웠다. 마시는 햄스터 관련 사업을 시작한 것, 아마 처음은 아니었을지 몰라도 '햄스터를 집에서 길러 돈을 버는 사업'으로 시작한 공로를 인정받았다.

햄스터 사육의 역사

햄스터의 사육 역사를 알기 위해서는 1700년대로 거슬러 올라가야 한다. 다른 모든 사안과 마찬가지로, 특정 동물의 이력은 해당 동물에 관해 논의할 때 빠뜨려서는 안 되는 주제다. 인간에게 길들여진 햄스터는 골든 햄스터로도 불리는 시리안 햄스터(Syrian hamster or Golden hamster, *Mesocricetus auratus*)에서 시작한다. 시리안 햄스터는 전체적으로 황금빛 갈색을 띠는 것이 유러피언 햄스터(European hamster or Common hamster, *Cricetus cricetus*)와 유사하지만, 완전히 같지는 않다.

■최초로 언급된 시리안 햄스터 : 시리안 햄스터라는 설치류 동물에 대해 최초로 언급된 것은 '알레포의 자연사(The Natural History of Aleppo)'라는 책의 두 번째 판에서다. 1740년에 알렉산더 러셀(Alexander Russell)이라는 영국인 의사가 시리아의 알레포에서 의료활동을 하고 있었다. 시리아는 지중해의 동쪽 끝자락에 있는 나라였다.[1] 알렉산더는 알레포에 있는 영국 무역회사 소속의 주치의였고, 해당 지역 파샤(pasha; 튀르키예, 이집트의 주지사 또는 군사령관을 이른다)의 총애를 받고 있는 인물이었다.

그는 이 새로운 땅에서 지식인으로서 할 수 있는 일을 진행했는데, 주로 사람과 지역 동식물 및 전염병에 대해 기록하는 것이었다. 그의 기록을 살펴보면, 전염병에 대해서는 어느 정도 전문가가 됐지만 설치류와 전염병 확산 사이의 상관관계를 파악하지는 못했던 것 같다.[2] 그는 한가한 시간에 글을 써 모아 '알레포의 자연사'라고 제목을 붙였고, 시리아를 떠난 후인 1756년에 같은 제목으로 책을 출판했다.

알렉산더의 남동생인 패트릭 러셀(Patrick Russell)은 1750년부터 1781년까지 알레포에서 살았다. 그는 형이 죽은 후인 1797년에 내용을 추가해 '알레포의 자연사' 두 번째 판을 출간했다.[3] 시리안 햄스터가 처음 등장한 것은 이 두 번째 판이다. 형인 알렉산더가 햄스터에 대해 알고 있었을지도 모르지만, 햄스터 이야기를 처음으로 출판한 사람은 동생인 패트릭이었다. 책에서 패트릭은 햄스터에 대해 장황하게 설명하지

---

[1] 시리아는 지중해의 가장 동쪽 끝, 키프로스섬 서쪽과 튀르키예(Türkiye; 이전의 터키)의 남쪽에 자리 잡고 있다. 현대의 기준으로 시리아는 더 이상 먼 나라가 아닌데, 1980년대 이후 내전과 폭력으로 분열돼 세계의 주목을 받고 있는 상태다. [2] 당시에는 '과학적 분석'이 완전히 새로운 접근방식이었다. 패혈증이나 청결과 같은 기본적인 개념은 1865년까지 영국에서 정립되지 않았다. [3] 두 판 모두 오래전에 절판됐다. 햄스터 내용이 없는 첫 번째 판을 중고서점에서 판매하고 있는 것을 가끔 볼 수 있다.

는 않았는데, 볼주머니에 가득 집어넣은 프랑스산 강낭콩의 개수를 설명하는 정도였다. 패트릭은 "햄스터의 볼주머니에 들어 있던 강낭콩을 탁자 위에 쭈욱 펼쳐놓으면, 녀석의 몸에 비해 세 배나 큰 덩어리가 됐다"라고 설명하고 있다. 햄스터가 한 번에 엄청난 양의 먹이를 옮길 수 있다는 말에 수긍이 가는 대목이다.

패트릭 러셀은 시리안 햄스터가 본질적으로 유러피언 햄스터(European hamster or Black-bellied hamster or Common hamster, *Cricetus cricetus*)와 동일한 종이라고 생각했고, 이를 무스 크리케투스(*Mus cricetus*, Mouse golden)라고 불렀다. 후에 프랑스의 자연사학자인 르클레르 뷔퐁(Georges Louis Leclerc de Buffon)과 스웨덴의 생물학자인

시리안 햄스터 골든 도미넌트 스폿(Golden dominant spot)

칼 폰 린네(Carl von Linné)는 이를 잘못 분류한 것이라 지적했다. 패트릭은 시리안 햄스터를 이용해 무엇을 했는지는 정확히 기록하지 않았지만, 형인 알렉산더와 마찬가지로 관찰과 글쓰기에 있어서 과학적 사고를 지닌 신중한 사람이었다.

햄스터에 대한 정보는 1839년까지 남아 있었다. 그해 런던동물학회(London Zoological Society) 박물관의 큐레이터인 조지 로버트 워터하우스(George Robert Waterhouse)는 학회 회의에서 시리안 햄스터를 새로운 종으로 발표했다. 당시 워터하우스는 박물관에서 포유류 표본을 처리하는 업무를 맡고 있었다. 그는 학회가 알레포로부터 받은 한 표본(기증자는 알려지지 않았지만, 패트릭 러셀인 것으로 보인다)의 피부와 두개골을 바탕으로 설명했으며, 크리케투스 아우레투스(*Cricetus auretus*, Golden hamster)라고 명명했다. 몇 년 후 이 햄스터는 메소크리케투스속(*Mesocricetus*)으로 재분류됐다.

새로운 햄스터 종의 발표는 누군가를 꽤 흥분시켰을 것 같지만(어쨌든 1839년에는 전기나 전구도 없던 시절이었기에), 실제로 시리안 햄스터는 잠시 명성을 누리다가 금세 가라앉았고, 1920년대 후반이나 어쩌면 1930년대 초반까지 다시 잊힌 존재가 됐다.

사울 아들러가 차이니즈 햄스터(사진)를 구하는 데 어려움을 겪으면서 시리안 햄스터를 포획하게 됐다.

■ **연구동물로 사용하기 위해 채집된 시리안 햄스터**: 사울 아들러는 예루살렘 히브리대학교(Hebrew University)의 기생충학자였다. 그는 차이니즈 햄스터(Chinese hamster, *Cricetulus griseus*)를 이용해 샌드플라이(sandfly; 쌍시목 샌드플라이과에 속하는 흡혈성 곤충, 모래파리)에 물려 발생하는 리슈만편모충증(leishmaniasis)[4]을 연구하고 있었다.

차이니즈 햄스터가 리슈만편모충증을 연구하는 데 상당히 좋은 실험동물임이 입증됐지만, 사울 아들러는 벽에 부딪혔다. 그는 차이니즈 햄스터를 번식하는 데 있어서 일조시간이 매우 중요하다는 사실을 전혀 몰랐기 때문에, 연구에 사용할 충분한 수의 햄스터를 번식시킬 수 없었다. 또한, 중국에서 추가로 햄스터를 입수하는 것도 매우 어려운 상황이었다.[5]

연구용 햄스터가 부족했던 사울 아들러는 쉽게 구할 수 있는 햄스터 종이 필요했다. 그는 실험동물 채집현장에 자주 나가는 동료 이스라엘 아하로니에게 실험용으로 사용할 햄스터를 찾아 잡아오라고 요청했다. 동물학자였던 아하로니는 히브리어뿐만 아니라 아랍어, 라틴어, 그리스어, 아람어 및 기타 유럽 언어를 구사하고 읽을 줄 아는 언어학자이기도 했다. 아하로니의 프로젝트 중 하나는 성지의 동물에 대한 히브리어 이름을 연구하고, 실제로 그곳에 살았던 동물에 대한 기록물을 만드는 것이었다. 아하로니는 그가 나비를 수집했던 튀르키예의 술탄(sultan; 이슬람교국의 군주. 후에 오스만제국의 황제를 이르기도 했다)과 굳건한 친구가 됐다. 당시 중동의 그 지역은 튀르키예의 지배 아래 있었다.

---

[4] 감염된 샌드플라이에게 물려 재감염된 리슈만편모충(*Leishmania donovani*)이라는 기생충에 의해 발생하는 열대성 질병이다. 리슈마니아증 또는 칼라-아자르(kala-azar; '칼라'는 '검은', '아자르'는 '열병'이라는 뜻으로 흑열병이라고 한다)라고도 한다.
[5] 중국은 당시 국가적으로 큰 어려움을 겪고 있었다. 1929년 새로운 정부가 집권했지만, 두 번의 광범위한 반란으로 타격을 받았다. 또한, 약 300만 명의 목숨을 앗아간 기근을 겪었고, 전 세계가 대공황이라는 참담한 금융위기의 수렁에 빠져 있었다.

1930년에 아하로니는 아들러에게 줄 햄스터를 찾기 위해 현장으로 나갔다. 그는 맹목적으로 이리저리 돌아다닌 것이 아니라 어디를 살펴봐야 할지 확신하고 있었다. 알레포 지역에 도착했을 때 그는 가이드에게 당시 골든 햄스터라고 불렸던 동물의 위치에 대한 정보를 현지 족장에게 요청하라고 지시했다. 족장은 순순히 아하로니와 그의 일행을 실제로 햄스터가 많이 살고 있는 경작지로 보냈다. 족장은 심지어 햄스터를 포획하기 위한 일꾼까지 제공했는데, 농부는 자신의 경작지에 구멍이 뚫리고 점점 커지는 모습을 보며 경악했다. 몇 시간 동안 노력한 끝에 2.5m 깊이의 구멍을 파냈고, 어미 1마리와 11마리의 새끼가 있는 완전한 둥지를 발견했다.

일꾼들은 어미와 새끼를 상자에 함께 넣었다. 채집가들은 상자를 둘러싸고 서로를 축하했겠지만, 그다음에 무슨 일이 일어났는지 똑똑히 지켜봤을 것이다. 극도로 스트레스를 받은 어미 햄스터가 '위협을 느꼈을 때 어떤 행동을 취할 수 있는지' 알고 있는 사람이라면, 이때 정확히 무슨 일이 일어났는지 상상할 수 있을 것이다. 상자에 들어간 어미 햄스터는 이후 자신에게 다가온 첫 번째 새끼를 물어 죽였다. 이 모습을 본 채집가들은 충격을 받았고, 나머지 새끼들을 보호하기 위해 어미를 꺼내 제거했다.

아하로니와 그의 아내는 나머지 10마리의 새끼를 기르는 일을 맡았다. 새끼들의 나이는 정확히 알지 못했지만, 눈을 뜨지 않은 상태였다. 시리안 햄스터 새끼는 생후 약 10일이 지나면 눈을 뜨고 둥지 밖을 향해 최초의 탐험을 시작하며, 단단한 먹이를 갈아 먹을 수 있다. 당시 새끼들이 눈을 뜨지 않은 나이여서 먹이급여가 쉽지는 않았을 것이다.

아하로니는 큰 목적을 가지고 있었지만, 그와 참을성 없는 그의 아내는 햄스터 사육의 초심자였다. 햄스터 새끼들은 나무 케이지에

거의 멸종될 뻔했던 야생 유러피언 햄스터. 오늘날 유럽의 몇몇 모피 농장에서 이 햄스터의 독특한 털을 얻기 위해 상업적으로 사육하고 있다.

철장 케이지에서 탈출하려고 애쓰고 있는 햄스터의 모습. 햄스터는 매우 뛰어난 탈출전문가다.

갇혀 길러졌고, 녀석들은 곧 '자유를 향한 길'을 만드는 방법을 알아냈다. 나무 케이지 바닥을 이빨로 갉아 탈출구를 만든 것이다. 새끼들은 케이지에서 두 번이나 탈출했는데, 모두 잡히지는 않았다(햄스터는 탈출전문가라는 점을 기억하자). 처음의 10마리 중 겨우 4마리(암컷 3마리, 수컷 1마리)만 남아 번식월령에 도달했고, 번식을 시도하는 중에 수컷이 암컷을 죽이는 사고를 겪은 후 단 3마리만 남았다. 아하로니는 건초를 가득 채운 케이지에 암수 한 쌍을 넣었고, 녀석들은 자신들이 해야 할 일을 정확하게 수행했다. 해야 할 일이란 서로 죽이지 않고 짝짓기를 하는 것이었다(암컷이 수컷에 대해 수용적인 태도를 보이는 주기의 정확한 시점에 암수가 함께 있었다는 것은 다행스러운 일이었다).

아하로니는 마치 그들이 우주의 유일한 햄스터인 것처럼 첫 새끼의 탄생을 환영했다. 그의 노트에는 약간의 예언이 포함돼 있는데, 너무 현란해서 음주상태가 아니었는지 의심스러울 정도였다. "진정한 행복, 천상의 기쁨을 맛본 사람만이, 노력이 헛되지 않았다는 사실에 대해 우리가 느끼는 기쁨을 이해할 수 있을 것이다. 이제부터 사육상태에서도 번식시킬 수 있으며, 실험실 연구에 편리한 햄스터 종이 탄생하게 될 것이다. 오 주님, 당신이 하신 일은 어찌 그리 놀라운지요!"

첫 번째 교미에서 태어난 새끼들은 성공적으로 양육됐다. 그들이 교미하고, 태어난 새끼들이 자라서 다시 교미해 그룹의 개체 수는 150마리가 됐다. 개체 수가 이렇게 늘기까지 1년도 채 걸리지 않았다(여기에 또 다른 교훈이 있다). 아하로니는 이 무리를 아들러에게 보냈고, 아들러는 연구를 계속할 수 있었다. 그는 1931년에 시리안 햄스터에 대한 연구결과를 출판했으며, 이후 영국의 실험실을 포함해 여러 실험실에 번식개체를 제공했다. 이는 공개적으로 행해진 조치가 아니었기 때문에 양도에 대한 공식적인 날짜는 없고, 영국 햄스터 무리는 조용히 연구자의 손에 들어갔다.

시간이 지남에 따라 아들러는 리슈만편모충증과 진화에 관한 놀라운 연구를 계속했으며, 다윈의 '종의 기원(The Origin of Species)'을 히브리어로 번역하는 작업을 진행했다. 그는 이러한 작업들을 진행하면서 시리안 햄스터를 과학의 영역으로 끌어들이는 자신의 역할에 대해 항상 특별한 자부심을 느끼고 있었다.

■**한센병 연구에 이용된 시리안 햄스터** : 사울 아들러는 모든 동물의 연구집단이, 세간에 알려지지 않은 질병에 얼마나 빨리 굴복하게 되는지 알고 있었다. 그는 제2차 세계대전 이전 인도에 있는 연구시설에서 나눔을 계속했다. 그곳에서 미국 클리블랜드(Cleveland, OH)에 있는 케이스웨스턴리저브의과대학(Case Western Reserve School of Medicine), 뉴욕의 록펠러재단(Rockefeller Foundation)으로 햄스터를 보냈다. 심지어 루이지애나주 카빌의 공중보건국(Public Health Service)으로 12마리를 보냈다.

햄스터를 나눔할 곳으로 카빌이 선정된 데는 특별한 이유가 있었는데, 카빌은 미국 유일의 한센병(Hansen's Disease)[6] 치료병원이 운영되고 있던 곳이었다. 당시 한센병은 병증이 매우 흉측하고 전염성이 있으며, 치료가 불가능한 질병으로 간주됐다. 이러한 이유로 한센병에 걸린 사람은 평생 병원에 격리됐다(국제한센병저널 1938년호 온라인 편에서 이 질병의 심각성을 확인할 수 있다). 한센병에 걸릴 가능성이 있는 동물은 인간 외에는 없는 것으로 파악됐기 때문에 한센병에 대해 연구할 기회가 극히 제한돼 있었고, 그 결과 의학적으로 한센병을 완치할 치료법을 찾지 못했다.

---

6 나병(癩病)이라고도 불리며, 미코박테리움 레프라이(*Mycobacterium leprae*, 나균)의 감염에 의해 발생하는 만성 전염성 질환을 이른다. 한센병이라는 명칭은 노르웨이 의사 한센에 의해 나환자의 결절에서 나균이 처음 발견된 것에서 유래했다.

아들러는 시리안 햄스터가 그토록 갈망하던 연구동물이 될 수도 있다는 생각으로 햄스터를 카빌로 보냈다. 아쉽게도 햄스터는 다른 모든 동물과 마찬가지로 한센병에 대한 내성이 있었다.[7] 카빌의 햄스터는 1938년 7월에 도착했고, 1년 후 연구실의 블랙(S. H. Black) 박사는 당시 한센병저널(Journal of Leprosy)에 시리안 햄스터 번식에 성공했다고 보고했다(이때 번식프로젝트와 관련된 모든 사람은 시리안 햄스터의 임신기간이 약 16일이라는 사실을 알아냈다). 물론 처음 세 기관은 햄스터를 다른 연구실과 공유했다.

햄스터는 캘리포니아주 버클리에 있는 한 연구실, NIH 연구실, 매사추세츠주에 있는 텀블브룩농장(Tumblebrook Farms; 텀블브룩은 이미 연구 시설에 혈통이 있는 쥐를 공급하고 있었다)으로 보내졌다. 12마리의 햄스터는 미주리주 세인트루이스에 있는 워싱턴대학교로 보내졌다. 모든 연구원은 시리안 햄스터가 과학적 연구에 사용하기에 아주 적합한 동물이라는 데 동의했고, 이러한 관점은 수년 동안 크게 바뀌지 않았다.

■**햄스터 시장의 시작과 번성** : 앨라배마주 모바일에 사는 앨버트 마시(Albert Marsh)는 고속도로 엔지니어였는데, 약간 선견지명이 있었으며 영리한 사람이었다. 그는 내기에서 시리안 햄스터를 얻었다. 이 작은 동물에 흥미를 느낀 마시는 어떻게든 더 많은 개체들을 확보했고, 이들을 번식시켜 자신의 햄스터 군집을 만들었다. 그는 회사를 만들어 '걸프 햄스터리&마시 엔터프라이즈(Gulf Hamstery and Marsh Enterprises)'로 명명하고, 햄스터를 번식시키고 반려동물로 홍보하는 일을 했다.

과학자들은 시리안 햄스터가 연구용 실험동물로 매우 적합한 동물이라는 데 모두 의견을 같이한다.

---

[7] 과학자들은 1980년대가 돼서야 아르마딜로(Armadillo, *Cingulata*)가 한센병에 걸릴 수 있다는 것을 발견했지만, 이미 1940년대에 완전히 치료할 수 있는 방법을 찾았기 때문에 남쪽에 돌아다니는 아르마딜로들은 안전할 수 있었다.

앨버트 마시가 파퓰러 사이언스(Popular Science)와 같은 잡지에 광고를 내면서 시리안 햄스터의 인기가 높아졌다.

마시는 사업에 상당한 재능이 있었고, 성공하려면 무엇을 어떻게 해야 하는지 정확히 알고 있었다. 그는 햄스터를 개인과 실험실에 분양했다. 농업저널과 인기 있는 과학잡지에 광고를 냈고, 독자가 생산하는 모든 햄스터를 사주겠다고 약속했다(암컷 1달러, 수컷 75센트, 이는 1948년의 현금가다). 그는 사육자로부터 햄스터를 입수해 다른 고객에게 직접 배송하는 중개자 역할을 했다. 햄스터 사육과 번식에 관한 책을 썼고, 직접 출판도 했다. 책에 실린 그의 사진은 양손에 햄스터를 들고 긴팔의 흰색 셔츠 주머니에서 햄스터가 머리를 내밀고 기어 나오는 모습을 담고 있다. 1951년까지 마시의 책은 6판이 출판될 정도로 잘 팔렸고, 반려동물시장에는 많은 햄스터가 등장했다. 1953년경에 매사추세츠주 스프링필드 연합신문에 실린 '집에서 성공하기(Success at Home)'라는 기사에서는 마시의 주간 수입을 4,000달러로 추산했다.

마시는 호황을 누리고 있는 사업의 시장점유율을 높이기 위해 정치적 책략을 부렸다. 1948년에는 햄스터를 '야생동물'로 간주했기 때문에 캘리포니아주에 반입할 수 없었는데, 마시는 앨라배마주지사의 도움으로 캘리포니아주가 시리안 햄스터를 가축으로 인정하게 함으로써 그의 사업을 위한 새로운 시장을 열었다. 사람들이 왜 앨라배마주지사가 설치류 사육 사업에 관여하게 됐는지 궁금하게 생각할 수도 있었겠지만, 아마 그때쯤이면 앨라배마주에는 이미 햄스터들이 많이 퍼졌을 것이다.

그러나 여느 제품에 일반적으로 적용되는 수요와 공급의 법칙이 마시의 발목을 잡았다. 반려동물 숍에서는 지역 근교의 사육자로부터 햄스터를 저렴한 가격으로 사들이기 시작했다. 그러다가 전염성 장염으로 인해 햄스터는 많은 반려동물 숍에서 수익성이 없는 상품이 됐다. 전염성 장염은 햄스터 간의 접촉 또는 사람의 오염된 손

일본의 경우 햄스터의 통통한 엉덩이를 클로즈업한 사진을 매우 좋아하며, 이러한 사진을 담은 책도 여러 권 출판돼 있다.

이나 베딩에 의해 전파되는 병으로 치명적인 만성 설사(wet-tail; 웻 테일이라고 총칭한다)를 유발하는데, 당시 실험실 동물이나 반려동물에 대한 항생제 사용은 여전히 금지돼 있었다. 마시의 시장은 말라버렸고, 그의 햄스터 사업도 점점 악화돼 갔다. 그는 캘리포니아로 이주해 메추라기를 상업적으로 번식하기 시작했다. 그러나 그의 부단한 노력과 빠른 업무능력 덕분에 햄스터 사업은 곧 반려동물시장에서 타의 추종을 불허하는 틈새시장을 발견했고, 반려동물업체들은 케이지, 전용사료, 액세서리 등을 개발하고 마케팅함으로써 그 틈새시장을 공고히 하는 데 도움을 줬다.

■**야생 시리안 햄스터의 후손들** : 오늘날 연구용으로 번식되고 이용되는 햄스터의 수는 반려동물시장에서 취급되는 햄스터 수보다 훨씬 많다. 각 연구소들은 혈통이 잘 기록돼 있고 번식기준이 엄격한, 대규모 상업용 번식시설에서 햄스터를 구입한다. 2010년 미국 농무부에서 발표한 보고서에 따르면, 그해 미국에서만 약 64,000마리의 햄스터가 연구에 사용됐고, 이때 사용된 햄스터의 약 90%는 시리안 햄스터였다. 그러나 '야생' 시리안 햄스터의 이야기는 1930년의 기록으로 끝나지 않고 이어진다.

1971년 매사추세츠공과대학 대학원생이었던 마이클 R. 머피(Michael R. Murphy)는 야생 시리안 햄스터를 포획해서 비교 연구하기 위해 시리아 알레포로 갔다. 결국 그 시점까지 실험실과 반려동물시장에서 볼 수 있었던 모든 시리안 햄스터는 1930년에 미국으로 들여온 암수 한 쌍으로부터 이어져 내려온 후손이었던 것이다.

마이클 R. 머피와 그의 아내 자넷 머피(Janet Murphy)는 12마리의 햄스터를 포획해 데려왔고, 그 과정에서 햄스터의 매력이 다시 한번 발휘됐다. 머피는 단 3일 만에 자신이 잡은 햄스터가 길들여지고 온순해졌다고 말했다. 그 햄스터들은 포획된 지 한 달 만에 번식했고, 여덟 마리의 새끼는 모두 젖을 떼는 시기까지 자랐다(아하로니와 다른 사람들이 배운 교훈은 계속해서 다듬어졌다). 머피는 자신이 기록한 메모에서 "시리안 햄스터가 훌륭한 실험용 동물이 될 것이라고 예측한 아하로니가 옳았던 것 같다"라고 부드럽게 절제된 표현으로 덧붙였다.

머피는 그의 보고서에 사진 한 장을 첨부했다. 이 사진에는 알레포의 들판에서 40년 만에 새로이 잡힌 야생햄스터를 조심스럽게 들고 있는 모습이 담겨 있다. 머피는 당연히 환한 미소를 짓고 있었다.

햄스터의 학문적 분류

지구상에 살고 있는 모든 생물의 계통과 종속을 특정 기준에 따라 나눠 정리하는, 즉 자연적 유연관계를 바탕으로 분류하는 생물학의 한 분야를 분류학(分類學, taxonomy) 또는 생물분류학이라고 한다. 분류되는 모든 생물에 이름을 부여하는데, 이렇게 학술적 편의를 위해 생물에 붙이는 이름을 학명(學名, scientific name)이라 한다. 학명은 스웨덴의 식물학자 칼 폰 린네(Carl von

> **햄스터의 분류**
> - **강**(綱, Class) : 포유류(Mammalia)
> - **목**(目, Order) : 쥐목(Rodentia)
> - **아목**(亞目, Suborder) : 쥐아목(Myomorpha)
> - **과**(科, Family) : 비단털쥣과(Cricetidae)
> - **아과**(亞科, Subfamily) : 비단털쥐아과(Cricetinae)
> - **속**(屬, Genera) : 몽골햄스터속(Allocricetulus), 간쑤비단털쥐속(Cansumys), 유럽비단털쥐속(Cricetus), 비단털등줄쥐속(Cricetulus), 황금비단털쥐속(Mesocricetus), 회색난쟁이햄스터속(Nothocricetulus), 난쟁이햄스터속(Phodopus), 비단털쥐속(Tscherskia)
> - **종**(種, Species) : 20여 종이 있는데, 반려동물로 널리 알려진 종은 다음의 5종이다. 시리안 햄스터(Syrian hamster or Golden hamster, Mesocricetus auratus), 차이니즈 햄스터(Chinese hamster, Cricetulus griseus), 캠벨 드워프 햄스터(Campbell's dwarf hamster, Phodopus campbelli), 러시안 드워프 햄스터(Russian dwarf hamster or Winter white dwarf hamster or Djungarian hamster, Phodopus sungorus), 로보로브스키 햄스터(Roborovski hamster, Phodopus roborovskii)

> **비단털쥐아과**(Cricetinae)**에 속하는 햄스터 종**
>
> - **몽골햄스터속**(Allocricetulus)
>   - A. curtatus; Mongolian hamster
>   - A. eversmanni; Eversmann's hamster (Kazakh hamster)
>
> - **간쑤비단털쥐속**(Cansumys)
>   - C. canus; Gansu hamster
>
> - **유럽비단털쥐속**(Cricetus)
>   - C. cricetus; European hamster (Common hamster or Black-bellied field hamster)
>
> - **비단털등줄쥐속**(Cricetulus)
>   - C. alticola; Tibetan dwarf hamster (Ladak hamster)
>   - C. barabensis (C. pseudogriseus, C. obscurus 포함) Chinese striped hamster (Striped dwarf hamster)
>   - C. griseus; Chinese hamster (Rat hamster)
>   - C. kamensis; Kam dwarf hamster (Tibetan hamster)
>   - C. longicaudatus; Long-tailed dwarf hamster
>   - C. sokolovi; Sokolov's dwarf hamster
>
> - **황금비단털쥐속**(Mesocricetus)
>   - M. auratus; Golden hamster (Syrian hamster)
>   - M. brandti; Turkish hamster (Brandt's hamster or Azerbaijani hamster)
>   - M. newtoni; Romanian hamster
>   - M. raddei; Ciscaucasian hamster
>
> - **회색난쟁이햄스터속**(Nothocricetulus)
>   - N. migratorius; Grey dwarf hamster (Armenian hamster or Migratory grey hamster or Grey hamster or Migratory hamster)
>
> - **난쟁이햄스터속**(Phodopus)
>   - P. campbelli; Campbell's dwarf hamster
>   - P. roborovskii; Roborovskii hamster
>   - P. sungorus; Russian dwarf hamster (Winter white dwarf hamster or Djungarian hamster)
>
> - **비단털쥐속**(Tscherskia)
>   - T. triton; Greater long-tailed hamster (Korean hamster)

Linne)가 창안한 이명법(二名法)을 사용하고 라틴어로 기술하며, 앞에는 속명(屬名, genus name)을 그다음에는 종명(種名, specific name)을 붙인다. 학명을 표기할 때는 이탤릭체를 사용하며, 속명의 첫 글자는 대문자, 종명은 소문자로 표기한다. 우리가 흔히 사용하는 생물의 일반명(common name)은 나라마다 지역마다 또 언어에 따라 각기 다르게 표기되므로 해당 생물에 대해 혼란을 일으키기 쉽다. 한 생물에 하나만 적용되는 학명은 일반명과 확연히 구분되므로 이러한 혼란을 방지할 수 있다.

1797년 시리아에서 활동한 영국의 의사였던 알렉산더 러셀의 동생 패트릭 러셀(Patrick Russell)이 최초의 햄스터인 시리안 햄스터를 무스 크리케투스(Mus cricetus, Mouse golden)라고 명명했고, 1839년 조지 로버트 워터하우스(George Robert Waterhouse)가 크리케투스 아우레투스(Cricetus auretus, Golden hamster)로 분류했다. 몇 년 후에 이 햄스터는 크리케투스속에서 메소크리케투스속(Mesocricetus)으로 재분류됐다.

햄스터는 현재 쥐상과(Muroidea) 내 비단털쥣과(Cricetidae)로 분류돼 있는데, 이렇게 햄스터를 '비단털쥣과'로 분류하는 것이 가장 적절한가'라는 논의에 있어서는 분류학자들 사이에 이견이 있다. 많은 학자들은 볼(Vole), 레밍(Lemming), 뉴월드

랫(New World rats)과 쥐(mice)를 포함하는 비단털쥣과로 분류하는 것이 적절하다고 보지만, 이들을 모두 합쳐 크게 쥣과(Muridae)로 분류하는 학자들도 있다. 비단털쥐아과에는 몽골햄스터속(Allocricetulus), 간쑤비단털쥐속(Cansumys), 유럽비단털쥐속(Cricetus), 비단털등줄쥐속(Cricetulus; 차이니즈 햄스터가 속함), 황금비단털쥐속(Mesocricetus; 시리안 햄스터가 속함), 회색난쟁이햄스터속(Nothocricetulus), 난쟁이햄스터속(Phodopus; 드워프 햄스터 3종이 속함), 비단털쥐속(Tscherskia) 등 8속이 포함된다.

햄스터의 현황

햄스터는 현재 전 세계의 가정에서 반려동물로 길러지며 번성하고 있지만, 야생의 햄스터는 상황이 좀 다르다. 시리안 햄스터는 국제자연보존연맹(International Union for Conservation of Nature and Natural Resources)의 적색목록(Red List)에 '멸종위기에 처한 동물'로 등재돼 있다. 시리안 햄스터의 자연서식지는 인간의 농업활동과 개발로 인해 환경적 변화를 겪고 있다. '생태와 진화(Ecology and Evolution)' 저널에 따르면, 유러피언 햄스터는 심각한 멸종위기에 처해 있다.

유러피언 햄스터를 위협하는 주요 원인은 시리안 햄스터의 경우와 마찬가지로 농업활동과 도시화로 인한 서식지 감소다. 농업을 위해 땅이 개간되면 크고 밀집된 서식지가 작은 조각으로 나뉘는 '서식지 단편화(棲息地斷片化, habitat fragmentation)'[8]로 생존이 더욱 어려워진다.

야생햄스터의 개체 수를 보호하기 위한 조치에는, 햄스터에게 먹이가 되는 '식물'의 재배와 '동물'에 대한 추적이 포함된다. 인공 번식된 햄스터는 개체 수를 늘리기 위해 야생개체군으

야생의 시리안 햄스터가 초원을 탐험하던 중 잠시 멈춰 서서 하늘을 올려다보고 있다.

---

8 도로나 주택, 또는 대규모 토목공사에 의해 생물의 서식지가 여러 조각으로 나뉘고 연속성이 단절되는 것을 서식지 단편화라고 하며, 이는 결과적으로 개체군의 단편화를 일으킨다.

로 방출되는 경우가 있으며, 유러피언 햄스터는 이와 같은 방법으로 가장 널리 퍼진 종에 속한다. 유러피언 햄스터는 상대적으로 크고 공격적이기 때문에 반려동물로 간주한 적이 없다. 사육 중인 유러피언 햄스터를 대상으로 한 실험에서, 흰족제비 케이지와 가까이 뒀을 때 무리를 지어 흰족제비를 공격하려는 모습을 보였다.

유러피언 햄스터는 주로 모피 코트를 만드는 데 이용하기 위해 사육됐으며, 이후 훨씬 더 심각한 개체 수 감소에 직면했다(좀 더 효율적인 규제와 패션에 대한 소비자의 책임감 있는 인식으로 개체 수는 결국 반등할 수 있었다). '멸종위기종 연구(Endangered Species Research)' 저널에 발표된 한 논문에서는 유러피언 햄스터가 "가장 빠르게 감소하는 유라시아 포유류이며, 중유럽과 서유럽 서식지의 75%에서 사라졌다"고 지적하고 있다.

서식지 전환은 많은 비난을 받았지만, 여기에 정말 흥미로운 반전이 있었다. 연구원 마틸드 티시어(Mathilde Tissier)는 농경지에서 옥수수를 생산하게 되면서 햄스터 개체 수가 감소했다고 지적했다. 그녀는 포획된 햄스터에게 야생햄스터가 옥수수 밭에서 발견하는 것과 비슷한 옥수수와 지렁이를 먹였을 때 매우 고통스러운 현상이 나타난다는 것을 확인했다. 거의 모든 햄스터가 매번 새끼를 먹은 것이다.

스미스소니언(Smithsonian)의 기사에 따르면, "옥수수와 지렁이의 조합은 에너지, 단백질, 미네랄이 전혀 부족하지 않은 식단이었으며, 옥수수에는 위험한 수준의 화학살충제가 포함돼 있지 않았다"고 한다. 티시어의 연구는 옥수수의 과다섭취로 인해 발생하는 펠라그라(pellagra; 니코틴산결핍증후군)라는 질병으로 나아갔다. 옥수수는 니코틴산(비타민 B3)이 부족하고, 체내 흡수도 잘 안된다. 따라서 티시어가 연구한 햄스터는 적절한 영양분을 섭취하지 못하고 있었고, 결국 자신의 새끼를 먹었던 것이다.

많은 사람들이 햄스터가 곤경에 처한 이유로 서식지 손실과 살충제 살포에 대해서만 비난해 왔는데, 이러한 것들이 큰 원인인 것은 분명하지만 새로운 농업관행으로 인한 식단의 변화도 무시하지 못할 요인이었다. 모든 환경보호론자들은 이 부분에서 교훈을 얻어야 한다. 야생동물의 감소현상에는 우리 눈에 보이는 것보다 더 많은 이유가 있을 수도 있다는 점이다. 역설적이게도 유러피언 햄스터가 잘 지내는 지역 중 하나는 도시다. 빈(Vienna)과 다른 도시들의 '도시공원'은 햄스터 서식지로 유명해졌으며, 박물학자들이 이 종을 볼 수 있는 가장 좋은 장소인 경우가 많다.

햄스터의
신체구조와 특성

햄스터는 크기가 매우 작은 동물이지만, 해부학적 구조를 살펴보면 하루를 보내는 데 도움이 되는 몇 가지 환상적인 특징을 가지고 있다. 햄스터의 해부학적 구조를 이해하는 것은 그들에게 최선의 보살핌을 제공하는 데 필수적인 요건이다. 햄스터를 위한 케이지를 선택하고 케이지 환경을 계획할 때 신체가 어떻게 구성돼 있는지 아는 것이 도움이 된다. 햄스터의 몸에 대해 알면 녀석들이 보이는 행동에 대해서도 이해할 수 있고, 아프거나 이상이 생겼을 때 원인을 어디서 찾아야 할지 파악할 수 있다. 이번 섹션에서는 햄스터 신체의 각 부위에 대해 알아보도록 하자.

전체적으로 햄스터는 몸이 통통하고 털이 두꺼우며, 어깨까지 뻗어 있는 길쭉한 볼주머니와 몸길이보다 짧은 꼬리, 털로 뒤덮인 발 등을 포함해 뚜렷한 특징을 지닌 튼튼한 몸을 가지고 있다. 또한, 작고 털이 많은 귀, 짧고 땅딸막한 다리, 넓적한 발을 가지고 있다. 털은 일반적으로 두껍고 부드러운데, 털의 길이는 종에 따라 길거나 짧을 수 있다. 또한, 종에 따라 블랙(black), 그레이(gray), 허니(honey), 화이트(white), 브라운(brown), 옐로우(yellow), 레드(red) 또는 혼합색상이 나타날 수 있다.

이빨

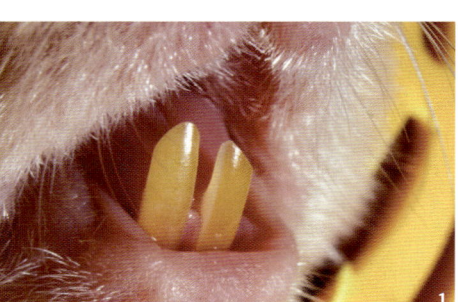

햄스터는 설치류의 일종이며, 모든 설치류는 문치(門齒, front teeth or incisor teeth)[1]라는 중요한 특징을 공유하고 있다. 끌 모양을 띠는 이 이빨은 평생 자라기 때문에 계속해서 무언가를 갉음으로써 마모되도록 해줘야 한다. 마모에 도움이 되는 적절한 이빨갈이용품을 제공하지 않으면, 이빨이 입을 뚫고 자라날 수 있다.

햄스터의 이빨은 그들이 삶을 더 수월하게 살아갈 수 있도록 만들어주는 편리한 도구가 된다. 햄스터의 이빨은 성장을 멈추지 않고 평생 지속적으로 자라며, 먹이를 자르는 데 사용된다. 또한, 둥지 재료를 만드는 것을 포함해 주거 공간을 개조하는 데도 도움이 된다.

햄스터의 이빨을 자세히 살펴보면, 앞서 문치라고 소개했던 앞니와 어금니 사이에 치극(齒隙,

1. 햄스터의 이빨. 고르게 마모됐는지 항상 정기적으로 확인해야 한다. **2.** 단단한 간식 혹은 이빨갈이용 장난감을 제공하면 이빨의 마모에 도움이 된다. 사진은 러시안 드워프 햄스터

diastema)이라고 불리는 틈이 있다. 이 틈으로 인해 혀를 조작하는 것이 가능해져 먹이와 잠자리 재료를 쉽게 운반할 수 있게 된다. 일부 설치류의 경우 앞니 뒤쪽으로 입술을 다물 수도 있다. 이러한 특성 덕분에 사향쥐(Muskrat, *Ondatra zibethicus*)의 경우 물속에서도 먹이를 갉아 먹는 것이 가능하고, 벌거숭이두더지쥐(Naked mole-rat, *Heterocephalus glaber*)는 땅을 파면서 흙을 씹을 수 있게 된다.

볼주머니

앞서 언급했듯이, 햄스터(hamster)라는 단어는 '저장하다(store)'라는 뜻의 중세 고지 독일어(Middle High German) '하마스트라(hamastra)'에서 유래했으며, 볼주머니에

---

1 앞니. 4개의 전치로 위턱 아래턱 정중선의 각 측에 2개씩 있다. 먹이를 물어 자르는 이빨로서 각각 긴 뿌리를 가지고 있으며, 햄스터의 일생 동안 지속해서 자란다. 따라서 적절하게 마모시켜 주지 않으면 여러 가지 문제를 일으킬 수 있다.

먹이를 저장하는 행동을 보고 붙여진 이름이다. '비축하다'라는 뜻의 현대 독일어 '햄스턴(hamstern)'은 햄스터에서 파생된 단어다.

햄스터는 볼주머니를 최대한 활용해 먹이와 둥지 재료들을 모아서 다른 장소로 운반하는데, 체중의 거의 절반을 이 볼주머니에 담을 수 있다. 야생에서는 먹이공급이 최저 수준에 도달했을 때 사용할 수 있도록 식량을 저장해 두는 것이 필수이며, 볼주머니에 먹이를 잔뜩 담아 은신처로 옮긴다. 매일 먹이를 먹는 반려햄스터도 이처럼 저장하는 행동을 보인다.

볼주머니는 턱에서 어깨까지 늘어나기 때문에, 오랜 시간 동안 먹이를 찾고 여러 번 이동하지 않고도 잉여 먹이를 굴로 가져올 수 있다. 이러한 특성은 여러 가지 요소와 포식자에 노출되는 시간을 최소화함으로써 위협적인 환경에서 생존 가능성을 키우게 된다. 볼에는 침샘이 없기 때문에 볼주머니 안쪽이 건조해 보관된 먹이나 둥지 재료 등이 항상 신선하고 건조하게 유지된다. 또한, 안쪽 피부는 거칠어서 운반 중인 먹이가 흘러내리는 것을 방지해 준다.

볼주머니와 관련해 문제가 될 수 있는 여러 가지 유형의 질병이 있다. 우선 볼주머니 안쪽의 피부가 소지한 내용물과 마찰되면서 열상을 입을 수도 있고, 이빨이 감당할 수 없을 만큼 자라서 피부를 뚫으면 이로 인해 생긴 상처가 감염될 수도 있다. 감염 부위가 커지면 농양을 제거하고 항생제를 투여해 치료해야 한다. 발생할 수 있는 또 다른 문제는 볼주머니가 뒤집어지는 것이다. 이

여러 햄스터들의 볼주머니. 햄스터는 볼주머니를 활용해 먹이와 둥지 재료를 모아서 다른 장소로 운반한다. 이때 체중의 거의 절반을 볼주머니에 담을 수 있다. 사진은 순서대로 로보로브스키 햄스터, 러시안 드워프 햄스터, 시리안 햄스터

는 아주 심각한 문제로 수의과적 수술을 통해 해결해야 한다. 이러한 상황을 예방하기 위해 취할 수 있는 가장 좋은 방법은, 햄스터의 이빨을 정기적으로 검사해 제대로 정리됐는지 확인하고 조정해 주는 것이다.

눈과 수염

일반적으로 야생에서 어두울 때 활동하는 동물들과 마찬가지로, 크고 튀어나온 눈을 가지고 있다. 그러나 시력은 그다지 좋지 않으며, 밝은 낮에는 더욱 시력이 떨어진다.
또한, 근시라서 가까이 있는 사물은 볼 수 있지만 멀리 있는 사물은 거의 볼 수 없다. 따라서 케이지에 설치한 구조물의 높낮이가 다양하게 조성돼 있다면 문제가 될 수 있다.

1. 햄스터의 눈. 시력은 별로 좋지 않다.   2. 햄스터의 수염. 사물을 감지해 부족한 시력을 보완해 준다.

구조물이 높은 경우 가장자리는 보이겠지만, 케이지 아래의 바닥은 볼 수 없다. 높은 구조물에서 떨어졌을 때 뼈가 부러질 수도 있으므로 추락사고에 특히 주의해야 한다. 햄스터는 또한 색맹이기도 한데, 검은색과 흰색의 음영만 볼 수 있다.
다른 설치류와 마찬가지로, 햄스터는 시력이 좋지 않지만 기억력이 뛰어나 자신이 있는 곳이 어디인지 인지할 수 있다. 게다가 햄스터의 눈 위치는 포식자를 감지하는 데 매우 중요한 기능을 한다. 수염은 햄스터의 형편없는 시력을 보완해 주는 역할을 하며, 밤에 활동할 때 주변 환경을 안전하게 탐색하는 데 도움이 된다.

귀

햄스터는 매우 발달한 청각시스템을 가지고 있어서 좋지 않은 시력을 보완해 준다. 햄스터의 귀는 인간이 들을 수 없는 초음파 주파수를 비롯해 다양한 소리를 들을 수 있다. 귀가 머리 위쪽에 높이 올라가 있는 것을 볼 수 있는데, 이는 다가오는 위험을 감지하고 보호자의 목소리를 들을 수 있도록 도와준다. 위험하다고 생각되는 소리를 들으면 햄스터는 움직임이 정지된다. 이러한 이유로 반려햄스터와 대화를 시도할 때는 부드럽게 말을 건네야 한다. 또한, 햄스터 케이지를 설치할 때는 집 안에서 가장 조용한 곳을 선택하는 것이 좋다. 햄스터의 귀는 매우 가늘고 연약하므로 핸들링을 시도할 때는 머리를 조심스럽게 다루도록 하자.

코

후각도 햄스터의 부족한 시력을 보완해 준다. 실제로 몸에서 배출되는 페로몬(pheromone)이나 냄새를 이용해 서로를 구별할 수 있다. 햄스터가 먹이를 숨기거나 비축해 둔 위치를 기억하는 데도 예민한 후각이 도움이 된다.

햄스터는 또한 보호자의 냄새를 인지할 수 있으며, 보호자의 손에서 음식냄새가 나는 경우 손가락을 깨물기도 한다. 다른 반려동물을 만지고 나서 햄스터를 만지려고 할 경우 햄스터가 그 냄새를 맡고 보호자의 손에 잡히는 것을 두려워할 수도 있다. 따라서 햄스터와 놀기 전에는 손을 씻는 것이 좋다.

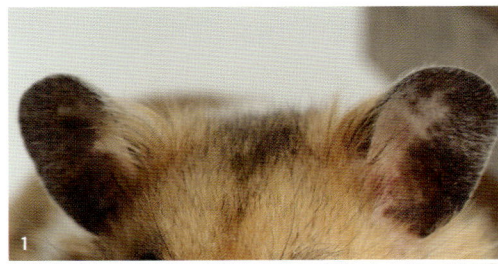
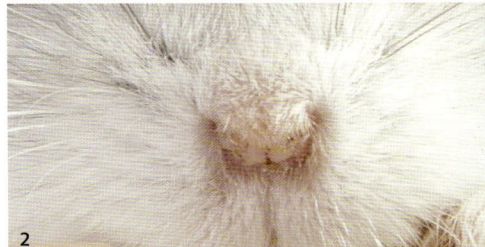
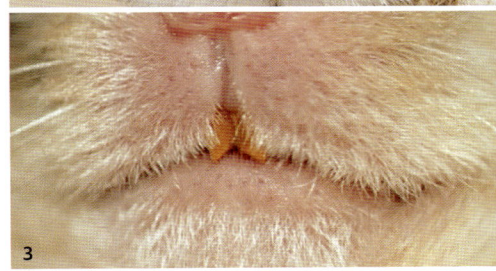

1. 햄스터의 귀. 청각이 좋아 시력을 보완해 준다. **2.** 햄스터의 코. 예민한 후각을 갖추고 있다. **3.** 햄스터의 입. 윗입술이 갈라진 것이 특징이다.

입

햄스터의 입은 두 가지 독특한 특징을 가지고 있다. 하나는 볼주머니이고, 다른 하나는 갈라진 윗입술이다. 볼주머니에 대해서는 앞에서 설명했으므로 따로 언급하지 않도록 하겠다. 입술은 양끝까지 완전히 가로지르지 않고 중앙에서 갈라지는데, 햄스터가 입을 닫았을 때 앞니가 보이는 것은 이 갈라진 입술 때문이다.

사지와 발

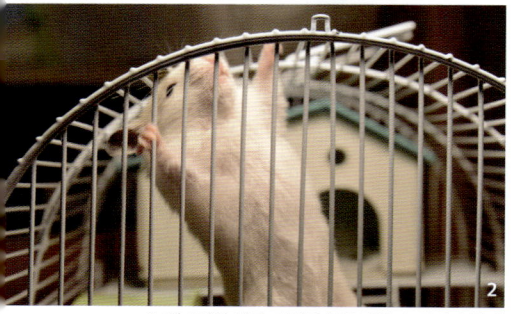

1. 햄스터의 사지. 사진은 보호자의 손 안에서 잠이 든 로보로브스키 햄스터의 모습 2. 케이지 철망에 발을 이용해 매달려 있는 햄스터의 모습

야생의 햄스터는 굴을 파고 지하에서 살아가며, 통통한 사지는 굴을 파는 데 상당한 도움이 된다. 발은 마치 사람의 손과도 같아서 먹이를 쥐고, 베딩 속으로 파고들고, 기어오르고, 달리는 데 효율적으로 사용한다. 매우 작고 짧은데, 일반적으로 신체 크기에 비례한다. 작은 발톱은 서로 다른 굴을 연결하기 위해 터널을 파고 기어오르는 데 유용하며, 포식자에게서 벗어나 먹이를 찾기 위해 구조물을 기어 올라갈 때도 효과적이다.

발과 관련한 햄스터의 질병으로는 범블 풋(bumble foot)을 들 수 있으며, 케이지의 철제 바닥 또는 청결하지 않은 케이지 환경이 질환을 유발한다. 범블 풋에 걸리면 발이 부풀어 오르는데, 이를 치료하지 않고 방치할 경우 다리까지 감염이 퍼질 수도 있다. 케이지에서 사용하는 베딩을 항상 건조한 상태로 유지하고, 매주 케이지를 깨끗이 청소함으로써 범블 풋을 예방할 수 있다.

꼬리와 성별

햄스터에게 있어서 가장 중요도가 떨어지는 신체 부위는 꼬리다. 대부분 길이가 짧으며, 종에 따라 꼬리가 없는 것처럼 보일 수도 있고 긴 털이 작은 꼬리를 덮어버릴 수도 있다. 다른 종에 비해 꼬리가 비교적 긴 햄스터는 차이니즈 햄스터다. 대부분 햄스터의 꼬리는 몸길이의 1/16 정도 되지만, 차이니즈 햄스터의 꼬리는 털이 없고 길이가 2.5cm까지 자라며 외형적으로 확인하기 쉽다. 시리안 햄스터와 드워프 햄스터의 꼬리는 매우 짧다. 꼬리라기보다는 작은 토막에 가깝다고 할 수 있을 정도로 짧으며, 아주 자세히 살펴보지 않으면 눈에 띄지도 않는다.

꼬리의 형태를 살펴보면 성적 이형성(性的異形性, sexual dimorphism)[2]이 나타난다. 성체 암컷의 경우 꼬리 라인이 가늘고 유선형이며, 수컷은 꼬리선 양쪽에 볼록한 부분이 보이므로 이 차이를 이용해 암수 성별을 구분할 수 있다.

털

햄스터 종마다 각기 다른 유형의 털을 가지고 있는데, 대부분 전형적으로 짧은 털을 가지고 있다. 일부 햄스터는 매끄럽고 반짝이며 짧은 새틴(satin; 광택이 곱고 보드라운 견직물을 이름) 유형의 털을 보이며, 테디 베어 햄스터(Teddy Bear Hamster)와 같은 장모형도 볼 수 있다. 장모형의 경우 케이지에 깔아준 베딩에 털이 걸릴 수 있으므로 관리에 주의를 기울여야 한다.

1. 햄스터의 꼬리. 마치 작은 나무 토막처럼 매우 짧다. 사진은 로보로브스키 햄스터 **2.** 햄스터의 털. 사진은 롱-헤어 시리안 햄스터

햄스터는 일반적으로 털을 깨끗하고 매끄럽게 유지하는 데 매우 능숙하다. 만약 햄스터의 털이 헝클어져 보인다면 질병이 발생한 신호일 수 있으므로 무언가 문제가 있는지 꼼꼼하게 확인하도록 하자. 보호자가 가끔 부드럽게 솔질을 해주면 엉긴 부분을 제거하는 데 도움이 될 수 있다.

햄스터는 계절에 따른 온도변화로 인해 털이 빠질 수 있으며, 이는 일반적으로 나타나는 현상이다. 나이가 많은 햄스터는 털이 약간 빠지는 경향이 있고, 수유 중인 경우 젖꼭지 부위 주변의 털이 빠질 수도 있다. 이러한 경우 외에 다른 유형의 탈모가 발견되면 피부에 근본적인 문제가 발생한 것은 아닌지 확인해야 한다. 충분한 비타민과 단백질이 포함된 식단을 제공하면 조기 탈모를 예방하는 데 도움이 된다.

---

2 같은 종이면서 암수의 형태가 서로 다른 생물의 경우, 암수 개체의 외부 형태가 생식기 이외의 다른 부분에서도 완전히 구분돼 나타나는 성질을 성적 이형성이라고 한다. 성적 이형성은 다수의 동물과 일부 식물에서 나타나는데, 이러한 특징 덕분에 수컷과 암컷의 외양만 보고도 성별을 구분할 수 있게 된다.

햄스터 기본 정보

- **체중**: 95~130g(성체 암컷)
  85~110g(성체 수컷)
- **수명**: 1.5~3년, 최대 4년
- **호흡수**: 35~135회/분
- **심박수**: 250~500회/분
- **체온**: 36.1~38.9℃
- **성성숙**: 6~8주(최적의 번식나이는 수컷 10~12주, 암컷 8~10주)
- **임신기간**: 15~18일(시리안 햄스터 15~18일 / 차이니즈 햄스터 18~23일 / 러시안 드워프 햄스터 18~21일 / 로보로브스키 햄스터 22~30일)
- **출생 시 몸무게**: 2~3g
- **한배 출산**: 4~10마리, 최대 13~24마리
- **이유시기**: 3~4주
- **적정 사육온도**: 20~24℃
- **적정 사육습도**: 40~60%
- **수분섭취**: 10~15ml/일

피부

햄스터의 피부는 털로 덮여 있기 때문에 확인하기가 쉽지 않은데, 털을 가르고 속을 들여다보면 피부색이 분홍색인 것을 알 수 있다. 피부가 붉거나 부어오른 경우 피부질환이 발생한 것일 수 있으며, 사용하는 베딩의 유형이나 햄스터가 먹는 먹이의 종류에 따라 나타나는 반응일 수도 있다. 햄스터에게 흔히 발생할 수 있는 피부질환의 일종은 진드기감염으로, 진드기 방지 스프레이를 구입해 사용하면 예방할 수 있다.

내부장기

햄스터를 돌보는 법을 배우는 좋은 방법 중 하나는 햄스터의 해부학적 구조를 이해하는 것이다. 햄스터의 신체 부위에 대한 기본사항을 알면 반려햄스터를 잘 돌보는 데 도움이 될 수 있다. 이와 같은 정보가 자신의 햄스터를 관리하는 데 있어서 전문성을 높여 주지는 못한다고 하더라도, 평소 햄스터에 대해 잘 몰랐던 사실을 이해하는 기회를 제공해 줄 것이다.

■ **위** : 햄스터의 위는 두 칸으로 나누어지는 독특한 구조를 갖추고 있다. 위의 첫 번째 칸에는 유익한 박테리아나 미생물이 포함돼 있어서 햄스터가 섭취한 섬유질의 먹이를 발효시켜 소화를 돕는다. 위의 두 번째 칸은 인간의 위와 유사하며, 산과 소화효소가 포함돼 있어서 먹이가 추가 소화를 위해 장으로 전달되기 전에 몇 시간 동안 분해가 이뤄진다. 햄스터는 반추동물의 소화시스템을 사용한다.

■ **폐** : 대부분의 동물과 마찬가지로, 폐를 통해 신선한 산소를 흡입하는 동시에 소모된 이산화탄소(CO_2)를 배출한다. 이와 같은 폐호흡과정을 통해 생존에 필요한 산

소를 혈액에 공급하고 건강에 해로운 부산물인 이산화탄소를 제거할 수 있다. 햄스터가 인간과 다른 점은, 인간이 2개의 폐엽(肺葉, lobes; 포유류의 허파를 형성하는 부분)을 가지고 있는 데 반해 햄스터는 5개의 뚜렷한 폐엽을 가지고 있다는 것이다. 1개는 왼쪽에 4개는 오른쪽에 자리 잡고 있다. 햄스터는 분당 35~135회 호흡을 하는데, 활동하지 않거나 '동면'할 때는 더 느리고, 활동하거나 운동할 때는 더 빠르다.

■**심장** : 햄스터의 심장은 다른 포유류와 마찬가지로 두 개의 심방(좌심방, 우심방)과 두 개의 심실(좌심실, 우심실)로 이뤄져 있으며, 여느 포유류의 심장과 동일하게 작동한다. 우선 신선한 산소가 공급된 혈액을 좌심방으로 흡수한 다음 좌심실로 흡수한다. 좌심실에서 산소가 공급된 혈액은 대동맥을 통해 햄스터 신체의 모든 부위로 보내진다. 이때 산소를 다 써버린 혈액은 3개의 대정맥(인간은 2개인 대정맥이 햄스터는 3개 있다)을 통해 우심방으로 들어간 다음 우심실로 들어가고, 마지막으로 폐동맥을 통해 폐로 나오게 된다. 햄스터의 심장은 1분에 250~500회 뛴다.

■**생식계** : 암컷의 경우 난소, 자궁, 질, 질구(膣口; 질 입구) 등이 포함되며, 수컷은 고환, 음경, 정낭 등이 포함된다. 이 중 질구와 고환, 음경은 외부생식기관에 해당한다. 암컷은 4일마다 발정이 지속되며, 태어난 지 30일이 지나면 번식을 시작할 수 있다(암컷은 두 개의 유선과 6~7쌍의 유두가 있으며, 젖꼭지의 수가 많아서 한배에 태어난 새끼를 충분히 먹일 수 있다). 고환은 두 개로 한 쌍을 이루고 있으며, 외부생식기관인 고환이 눈에 잘 띄고 뒷부분이 더 둥그스름하기 때문에 이를 확인하면 성별을 구분하기 쉽다.

햄스터의 신체구조는 지하생활에 적응하도록 완벽하게 설계돼 있으며, 야생에서의 생존전략에 따라 작고 튼튼한 몸으로 진화됐다. 이제 햄스터의 해부학적 구조에 대해 알게 됐으므로 햄스터가 건강하고 행복하게 지내고 있는지 계속 관찰하자. 무언가 잘못됐다고 의심되면 즉시 믿을 수 있는 수의사에게 문의한다. 다른 먹이동물과 마찬가지로, 햄스터는 포식자에게 약점을 보이지 않기 위해 질병에 걸린 것을 최대한 숨기려는 본능이 있으므로 늘 관찰하는 습관을 들이는 것이 좋다.

03 section

햄스터의 생태와 생애주기

햄스터는 수명이 매우 짧은 동물이기 때문에 '에이 얼마 살지도 못하는 동물인데'라는 생각으로 관리에 소홀해질 수 있지만, 살아 있는 동안 최대한 건강하게 기르는 것이 보호자로서 이행해야 할 책무라고 할 수 있겠다. 햄스터가 지닌 특성을 제대로 파악하고 관리에 주의를 기울여야 하며, 햄스터의 행동 및 서식지 요건에 맞는 환경을 제공해 주기 위해서는 그들의 자연사를 아는 것이 도움이 된다. 이번 섹션에서는 햄스터에 대한 이해를 돕기 위해 기본적인 생태에 관해 알아본다.

햄스터의 서식지

햄스터와 관련한 여러 문헌에 따르면, 최초의 햄스터는 시리아에서 발견됐지만 그리스, 루마니아, 벨기에, 중국 북부에도 서식하고 있다. 시리안 햄스터(골든 햄스터)는 시리아 북부와 터키 남부의 건조지역이 원산지이며, 러시안 드워프 햄스터(윈터 화이트 드워프 햄스터, 중가리안 햄스터)는 몽골과 시베리아의 대초원, 캠벨 드워프 햄스터는 중앙아시아의 대초원과 반사막, 알타이산맥, 투바 자치구, 중국 북동부의 허베이성

오스트리아 빈 중앙묘지에 서식하는 야생 유러피언 햄스터(European hamster, *Cricetus cricetus*)

에 있는 굴에 서식한다. 로보로브스키 햄스터는 카자흐스탄의 자이산호수 유역과 중국의 투바, 몽골, 신장 지역과 같은 사막 지역, 차이니즈 햄스터는 중국 북부와 몽골의 사막에 서식한다. 햄스터가 1930년대 인간에게 길들여지기 전에는 사막, 대초원, 사구 구조물, 심지어 바위지대 근처 황무지에 서식했으며, 이와 같은 자연서식지의 특성에 따라 대부분 따뜻하고 건조한 지역을 선호하는 경향이 있다.

햄스터의 자연서식지를 보면 왜 그들의 털이 두껍고 땅속에 굴을 파고 사는지 이해할 수 있다. 사막의 기온은 밤낮의 온도 차가 극심해서 낮에는 매우 덥고 밤에는 매우 춥기 때문에 이러한 환경에서 살아남기 위해 진화한 결과다. 온도변화 외에 식량 가용성의 변화에도 대처해야 했다. 야생에서는 항상 먹이가 부족하므로 먹이가 떨어질 때를 대비해 볼주머니에 최대한 모아 은신처에 보관하는 습성이 있다.

햄스터의 크기와 수명

영국 동물복지대학연합(Universities Federation for Animal Welfare)의 조사에 따르면, 햄스터는 현재 20여 종이 존재하며, 종에 따라 크기 또한 다양한 것을 볼 수 있다. 가장 큰 것은 유러피언 햄스터(European hamster, *Cricetus cricetus*)로, 꼬리를 제외한 길이가 최대 34cm다. 포도푸스속(*Phodopus*)에 속하는 드워프 햄스터는 몸길이가 5.5~10.5cm로 가장 작다. 현재 전 세계에서 가장 흔한 반려햄스터인 시리안 햄스터는 보통 길이가 약 15cm까지 자란다. 차이니즈 햄스터를 제외하고, 햄스터 꼬리는 일반적으로 길지 않기 때문에(몸길이의 약 1/16) 외형적으로 확인하기가 어렵다.

햄스터의 수명은 종에 따라 다르며, 이에 더해 유전적 요인과 적절한 관리 여부가 수명을 결정하게 된다. 시리안 햄스터는 일반적으로 사육상태에서 2~3년을 넘지 않으며, 야생에서는 그보다 더 짧다. 캠벨 드워프 햄스터와 러시안 드워프 햄스터의 수명은 1.5~2년이다. 로보로브스키 햄스터는 2~3.5년으로 가장 긴 수명을 가지고 있다. 차이니즈 햄스터는 2~3년을 산다. 그러나 모든 규칙에는 예외가 있으며, 일부 햄스터는 평균 수명보다 오래 사는 것으로 알려져 있다(5년까지 산 경우도 있다).

햄스터의 성장

햄스터는 어미가 미리 준비해 놓은 둥지에서 털이 없고 눈도 보이지 않는 상태로 태어나며, 10여 일이 지나면 둥지 바깥을 탐색하기 시작한다. 생후 3주가 되면 성성숙에 도달하고 교배가 가능하며, 매달 새끼를 낳을 수 있다. 따라서 사육상태에서는 생후 3주가 지나면 어미와 새끼를 분리해야 한다. 그러나 이 시기에 어미에 대한 새끼의 의존도가 크기 때문에 새끼에게 먹이를 공급함으로써 이유를 유도해야 한다.

햄스터의 먹이활동

햄스터는 잡식성의 식성을 지니고 있으며, 야생에서는 씨앗, 풀, 심지어 곤충까지 먹는다. 중동의 햄스터는 먹이용 곤충을 찾기 위해 무리를 지어 사냥하는 것으로 알려져 있다. 가정에서 기르는 반려햄스터는 주로 상업용 햄스터 사료를 제공하는데, 채소와 과일, 씨앗, 견과류 같은 다른 유형의 먹이도 제공할 수 있다. 반려동물 숍에서 구입한 먹이는 영양학적인 면에서 햄스터에게 매우 적합하지만, 과일과 채소도 식단에 포함하는 것이 햄스터를 건강하게 유지하는 데 가장 좋다. 햄스터는 감귤류를 제외한 모든 과일과 대부분의 녹색 잎채소를 잘 먹는데, 이렇게 가리지 않고 먹을

1. 일러스트로 알아보는 햄스터의 성별. 왼쪽이 수컷, 오른쪽이 암컷이다.   2. 시리안 햄스터 암컷

수 있다 하더라도 어떤 것을 얼마만큼 섭취해야 하는지 정확히 이해하는 것이 중요하다. 정크 푸드, 초콜릿, 마늘, 짠맛이나 단맛이 나는 음식 등은 해로우므로 급여하면 안 된다(170페이지 참고). 또한, 땅콩버터를 좋아하는 경향이 있는데, 볼에 끈적끈적하게 들러붙을 수 있으므로 주의해야 한다. 참고로, 햄스터는 후장발효 동물이며, 후장에서 소화됐지만 흡수되지 않은 영양분을 재흡수하기 위해 자신의 대변을 먹는 식분증(食糞症, coprophagy)이 나타난다.

햄스터의 성별

위에서 내려다보면 성성숙에 도달한 암컷 햄스터는 깔끔한 꼬리선을 가지고 있으며, 수컷의 꼬리선은 양쪽이 불룩하므로 이러한 특징을 비교해 성별을 구분할 수 있다. 그러나 이와 같은 특징이 모든 종에서 두드러지는 것은 아니다. 수컷은 일반적으로 신체 크기에 비해 매우 큰 고환을 가지고 있기 때문에 성별을 구분하는 데 참고할 수 있겠다. 항문과 생식기의 위치로 성별을 구분할 수도 있다. 암컷 햄스터는 항문과 생식기 구멍이 서로 가깝게 있지만, 수컷은 이 두 구멍이 더 멀리 떨어져 있다. 성성숙에 도달하기 전에는 어린 햄스터의 성별을 판별하는 것이 어렵다.

햄스터의 번식

햄스터는 종에 따라 번식을 시작하는 나이가 다르다. 시리안 햄스터와 러시안 드워프 햄스터는 빠르게 성숙해 어린 나이(4~5주)에 번식을 시작할 수 있지만, 차이니즈 햄스터는 일반적으로 생후 2~3개월, 로보로브스키 햄스터는 3~4개월에 번식을 시작한다. 암컷의 번식수명은 약 18개월이며, 수컷은 훨씬 더 오랫동안 번식할 수 있다. 암컷은 약 4일마다 발정을 하는데, 생식기 부위가 붉어지고 사향 냄새가 나며,

수컷이 근처에 있다고 생각하면 쉭쉭 소리를 내다. 시리안 햄스터는 계절번식동물(季節繁殖動物, seasonal breeder)[1]이며, 1년에 수회 한배에 여러 마리의 새끼를 낳는다. 번식기는 북반구에서 4월부터 10월까지이며, 16~23일의 임신기간을 거쳐 1~13마리의 새끼를 2~5회 낳는다. 드워프 햄스터는 일 년 내내 번식한다.

임신기간은 시리안 햄스터의 경우 15~18일, 러시안 드워프 햄스터의 경우 18~21일, 차이니즈 햄스터의 경우 18~23일, 로보로브스키 햄스터의 경우 22~30일이다. 시리안 햄스터는 한배에 평균 약 7마리를 낳으며, 최대 24마리까지 낳을 수 있다. 이는 자궁에 담을 수 있는 최대 새끼 수다. 캠벨 드워프 햄스터는 한배에 4~8마리의 새끼를 낳으며, 최대 13마리까지 낳을 수 있다. 러시안 드워프 햄스터는 차이니즈 햄스터, 로보로브스키 햄스터와 마찬가지로 약간 더 적게 낳는 경향이 있다.

어미가 새끼들에게 수유하고 있는 모습. 사진은 시리안 햄스터(위), 러시안 드워프 햄스터(아래)

햄스터의 라이프사이클

일단 햄스터를 반려동물로 들였다면, 비록 수명이 짧다 하더라도 살아 있는 동안 최선의 보살핌을 제공해 줘야 한다. 그것이 반려동물 보호자로서 갖는 당연한 책무라고 하겠다. 햄스터의 생애주기에 대해 알고, 단계별로 효율적으로 관리해 준다면 귀여운 털북숭이 친구들은 당신과 함께하는 동안 행복하게 지낼 수 있을 것이다. 햄스터의 생애주기는 출생, 유년기, 청소년기, 성성숙기, 성체기, 노년기의 단계로 나눌 수 있다. 햄스터의 탄생부터 죽음까지 생애주기에 대해 간략하게 알아보자.

---

[1] 1년 중 특정한 계절이 돼야만 번식을 하는 동물을 말한다. 야생동물 대부분과 말, 양, 염소, 개, 고양이 등의 가축이 여기에 속한다. 일조시간의 변화와 먹이환경 등이 번식하는 계절에 영향을 준다. 1년 중 어느 시기라도 번식이 가능한 동물은 주년번식동물(周年繁殖動物, nonseasonal breeder)이라고 한다. 소, 돼지, 토끼, 쥐, 몰모트 등의 가축이나 가금류를 들 수 있다.

1. 갓 태어난 햄스터 새끼들이 베딩 위에 모여 있는 모습 2. 어린 햄스터가 내는 초음파 소리는 어미의 주의와 관심을 불러 일으킨다. 유년기는 반려동물로 적합한 개체가 되도록 길들이기를 시작하는 데 적절한 시기라고 할 수 있다.

■**출생** : 갓 태어난 새끼는 분홍색 피부에 털은 없으며, 귀가 닫혀 있고 눈을 뜨지 못한 모습이다. 새끼는 완전히 무방비 상태이며, 먹이섭취 및 신체보호 등 모든 것을 어미에게 의존한다. 햄스터 새끼는 인간의 아기만큼 무력한 존재다. 눈과 귀가 닫혀 보거나 들을 수 없기 때문에, 어미와 가까이 있어야 하고 위험요소로부터 떨어진 곳에 있는 것이 중요하다.

새끼의 귀가 들리지 않더라도 주변에서 큰 소리나 갑작스러운 소음을 내지 않는 것이 중요하다. 소음은 어미에게 스트레스를 주고, 이는 곧 태어난 새끼에게 영향을 미칠 수 있다.

■**유년기** : 생후 2주까지를 유년기로 본다. 약 10일이 되면 털과 이빨이 자라기 시작한다. 2주 정도 되면 눈을 뜨고 볼 수 있고, 스스로 움직일 수 있으며, 다소 짧기는 하지만 완전히 발달한 털이 자란다. 새끼가 보고 들을 수 있게 되면 주위 환경을 탐색하는 모습을 보인다. 새끼들은 구조물을 오르고 기어가는 방법을 배우게 되며, 케이지 안을 돌아다니며 신나는 모험을 시작할 것이다.

이 단계에서 사람과 햄스터 사이의 유대감이 형성될 수 있는데, 이때가 반려동물로서 적합한 개체로 길들이기 시작하기에 좋은 시기다. 음식을 매개체로 이용해 서기, 점프하기, 원을 그리며 달리기 등 아주 간단한 재주를 가르칠 수도 있다. 물론 시간과 훈련자의 인내심이 필요한 과정이기는 하지만, 햄스터는 유년기에도 한두 가지의 재주를 배울 수 있을 만큼 지능이 높은 동물로 알려져 있다.

■**청소년기** : 햄스터는 수명이 몇 년밖에 되지 않기 때문에 청소년기 또한 빨리 다가

오며, 생후 2~4주 사이에 청소년기로 성장한다. 소위 '질풍노도의 시기'라고 하는, 인간 청소년기에 나타나는 것과 같은 행동을 하지는 않지만, 모험심과 호기심이 크게 발달한다. 또한, 유년기 때의 털이 빠지고 성체의 털로 바뀐다. 이때쯤이면 단단한 먹이를 먹을 수 있을 정도로 이빨이 자라며, 2주가 지나면 젖을 떼기 시작하고 4주가 지나면 완전히 뗀다.

청소년기는 실제로 햄스터를 반려동물로 입양할 수 있는 단계다. 반려동물 숍에서 분양되는 햄스터의 주령(週齡)은 다양하며, 4~5주령의 어린 새끼 햄스터도 입양할 수 있다. 분양되는 햄스터의 평균 주령은 약 9주 정도 되는데, 숍에 머문 기간에 따라 3개월 정도 된 햄스터가 있을 수도 있다. 반려동물로 햄스터를 기를 경우 어릴 때부터(자발적으로 움직일 수 있게 된 후부터) 핸들링을 시도해서 인간과 다른 반려동물(다른 반려동물을 기르고 있는 경우)에게 적응할 수 있도록 유도하는 것이 중요하다.

청소년기에는 모험심과 호기심이 크게 발달한다.

■**성성숙기** : 수컷의 경우 생후 4~6주 사이에 성성숙에 도달하는데, 일반적으로 수컷이 암컷보다 빨리 성숙하며 생후 한 달만 지나면 성성숙에 도달할 것으로 예상할 수 있다. 이 단계에서 햄스터의 신체는 완전히 성장한 것처럼 보이지만, 일반적인 성체 크기에 도달하기 전까지는 계속해서 성장하는 모습을 확인할 수 있다.

암컷은 수컷보다 다소 늦은 생후 9주쯤에 성성숙에 도달한다. 그러나 암컷의 경우 10주 미만에 번식이 이뤄지도록 해서는 안 된다. 어미가 너무 작고 어린 경우 사산되는 새끼의 발생률이 훨씬 더 높기 때문이다. 수컷이 번식하기에 가장 적합한 시기는 생후 14주다. 일단 새끼들이 성성숙에 도달하면 언제든지 임신과 출산이 이뤄지므로 사육상태에서는 수컷과 암컷을 분리해 두는 방법으로 조절해야 한다.

임신기간은 햄스터의 종류에 따라 15일에서 25일 사이이며, 드워프 햄스터의 임신기간은 18~25일, 시리안 햄스터의 임신기간은 15~18일이다. 출산이 임박하면 어미는 불안해하며 외음부에서 출혈이 시작되는데, 이는 신체가 출산을 준비하고 있다는 표시다. 한배의 새끼 수도 종마다 다르다. 시리안 햄스터는 한배에 5~10마리의 새끼를 낳을 수 있고, 드워프 햄스터는 한배에 4~6마리의 새끼를 낳을 수 있다.

■**성체기** : 5~6개월이 되면 완전히 성장해 성체가 된다. 계속해서 주변을 탐색하며, 보호자의 감독하에 케이지 밖으로 스스로 나오도록 허용할 수 있다. 이제 햄스터는 매우 친근하고 사교적으로 바뀌며, 주변에 있는 인간과의 접촉 및 활동을 수용하게 된다. 햄스터의 이빨은 성체가 돼서도 내내 계속해서 자란다. 따라서 이빨을 튼튼하고 건강하게 유지하기 위해서는, 케이지 안에 씹는 장난감을 비치하고 단단한 먹이를 제공해 이빨이 마모되는 데 도움이 될 수 있도록 해줘야 한다. 그렇지 않으면 앞니가 위험할 정도로 길어지게 된다.

다 자란 성체 햄스터의 평균 체중은 약 127g 정도 되지만, 품종에 따라 체중과 크기가 달라진다. 드워프 종을 선호하는 보호자도 많은데, 그 이유는 시리안 햄스터와 비교했을 때 크기가 훨씬 더 작아서 큰 케이지가 필요하지 않고 그만큼 공간을 많이 차지하지 않기 때문이다. 다 자란 햄스터는 제대로 돌보면 최대 3년까지 살 수 있으며, 사육환경과 종에 따라 이보다 더 오래 살 수도 있다.

어미 햄스터는 출산 후 24시간 이내에 다시 임신할 수 있다. 따라서 번식을 중단시키려면 새끼가 태어나자마자 부모를 각각 분리하는 것이 현명한 방법이다. 햄스터는 생후 약 12~14개월이 되면 불임상태가 될 수 있으며,

성체기가 되면 친근하고 사교적으로 변한다.

만약 이후에 암컷을 번식시키려는 경우 골반과 엉덩이에 무리가 오기 때문에 건강에 해롭다. 적절한 보살핌, 양질의 영양섭취, 필요시 수의학적인 관리를 통해 반려햄스터는 번식 여부와 관계없이 훌륭하고 긴 수명주기를 가질 수 있다. 햄스터 사육 또한 시간과 예산이 어느 정도 소요되는 일이므로 입양을 생각 중인 사람이라면 이러한 책임감을 받아들일 수 있는지 진지하게 고민해 보자.

■**노년기** : 다른 모든 반려동물과 마찬가지로, 햄스터도 결국 늙고 수명을 다해 죽게 된다. 대부분 햄스터의 수명은 2~3년으로 매우 짧으며, 2살에 가까워질수록 노년으로 간주한다. 이보다 더 일찍 늙어가는 징후를 발견하게

노년기에 접어든 시리안 햄스터의 모습

될 수도 있다. 가늘어지는 털, 시력 감소, 청력의 상실, 활동성 감소, 또는 식습관의 변화(예를 들면, 단단한 먹이보다 부드러운 먹이를 선호한다) 등이 이러한 징후에 해당한다. 햄스터가 이와 같은 징후를 보이기 시작하면 수의사에게 검사를 받아야 한다.

나이가 많은 햄스터를 입양하더라도 길들이는 것은 여전히 가능하며, 유대감을 형성하는 기술은 어린 햄스터의 경우와 동일하다. 햄스터가 보호자의 냄새에 익숙해지도록 돕고, 주변을 탐색할 수 있도록 하고, 식단을 관리해 주고, 햄스터와 충분한 시간을 보내도록 하자. 어린 햄스터와 나이 든 햄스터를 길들이는 경우의 차이점은, 후자는 더 많은 노력과 일관성 그리고 인내심이 필요하다는 것뿐이다.

햄스터의 평균 수명은 사육환경에서 약 2~3년 정도 되지만, 일부는 잘 관리하면 최대 3년까지도 살 수 있다. 그러나 햄스터는 자연적으로 먹이동물의 위치에 있기 때문에 보호자가 손 쓰기에는 너무 늦을 때까지 질병을 숨기는 본능을 가지고 있다. 이러한 이유로 수의사는 건강상태와 관계없이 매년 검진할 것을 권장한다.

04 section

햄스터의 특성과 습성

햄스터가 지닌 가장 큰 특징은 아마도 이름의 유래가 된, 먹이를 '저장'하는 행동일 것이다. 볼주머니 가득 먹이를 집어넣은 귀여운 모습은 반려동물로서 햄스터의 인기를 높이는 매력적인 요소라고 할 수 있겠다. 이번 섹션에서는 햄스터가 지닌 대표적인 특성과 습성 등에 대해 알아본다.

야행성 혹은 박명박모성

햄스터는 야행성 동물로 알려져 있지만, 해 질 녘과 동이 트는 새벽녘에 잠에서 깨어 가장 활발하게 활동하므로 박명박모성(薄明薄暮性, crepuscular)[1] 동물이라는 것이 많은 학자들의 공통된 의견이다. 동물학자 쿠넨(Khunen)은 "햄스터는 밤에 활동하는 야행성 설치류다"라고 했는데, 다른 학자들은 햄스터가 하루 중 대부분의 시간을 지하에서 보내며, 해가 뜨거나 지기 직전에 굴을 떠났다가 약 한 시간 동안 활동하고 돌아오기

---

[1] 해가 뜨기 전이나 해가 진 후 얼마 동안 주위가 희미한 상태를 박명이라 하며, 해가 진 뒤 어스레한 동안을 박모라 한다. 이러한 시간대에 활동하는 성질을 박명박모성이라 일컬으며, 이는 야행성 및 주행성과는 명백하게 다른 성질이다.

은신처 안에서 자고 있는 **로보로브스키 햄스터**

때문에 박명박모성에 가깝다고 주장했다. 프리체(Fritzsche)는 일부 종은 상대적으로 야행성 활동을 더 많이 보이는 것으로 관찰됐지만, 모두 주로 박명박모성을 띤다고 지적했다.

야생에서는 포식자에게 노출되지 않도록 낮 동안 지하 굴에 숨어 지내는데, 이러한 특성 때문에 아침이나 이른 오후에 햄스터를 깨우는 것은 바람직하지 않다. 그러나 일부 햄스터의 경우 수면주기를 몇 시간 정도 바꿔 밝을 때 활동하도록 만들 수도 있다(햄스터와 보호자 간에 유대감을 쌓을 수 있도록 바꿔주는 방법).

햄스터가 대부분 어두울 때 깨어 있다는 사실은 햄스터를 반려동물로 입양할지 여부를 판단할 때, 특히 어린아이를 위해 입양하는 경우 진지하게 고려해 봐야 할 사항이다. 무엇보다도 대부분의 전문가와 반려동물협회에서는 햄스터가 주로 저녁이나 새벽에 깨어나 활동하기 때문에, 10세 또는 11세 이상인 어린이용으로 입양해야 한다고 조언하고 있다. 대부분의 반려햄스터는 다른 반려동물에 비해 보호자와의 상호작용에 더 많이 의존하는 경향이 있다는 점을 참고해서 입양을 결정하도록 하자.

먹이를 저장하는 습성

햄스터는 먹이를 저장하는 행동이 특징으로, 넓은 볼주머니에 먹이를 잔뜩 집어넣고 지하 저장실로 옮긴다. 볼이 가득 차면 얼굴 크기가 두 배, 심지어 세 배까지 커질 수 있다. 반려햄스터는 볼주머니에 먹이를 가득 채우면 케이지 구석에 숨기는 것으로 알려져 있다. 따라서 케이지를 청소할 때 숨겨진 먹이가 있는지 확인하는 것이 중요하다. 특히 신선한 과일이나 채소를 급여한 경우에는 더욱 그렇다. 케이지 안에 숨겨두면 썩게 되고, 이는 질병의 잠재적인 원인이 될 뿐만 아니라 불쾌한 냄새가 날 수도 있다. 참고로, 햄스터는 늦가을에 체중이 감소되는데, 가정에서 반려동물로 기르는 햄스터도 마찬가지이며, 이는 운동량 증가와 관련이 있는 것으로 보인다.

굴 파기

모든 햄스터는 굴을 파는 능력이 매우 뛰어나다. 사지와 주둥이 및 이빨을 사용해 하나 또는 여러 개의 입구가 있는 굴을 파고, 둥지와 먹이저장 및 기타 활동을 위한 방과 연결된 지하도를 만든다. 야생에서 굴은 극단적인 주변 온도를 완충하고, 비교적 안정적인 기후조건을 제공하며, 포식자로부터 보호해 주는 역할을 한다.

시리안 햄스터는 일반적으로 70cm 깊이의 굴을 판다. 굴에는 사선으로 가파르게 파놓은 터널과 입구(지름 4~5cm), 잠자리 및 먹이저장실이 있으며, 나뭇가지로 막아 분리해 놓은 화장실이 있다. 반려햄스터 또한 굴을 파는 능력을 잃지 않았으며, 적절한 바닥재가 제공된다면 엄청난 활력과 기술을 이용해 굴을 파는 모습을 볼 수 있다. 야생햄스터는 다른 포유동물이 만들어 놓은 터널도 이용하는데, 러시안 드워프 햄스터의 경우 피카(pika)의 길과 굴을 사용하는 것이 확인된다.

단독생활? 공동생활?

비교적 사회성을 띠는 종(주로 드워프 햄스터)이 있기는 하지만, 대부분의 햄스터는 단독생활을 한다. 반려햄스터 중 특히 시리안 햄스터와 차이니즈 햄스터는 독립성이 강하기 때문에 단독으로 길러야 한다. 시리안 햄스터는 보호자와 긴밀한 유대감을 형성하는 종이지만, 다른 햄스터가 근처에 있는 것을 좋아하지 않고 텃세가 매우 심해 같은 케이지에 합사하면 안 된다. 합사된 다른 햄스터를 물 수 있고, 심지어 죽일 수도 있다. 단독생활을 하는 햄스터는 같은 케이지에서 기르면 급성 및 만성 스트레스가 발생할 수 있으며, 심하게 싸울 수 있고 때로는 목숨을 잃을 수도 있다.

일부 사회성을 띠는 햄스터 종의 경우도 일반 가정에서는 단독으로 기르는 것이 좋다. 만약 한배의 형제 또는 자매를 어릴 때부터 합사하고, 성장한 후에도 각 개체의 공간이 충분히 확보됨으로써 영역문제로 서로 부딪힐 일이 없을 정도로 케이지가 크며, 케이지 내 모든 개체에게 부족하지 않도록 충분한 먹이가 제공된다면, 두 마

리나 세 마리의 그룹으로 기르는 것이 가능하다. 그러나 특히 케이지와 관련한 조건은 많은 보호자의 경우 현실적으로 충족시키기 어려운 것이 사실이고, 따라서 드워프 종이라 하더라도 결국 공격성이 나타날 위험이 상존하므로 단독으로 기르는 것이 안전하다. 단독으로 길러도 행복하게 지낼 수 있다. 새로운 햄스터를 입양해 함께 지내게 하기보다 보호자가 햄스터의 친구가 돼서 관찰하고 대화하는 데 시간을 투자하는 것이 좋겠다.

시리안 햄스터 두 마리가 운동용 쳇바퀴를 함께 사용하고 있는 모습. 그러나 곧 그만두고 서로 싸우기 시작할 것이다.

햄스터는 일반적으로 사람이 만지는 것을 좋아하지 않는다. 따라서 핸들링을 해야 할 경우 햄스터가 깨어 있고, 겁을 내지 않으며, 편안하게 느낄 때 시도하는 것이 좋다. 햄스터는 특정 향기를 보내 동료와 의사를 소통(후각을 이용한 소통)하고, 자신의 감정을 표현하기 위해 신체언어도 보여준다. 신체언어를 통해 서로, 심지어는 보호자와도 의사를 소통한다. 단독생활을 하는 햄스터는 보호자가 제공하는 장난감이나 물건을 사용해 케이지를 탐색하는 것을 선호한다. 케이지를 흥미롭게 세팅해 주면, 이를 탐색하고 작동하는 모습을 지켜보며 몇 시간 동안 즐겁게 보낼 수 있다.

카니발리즘(cannibalism)

차이니즈 햄스터와 시리안 햄스터 암컷은 교미가 끝난 후 너무 오랫동안 함께 있으면 수컷에게 공격적인 행동을 보이는 것으로 알려져 있다. 상황에 따라 수컷이 암컷에게 공격을 받아 죽을 수도 있다. 따라서 햄스터를 번식시키는 경우 교배가 이뤄진 후에는 수컷에 대한 암컷의 공격을 막기 위해 암수를 분리하는 것이 좋다.

암컷은 출산 중에 방해받는 것에 특히 민감하다. 때로는 새끼를 볼주머니에 넣고 다니기도 하지만, 위험하다고 생각되면 새끼를 잡아먹을 수도 있다. 사육환경에 있는 암컷 햄스터가 새끼와 함께 장기간(3주 이상) 방치되면 새끼를 먹을 수도 있으므로 새끼가 독립적으로 먹이를 먹고 물을 마실 수 있는 시기가 되면 즉시 분리하는 것이 좋다.

햄스터의 소화

햄스터는 주로 씨앗, 과일, 식물 등을 먹으며, 가끔 땅속에 파묻힌 곤충을 먹기도 한다. 야생에서는 메뚜기나 밀웜(mealworm) 같은 곤충을 잡아먹기도 하지만, 이러한 식단은 규칙적이기보다는 예외적이라고 할 수 있다.

햄스터의 소화과정은 주로 섬유소로 구성된 식단을 처리하는 데 특화된 초식동물의 특성을 띤다. 섬유소는 분해되기가 매우 어려운 성분이다. 소의 경우 4개의 위를 가지고 있고 삼킨 먹이를 게워내 다시 씹어서 소화하며, 흰개미는 내장에 공생하는 원생동물의 편모

햄스터는 잡식성 식성을 지니고 있는 동물로 주로 씨앗, 과일, 식물을 먹으며, 가끔 땅속에 파묻힌 곤충을 먹기도 한다.

충류가 소화를 돕는다(편모충류를 제거하면 흰개미는 죽게 된다). 햄스터는 섭취한 먹이를 두 칸으로 나눠진 위에서 두 번 소화한다. 하마나 캥거루와 마찬가지로, 햄스터는 전장발효(前腸醱酵, pregut fermenter)[2] 동물에 속한다. 위에서 전장발효가 이뤄지는데, 먹이를 섭취하면 첫 번째 위에서 약간 부드러워지면서 소화를 돕게 된다.[3]

햄스터는 소화에 있어서 효율적인 몸을 지니고 있다. 햄스터가 섭취한 먹이는 식도를 지나 위의 첫 번째 칸인 분문동(噴門洞, forestomach; 위에 가까운 식도의 끝부분에 생기는 부위)으로 전달된다. 분문동은 분비샘이 없고, 소화활동을 위한 일종의 보관함 역할을 한다. 분문동에 있는 박테리아는 섭취한 먹이의 소화과정을 시작하는데, 이 과정은 소의 반추위(反芻胃, ruminant stomach; 반추동물의 첫째 위)에서 일어나는 일과 비슷하다. 많은 항생제가 햄스터에게 치명적인 이유는 쉽게 이해할 수 있다. 항생제는 위장에

---

2 소화기관 가운데 장의 앞부분에서 일어나는 미생물의 발효로서 구강, 인두, 식도, 위, 십이지장에서의 미생물 발효를 이른다.
3 전장발효동물은 위에 어마어마한 양의 먹이를 수용하기 때문에 농부들이 야생햄스터를 싫어하는 또 다른 이유가 된다.

있는 유익한 박테리아를 파괴하지만 병원성 박테리아는 파괴하지 않으며, 결국 나쁜 박테리아가 증식해 치명적인 결과를 초래하게 되는 것이다. 분문동에서 반발효된 먹이는 10~60분 안에 협착을 통해 위의 두 번째 칸인 선위(腺胃, glandular stomach; 식도 밑에 있는 위의 앞부분으로 전위라고도 한다)로 흘러 들어간다. 선위는 소화산과 작용해 먹이입자를 분해하도록 설계돼 있다. 선위에서 먹이입자가 흡수 가능한 성분으로 분해되면, 장으로 전달돼 추출 및 흡수가 이뤄진다. 그리고 나면 수분과 영양분이 흡수되고 남은 먹이입자가 부드러운 대변인 맹장변[4]으로 배설된다.

식분증
햄스터는 맹장변이라고 불리는 부드러운 배설물을 섭취하는 습성이 있다. 섭취한 맹장변은 소화과정을 통해 더 많은 영양분(비타민K를 포함한 몇 가지 추가 비타민)이 흡수되고, 작고 단단한 대변으로 다시 배출된다. 맹장변을 먹는 행위를 식분증(食糞症, coprophagy)이라고 하며, 햄스터는 하루에 최대 20회까지 맹장변을 섭취한다. 사막과 같은 열악한 서식지에서 생존해야 했던 동물들은 먹고 마시는 것에서 최대한 많은 영양분을 얻을 수 있는 방법을 찾도록 진화됐으며, 햄스터도 예외는 아니다.

맹장변 섭취를 통해 혈액의 응고를 돕는 비타민K의 재흡수가 이뤄지는데, 식단에서 이러한 영양소를 빼내는 능력은 햄스터가 자연적으로 와파린(Warfarin;)[5]에 내성을 갖게 된 이유 중 하나일 수 있다. 와파린은 항응혈성(抗凝血性)의 화합물로 혈액응고메커니즘을 무력화시키고 설치류 방제에 사용된다.

햄스터의 동면과 휴면
일부 반려햄스터에서 나타나는 신체의 비활성 상태를 설명하기 위해 '동면(冬眠, hibernation; 겨울잠)'이라는 용어를 사용하는 것을 자주 볼 수 있는데, 이러한 현상은 동면과 하면 등을 포괄하는 개념으로서 휴지상태(休止狀態) 또는 비활동 상태를 의미

---

4 토끼와 같은 일부 초식 포유동물은 말랑말랑한 맹장변과 단단한 정상변의 두 가지 형태로 변을 배설하는 것을 확인할 수 있다. 맹장에서 발효된 음식물을 맹장변으로 배출하고, 이 맹장변을 재섭취해 부족한 영양분을 다시 한번 흡수하게 된다.   5   혈액응고에 관여하는 프로트롬빈(prothrombin)의 농도를 감소시켜 피의 응고억제작용을 하는 물질을 말한다. 쿠마린의 유도체로 비타민K와 구조가 비슷하다. 폐동맥색전증, 관상동맥혈전증 등 혈전색전증(血栓塞栓症)의 예방이나 처치에 사용된다.

하는 '휴면(休眠, dormancy)'[6]이라는 용어를 사용하는 것이 더 적절하다. 동면은 일부 동물에 있어서 먹이가 부족하고 기온이 낮은 달을 보내도록 적응된, 모든 활동을 중단하고 땅속 등에서 겨울을 보내는 상태를 말한다.

동면하는 동물은 먹이가 풍부한 달에 영양을 충분히 섭취해 지방을 축적하고, 추운 달이 되면 동면에 들어가며, 동면 중에는 영양분을 섭취하지 않는다. 동면에 들어가면 활동수준이 떨어지고 신진대사가 느려지며, 축적된 지방은 봄을 맞이하는 데 필요한 에너지와 수분을 제공한다. 체온도 떨어지지만, 밖의 온도보다 1~2℃ 정도 높다.

시리안 햄스터의 경우 야생에서 동면에 들어갈 수 있으며, 체온을 주변 온도에 가깝게 유지할 수 있다. 이러한 형태의 체온조절은 대사율을 약 5%로 감소시키고, 겨울 동안 먹이의 필요성을 상당히 줄이는 데 도움이 된다. 시리안 햄스터가 야생에서는 동면에 들어가지만, 반려동물로 길러지는 시리안 햄스터는 동면하지 않는다.

반려햄스터의 경우 환경이 적절치 않은 경우 종종 무기력 상태가 나타나는데, 이를 휴면이라고 한다.

■ **햄스터의 동면과 휴면** : 모든 햄스터 종이 동면에 들어가는 것은 아니다. 일부 햄스터 종(예를 들어, 야생 유러피언 햄스터-European Hamster or Black-bellied hamster, *Cricetus cricetus*)은 동면에 들어가는 동물이며, 추운 겨울 동안 오랜 시간 잠을 잔다. 시리안 햄스터와 특정 종의 드워프 햄스터는 저온에 노출되거나 하루 12시간 미만의 일광에 노출되거나 먹이가 부족한 경우 단기간의 동면상태에 빠지기도 한다. 이 경우

---

6   일반적으로 생물의 활동 또는 생장이 일시적으로 정체되거나 정지되는 현상을 휴면(休眠, dormancy)이라고 하며, 라이프사이클에서 일정 기간 발육이나 대사활성이 억제된 상태라고 보면 된다. 동면과 하면은 휴면행동의 하나로 겨울철에 휴면이 일어나면 동면(冬眠, hibernation), 여름철에 휴면이 일어나면 하면(夏眠, estivation)이라고 한다. 그러나 동물이 반드시 겨울과 여름에만 휴면하는 것은 아니며, 하루 중에도 여러 차례 휴면하는 동물을 볼 수도 있다.

암컷 햄스터가 보통 수컷 햄스터보다 더 짧은 기간 동면상태에 빠진다. 반려햄스터는 더 이상 동면에 들어가지 않는다. 가정 내에서는 난방 등으로 인해 인위적으로 따뜻한 환경이 조성돼 자연상태에 비해 햄스터의 생활조건이 훨씬 덜 가변적이기 때문이다. 그러나 생활조건이 예상외로 좋지 않을 경우 비활성 상태인 휴면에 들어가게 되는데, 이는 일종의 단기적인 '비상동면(emergency hibernation; 허용적 또는 임의적 동면이라고도 함)'이라고도 볼 수 있겠다. 그렇다면 햄스터가 휴면에 들어간 상태인지 아닌지 어떻게 알 수 있을까. 휴면에 들어가도 괜찮을까 아니면 다시 깨워야 할까. 그리고 햄스터가 휴면에 빠지는 것을 어떻게 방지할 수 있을까.

■**휴면에 들어가는 경우** : 햄스터 케이지가 설치된 방의 온도가 내려가는 경우, 특히 방의 조명이 어둡거나 매일 짧은 시간 동안만 켜져 있는 경우 일부 햄스터는 신체활동이 많이 감소된 상태인 휴면에 들어갈 수 있다. 보호자가 전혀 예상치 못한 상황에서 휴면에 들어간 햄스터를 발견하게 되면 무척 당황스러울 것이다. 보호자는 자신의 햄스터가 죽었다고 생각할 수도 있는데, 침착하게 확인하도록 하자.

■**휴면이 지속되는 시간과 영향** : 동면을 포함해 휴면은 햄스터가 어려운 환경조건에서 살아남을 수 있도록 고안된 생존메커니즘이다. 휴면과 동면은 모두 심장박동, 호흡 및 대사율을 감소시키고 신체의 활동수준과 체온을 떨어뜨린다. 그러나 동면과 달리 휴면은 외부온도가 떨어지거나 먹이가 부족할 때 발생할 수 있는 단기적인 휴지상태이며, 장기간 지속되도록 설계되지는 않았다. 휴면상태는 몇 시간 또는 며칠 동안 지속될 수도 있으며, 온도가 다시 상승하면 휴면에서 깨어나게 된다.
휴면은 햄스터가 일시적으로 제공되는 부적절한 조건을 극복하기 위해 예상치 못하게 활동을 중단해야 할 때를 대비한 생존전략이다. 휴면상태의 햄스터는 동면상태에 들어간 동물의 경우처럼 에너지가 충분히 비축돼 있지는 않으며, 조건이 개선되지 않고 휴면상태가 길어질수록 추위나 탈수로 폐사할 가능성이 더 커진다.

■**휴면 여부를 확인하는 방법** : 햄스터가 휴면상태에 빠진 것으로 의심되는 경우 몇 가

지 간단한 검사를 통해 알아낼 수 있다. 햄스터 케이지가 실내온도 20℃ 이상인 방에 설치돼 있고, 창문이 열려 있거나 혹은 외풍이 들어오는 장소가 아닌 경우라면 휴면이 발생할 가능성은 거의 없다. 햄스터가 휴면상태에 빠질 만큼 실내온도가 낮은 방에서는 숨을 쉬고 있는지 자세히 살펴봐야 한다. 휴면 중에는 몇 분마다 한 번씩 숨을 쉴 수 있으므로 수 분 동안 자세히 관찰한다. 햄스터의 코앞에 차가운 숟가락이나 작은 거울을 대고 숨을 내쉴 때 김이 나는지 확인하는 방법도 있다.

햄스터가 숨을 쉬고 있는지 확신할 수 없다면 손가락을 사용해 심장박동을 감지해 본다. 엄지와 검지 끝을 햄스터의 가슴 바로 아래 옆쪽으로 놓는다. 심장이 뛰는지 확실하게 확인하려면 충분한 압력을 가해야 하는데, 이때 햄스터의 가슴을 짓누르지 않도록 주의해야 한다. 따라서 햄스터가 빠져나오지 못하게끔 쥐고 있다면 과도하게 압력을 가한 것은 아닌지 점검한다. 햄스터의 심장은 매우 작으며, 휴면 중 심박수가 평소 분당 400회에서 5~10회 정도로 떨어지기 때문에 심장이 뛰고 있는지 알기가 어려울 수 있다. 심장박동을 놓칠 수 있으므로 손가락이 미미한 움직임에 적응될 때까지 몇 분 동안 시도해 본다. 햄스터를 부드럽게 쓰다듬어 수염이 꿈틀거리는지 확인하고, 한쪽 발을 살짝 당겨서 늘어나는지 확인할 수도 있다.

휴면하는 동안 체온이 떨어지기 때문에, 햄스터를 만졌을 때 시원하거나 차가운 느낌이 든다고 해서 반드시 나쁜 상황이라고 단정할 수는 없다. 특히 햄스터 몸이 늘어지고 축축하다는 느낌을 받는 경우에는 더욱 그렇다. 방의 온도가 20℃ 이상으로 유지되는데 몸이 차갑고 뻣뻣하다면, 안타깝게도 죽었을 가능성이 크다. 휴면상태에 있는지 확인하는 마지막 방법은 실내온도를 점진적으로 20℃ 이상으로 높이는 것이다. 휴면 중인 햄스터는 몇 시간에서 하루나 이틀 후에 다시 깨어나야 한다.

■ **휴면에서 깨우기** : 동면상태에서는 여름철에 축적된 지방의 신진대사를 통해 동물의 몸이 겨울 동안 사용할 에너지와 수분이 공급된다. 동면하는 동물의 경우 가혹한 조건에 대비해 몇 달에 걸쳐 지방을 축적하지만, 휴면 중인 햄스터는 그런 과정을 거치지 않았기 때문에 짧은 시간 동안만 버틸 수 있다. 휴면상태가 너무 오랜 시간 지속되면 탈수와 에너지 부족으로 결국 추위에 굴복해 죽을 수 있다. 따라서 휴

면에 빠진 햄스터를 발견했다면 다시 깨어날 수 있도록 환경을 개선해 줘야 한다. 햄스터가 휴면에 빠진 지 채 하루도 지나지 않았다면, 몸을 살짝 따뜻하게 만들어서 깨울 수 있다.

휴면 중인 햄스터를 따뜻하게 해줄 수 있는 안전한 방법은 다음과 같다. 일단 손을 오목하게 만들어 햄스터를 부드럽게 잡고 당신의 체온으로 몸을 따뜻하게 해준다. 또한, 부드럽게 쓰다듬어 주면 혈액순환을 회복하는 데 도움이 될 수 있다. 마지막으로, 따뜻한 수건으로 둥지를 만들어 햄스터를 올려두는 방법도 있다.

이때 히팅 패드 위에 올려놓거나 햄스터의 몸보다 온도가 높은 곳에 노출시키지 않도록 주의해야 한다. 체온을 너무 빨리 올리면 문제가 발생할 수 있으며, 강한 열원에서 벗어나지 못하는 경우 심각한 화상을 입을 수 있다. 또한,

햄스터의 휴면상태가 너무 길어지면 탈수와 에너지 부족으로 위험할 수 있다. 따라서 적절한 방법으로 깨워줘야 한다. 사진은 막 잠에서 깨어난 햄스터의 모습

햄스터가 깨어났을 때 먹을 수 있는 충분한 먹이와 신선한 물을 준비해 둬야 한다. 몸을 살짝 데워주는 것만으로는 깨울 수 없거나 햄스터가 깨어 있는 것을 본 지 하루 이상 지났다면, 12시간 동안 밝은 조명을 켜서 깨어나도록 자극할 수도 있다. 하루 이상 휴면상태에 있던 햄스터는 탈수가 진행되고 에너지공급이 부족할 수 있으므로 가능한 한 빨리 수의사에게 데려가 검사를 실시하고 필요한 지원을 받도록 한다.

■**휴면을 방지하는 방법** : 하루 12시간 밝은 빛을 받고, 케이지가 위치한 방의 온도가 20℃ 이상으로 일정하게 유지되며, 먹이와 물 그리고 베딩이 적절하게 공급된다면 햄스터는 휴면에 들어가지 않아야 한다. 따라서 위의 모든 기준에 맞도록 사육환경이 조성돼 있는 상태라면, 햄스터가 매일 저녁 평소처럼 일어날 것이라고 예상돼야 하는 것이 정상이다. 햄스터의 행동이 변했다거나 평소 예상했던 시간에 눈에 보이

지 않는다면, 햄스터가 얼마나 활동적인지 조심스럽게 확인하고, 평소와 다른 점이 발견되는 경우 항상 수의사에게 연락해 적절한 조언을 구하도록 하자.

햄스터의 감각

햄스터는 시력이 나쁘지만, 후각과 청각이 매우 뛰어나 시력을 보완해 주는 역할을 한다. 수염 또한 부족한 시력을 보완해 이동하는 데 도움을 준다. 시각과 청각을 비롯해 햄스터의 감각에 대해 간략하게 알아본다.

시력이 좋지는 않지만 사물을 구분할 수는 있으며, 후각과 청각이 뛰어나 시력을 보완해 준다.

■시각 : 햄스터는 시력이 좋지 않으며, 근시에 색맹을 가지고 있다. 시력이 나쁘기 때문에 냄새를 이용해 미로나 상대를 파악한다고 알려져 있는데, 멀리 내다보거나 색 구분을 못 하는 것일 뿐 아예 못 본다거나 사람의 손이나 물체를 구분하지 못한다는 것은 아니다. 시력 자체는 일반적인 설치류와 동일하다. '냄새로 찾는다'는 것도 시력보다는 더 의존한다는 의미이며, 시력만으로도 미로를 벗어나거나 갑자기 마주치는 장애물을 피할 수 있다. 최근 설치류에게 냄새 없이 VR고글만으로 미로를 보여주거나 장애물을 피하는 실험 영상이 알려지면서, 지금까지 햄스터의 시력에 대해 생겼던 오해가 많이 풀리게 됐다.

시력이 좋지 않아 거리감을 느끼지 못하고 정확한 위치를 구분할 수는 없지만, 그렇다고 해서 케이지에 오르거나(때로는 나오는 경우도 있음) 모험을 즐기는 것을 멈추지는 않는다. 햄스터는 항상 주위의 움직임을 감지할 수 있으며, 이는 야생에서 위험으로부터 자신을 보호하는 데 도움이 된다. 이와 같은 감각은 반려동물로 길러지는 가정에서 보호자가 가까이 있는지 파악하는 데도 도움이 된다. 높이에 대한 인식은 없다. 케이지 내 단단한 구조물의 가장자리에 도달한 햄스터는 높이를 가늠하지 못하기 때문에 그 자리에서 바로 떨어진다. 그러나 햄스터는 뛰어난 등반가이며, 커튼 꼭대기까지 빠르게 올라갔다가 발을 떼는 것만으로도 쉽게 내려올 수 있다. 야생에서는 새의 공격을 받는 일이 생길 수도 있는데, 머리 위에서 움직임이 감지되면 등을 바닥에 대고 피하며, 발과 이빨을 사용해 방어하기도 한다. 이러한 이유로 햄스터에게 다가갈 때는 위협을 느끼지 않도록 항상 앞에서 조심스럽게 접근하는 것이 좋다.

■**후각** : 햄스터의 부족한 시력은 예민한 후각으로 보완된다. 보호자가 냉장고 문을 열었을 때 녀석들의 코가 꿈틀거리고 콧구멍이 벌렁거리는 모습을 볼 수 있을 것이다. 햄

햄스터는 후각으로 상대의 정보를 감지하며, 이를 바탕으로 상대의 성별을 구분할 수 있다.

스터는 후각을 이용해 먹이그릇에서 다른 먹이들 속에 파묻혀 있는 해바라기씨와 같은, 자신이 좋아하는 먹이를 찾아내서 먹는다. 신선한 채소, 무엇보다도 민들레 잎은 자고 있는 햄스터를 깨울 정도로 후각에 자극적인 것으로 알려져 있다.

햄스터는 옆구리(차이니즈 햄스터와 드워프 햄스터의 경우 복부)에 향선(香腺, scent gland; 취선이라고도 함)을 가지고 있으며, 이 향선을 물체의 표면에 문질러 냄새 흔적을 남긴다. 또한, 후각을 이용해 성별을 구별하고 먹이를 찾는다. 어미 햄스터는 후각을 이용해 자신의 새끼를 찾아내고, 자기 새끼가 아닌 새끼를 식별할 수도 있다. 이들의 후각은 새끼뿐만 아니라 영역, 짝을 마킹하는 데도 사용될 수 있다.

■**청각** : 햄스터는 시력이 약한 대신 청각이 매우 뛰어나다. 깨어 있을 때 가능한 한 많은 소리를 포착하기 위해 귀를 똑바로 세우고 있는 모습을 볼 수 있다. 편안하거나 졸릴 때는 귀가 접혀 있거나 구겨져 있다. 어린 햄스터가 접시의 부딪치는 특정

햄스터는 앞발의 감각이 매우 예민하며, 수염은 어둠 속에서 주위를 감지해 이동하는 데 도움을 준다.

소리 등을 먹이급여와 연관시키는 법을 얼마나 빨리 배우는지 알면 놀랄 것이다. 비슷한 소음을 익혀 구분하는 경향이 있고, 음식에서 나는 소리는 물론 보호자의 목소리까지 감지하므로 정기적으로 말을 걸어주는 것이 상호교감에 좋다. 또한, 높은 톤의 소리에 특히 민감하며, 초음파 범위의 소리를 듣고 의사를 소통할 수 있다.

■**촉각** : 햄스터는 앞발의 감각이 매우 예민하다. 햄스터에게 먹이를 급여할 때 혹은 그루밍하는 모습을 보면, 발가락을 얼마나 섬세하게 움직이고 사용하는지 알 수 있다. 야행성 (혹은 박명박모성) 동물의 경우 수염은 어둠 속에서 먹이를 찾기 위해 이동하는 동안 주위를 감지하는 중요한 역할을 한다. 햄스터의 수염은 감각적으로 매우 민감하며, 수염을 만지는 것을 싫어하므로 핸들링을 할 때 잡아당기거나 쓰다듬지 않도록 주의하자.

실험동물로 많이 이용되는 햄스터

햄스터는 연구에 세 번째로 많이 사용되는 실험동물이다. 실험에 사용되는 햄스터 중 90%는 시리안 햄스터이고, 나머지 10%는 주로 중국, 아르메니아, 유럽 출신의 햄스터다. 몇몇 근친교배 혈통이 생물의학 연구에 이용될 수 있다.

햄스터의 행동

햄스터를 자세히 관찰하면 여러 가지 독특한 행동을 나타내는 것을 확인할 수 있다. 평소 정상적으로 나타나는 행동과 비정상적으로 나타나는 행동 등에 대해 알고 나면 여러분의 반려햄스터를 이해하는 데 많은 도움이 될 것이다.

■ **정상적인 행동** : 다음에 소개하는 내용은 평소 햄스터에게서 나타나는 완전히 정상적인 행동이다. 따라서 여러분의 햄스터가 이러한 행동을 하는 것을 본다면 환경적 측면에서 모든 것이 괜찮다는 뜻으로 이해해도 좋다.

어두울 때 활동하기 앞서도 언급했듯이, 햄스터는 황혼녘이나 새벽녘에 깨어 활동하는 박명박모성 동물이다. 자신의 햄스터가 새벽에 깨어 케이지 내를 활발하게 뛰어다니고 있는 모습을 보더라도 걱정할 필요는 없다. 햄스터는 이러한 시간대에 가장 활동적이므로, 이와 같이 활동하는 것은 녀석이 현재 행복하다는 신호로 볼 수 있다. 햄스터는 활력이 넘치는 동물이며, 매일 3~4시간씩 운동을 한다.

물건 씹기 햄스터가 무언가를 씹는 것은 이빨을 갈기 위한 행동이다. 햄스터의 이빨은 평생 끊임없이 자라기 때문에 적절하게 마모시켜 주지 않으면 볼을 뚫고 나올 수 있다. 이 경우 감염 등 건강상 여러 가지 문제가 발생하게 된다. 따라서 이빨을 마모시킬 수 있도록 나무 블록 등의 이빨갈이용품을 제공해 주는 것이 바람직하다. 시중에 여러 가지 이빨갈이용 씹는 장난감이 판매되고 있으므로 적절한 것을 선택해 제공하도록 하자. 간식을 급여할 때도 단단한 것을 주면 이빨갈이에 좋다.

볼주머니 채우기 햄스터는 먹이를 운반하고 저장하기 위해 볼주머니를 사용하며, 체중의 최대 50%를 이 볼주머니에 넣어 운반할 수 있다. 볼주머니는 먹이, 베딩 재료뿐만 아니라 때로는 새끼를 운반하는 데도 사용된다. 볼주머니에 먹이를 가득 채운 후 굴이나 특별한 은신처로 가져가서 저장소에 보관한다.

굴을 파고 숨기 햄스터는 위험으로부터 자신을 보호하고 안전하게 지키기 위해 본능적으로 굴을 파고 들어가거나 숨는다. 또한, 쉬고 싶을 때는 대개 이러한 곳에 들어가 숨는다. 이것이 그들이 잠자는 동안 위험으로부터 안전하게 지내는 방법이다.

기타 정상적인 행동 햄스터를 자세히 관찰하고, 그들이 나타내는 신체언어를 확인해

보자. 하품을 하는 햄스터는 기분 좋게 졸리고 편안한 상태다. 자연스러운 그루밍, 가벼운 스트레칭, 베딩 속에 굴 파기, 먹이 모으기, 케이지 안에서 활기 넘치는 곡예를 하는 것 등은 모두 햄스터의 삶이 대체적으로 양호하다는 신호라고 보면 된다.

공중으로 뛰어오르는 행동은 기분이 좋다는 신호이며, 실제로 기분이 매우 좋은 상태인 것을 알 수 있다. 베딩에 굴을 파는 행동은 지극히 자연스러운 것으로 햄스터가 현재의 환경에서 행복하게 잘 살고 있다는 것을 의미한다. 아마도 굴을 파면서 이전에 묻어뒀던 간식을 찾아 헤매고 있을 가능성이 크다. 귀를 쫑긋 세우고 보호자를 지켜보는 행동은, 차분하지만 무슨 일이 일어나고 있는지에 대해 다소 호기심을 가지고 있다는 것을 보여준다. 사지를 스트레칭하는 행동은 자신의 삶에 대해 꽤 편안하게 느끼고 있다는 신호라고 생각하면 된다.

■**비정상적인 행동** : 다음에 소개하는 행동들은 햄스터의 현재 몸 상태가 좋지 않을 수도 있음을 나타내는 징후다. 이러한 증상 중 하나라도 발견될 경우 가능한 한 빨리 수의사를 방문해 적절한 조언을 얻도록 하자.

휴면에 들어간다 햄스터가 지내는 환경의 온도가 갑자기 떨어지면 휴면에 들어갈 수 있다. 야생햄스터에게 있어서 휴면(또는 동면)에 들어가는 것은 정상적인 현상이지만, 사육환경에 있는 햄스터에게는 그렇지 않다. 수의학자들은 이러한 현상이 약 15℃의 온도에서 자주 발생한다고 설명한다. 햄스터를 건강하게 관리하기 위해서는 케이지 온도를 일반 가정의 실내온도(최대 26℃)로 유지하는 것이 좋다.

에너지가 부족하다 햄스터는 매우 활동적이고 활력이 넘치는 동물이므로, 움직임이 둔해지면 즉시 수의사에게 데려가 진찰을 받도록 한다. 먹이동물인 햄스터는 심하게 아플 때까지 본능적으로 질병에 걸린 것을 드러내지 않는다. 따라서 움직임이 감소되고 무기력하게 행동할 때는 질병을 의심해 봐야 한다.

먹거나 마시지 않는다 건강한 햄스터는 당연히 건강한 식욕을 가지고 있는 것이 정상

귀를 뒤로 젖히고 주둥이를 앞으로 내민 자세를 주의 깊게 살펴보자. 햄스터는 현재 주변에 대해 의심이 많고 불안해하는 상태다.

이다. 따라서 햄스터가 먹이를 먹지 않거나 거부하는 모습을 보인다면 무언가 문제가 생긴 것일 수도 있다. 햄스터는 크기가 매우 작은 동물이기 때문에 먹거나 마시지 않고 단 몇 시간만 지나도 쉽게 탈수증상이 나타날 수도 있으므로 주의해야 한다.

씹지 않기 이빨이 제대로 정렬돼 있지 않거나 너무 과도하게 자란 경우 건강상 여러 가지 문제가 생긴다. 따라서 항상 이빨의 상태를 점검해 이상이 있는지 확인하고, 규칙적으로 씹는 모습이 보이지 않을 경우 즉시 수의사와 상담해 조치를 취해야 한다.

평소와 다른 은신 햄스터는 굴을 파고 은신하는 습성이 있지만, 주로 낮잠을 자기 위해 자리를 잡을 때 은신한다. 규칙적으로 깨어 있는 시간 또는 노는 시간에 계속해서 은신처에 숨어 있는 모습을 보인다면, 이는 불안감이나 스트레스로 인해 나타나는 징후일 수 있다. 겁을 먹으면(고양이 또는 다른 동물이 끊임없이 자신을 지켜보고 있는 상황 등) 대개 숨어 있는 것을 볼 수 있다.

기타 비정상적인 행동 눈을 가늘게 뜨고 귀가 뒤로 젖혀져 있다면 의심을 하고 있다는 표시로, 무언가 문제가 있어서 도망쳐 숨어야 한다고 생각하고 있는 상태다. 볼주머니가 부풀어 오르고 입을 벌린 채 귀를 앞으로 내미는 경우는 겁을 먹고 있다는 것을 보여주는 모습이다. 이때는 시끄러운 소리나 다른 반려동물이 케이지에 너무 가까이 다가가는 등 스트레스를 유발하는 원인을 찾아 제거해 줘야 한다. 앞발을 들고 뒷다리로 서 있는 행동은, 상대에게 위협을 느끼고 있으며 당장 물러서지 않으면 공격적으로 변할 수 있다고 말하고 있는 것이다.

Chapter 02

햄스터 기르기의 기초

햄스터를 기르기 전에 기본적으로 알아둬야 할 것, 건강한 개체 고르는 법 등에 대해 살펴보고, 분양받기 전 고려할 사항들에 대해 알아본다.

반려동물로서의 햄스터

햄스터는 소형 반려동물 중에서 특히 어린아이들에게 가장 인기 있는 종이다. 혼자서도 잘 생활하고 돌보기 쉬우며, 다루기도 용이한 햄스터가 그만한 인기를 얻은 것은 전혀 놀라운 일이 아니다. 수십 년 동안 햄스터를 길들여 온 우리는 사육환경에서 햄스터를 돌보는 방법에 대해 많은 정보를 축적했다. 그러나 모든 반려동물을 기르는 데는 좋은 점뿐만 아니라 나쁜 점도 있다는 것을 염두에 둬야 한다. 중요한 것은, 햄스터가 자신이 처한 상황에 적합한지 여부에 대해 정보에 입각한 결정을 내릴 수 있도록 이러한 사항이 무엇인지 완전히 이해해야 한다는 점이다.

많은 사람들이 반려동물로 고양이와 개를 기르는 것을 좋아하지만, 이들과 함께하기 위해서는 충분한 시간과 관심이 요구된다. 햄스터가 지닌 큰 장점 중 하나는 자신의 일에 집중하는 데 능숙하고 많은 관심을 기울이지 않아도 된다는 것이다. 또한, 헌신할 시간이 많지 않은 경우에도 훌륭한 반려동물이 된다. 보호자의 일정에 따라(그리고 햄스터가 깨어 있을 때) 적절하게 햄스터와 함께 시간을 보낼 수 있으며, 나머지 시간에는 보호자가 없어도 햄스터 혼자 바쁘게 일상을 보낼 수 있다.

햄스터가 지닌 큰 장점 중 하나는 자신의 일에 집중하는 데 능숙하고 많은 관심을 기울이지 않아도 된다는 것이다.

반려동물을 선택할 때는 햄스터처럼 작은 종이라 하더라도 항상 약간의 계획과 고려하는 시간을 가져야 한다. 햄스터는 인기 있는 반려동물이고 매우 귀엽다는 점은 부인할 수 없지만, 기를 때 기본적으로 알아둬야 할 사항들이 있다. 현명한 결정을 내리는 데 도움이 될 수 있도록 반려동물로서 햄스터가 지닌 장단점을 살펴본다.

반려동물로서 햄스터의 장점
집안에 새로 들일 작은 반려동물을 찾고 있는 사람이라면 햄스터가 딱 맞을 수도 있다. 이 작은 녀석들은 꽤 매력적이고 정말 귀여운 반려동물이다. 작고 귀여우며 돌보기 쉬운 점 등을 비롯해 햄스터가 지닌 장점은 다음과 같다.

■**귀엽다**: 햄스터가 지닌 장점 중 가장 큰 것을 들라면 아마도 외모와 행동이 귀엽다는 점일 것이다. 햄스터는 '귀여운 반려동물'을 꼽을 때 항상 상위에 올라가 있을 정도로 귀여움은 햄스터가 지닌 가장 큰 장점이라고 할 수 있다. 손 안에 쏙 들어오는 크기의 이 귀여운 친구와 지내다 보면 극도로 애착을 갖게 된다. 햄스터는 잠을

자지 않고 깨어 있을 때 에너지가 넘치고 활기차며, 쳇바퀴를 최대한 활용하거나 먹이를 조금씩 갉거나 장난감을 씹는 것을 좋아한다. 케이지 안에 있는 동안 활발하게 이리저리 돌아다니는 모습을 보면 매우 귀여우며, 케이지 밖으로 연결된 재미있고 안전한 햄스터 터널에서 바쁘게 왔다 갔다 하는 행동도 사랑스럽다.

■ **크기가 작다** : 크기가 작다는 것도 큰 장점이다. 사람들이 많은 반려동물에 대해 간과하는 것 중 하나는, 그들이 입양 당시 어렸을 때는 아주 작고 귀엽더라도 성장하면서 훨씬 더 커지고 빨리 자란다는 사실이다. 하지만 햄스터의 경우 다 자랐을 때의 크기가 작기 때문에 그런 부분은 문제가 되지 않는다. 아주 어릴 때 기르기 시작했다면 자라는 게 어느 정도 보이겠지만, 다른 동물들처럼 극적인 변화는 없다.

■ **관리가 쉽다** : 반려동물로서 햄스터가 지닌 장점 중 또 다른 것은 돌보기가 매우 쉽다는 점이다. 이것이 햄스터가 어린아이들에게 인기 있는 반려동물인 이유 중 하나다. 햄스터는 수년 동안 반려동물시장의 핵심적인 위치를 차지해 왔으며, 이제 햄스터를 간단하고 효율적으로 관리할 수 있는 다양한 종류의 전문장비들이 개발된 단계에 들어섰다. 예를 들어, 햄스터를 위한 각종 건조식품, 안전성 테스트를 거친 장난감, 햄스터를 수용할 안전한 케이지 등 다양한 물품들이 개발돼 있다.
이러한 장비들 덕분에 햄스터를 돌보는 일에 있어서 보호자들은 좀 더 쉽고 간편하게 접근할 수 있게 된 것이다. 대부분의 경우 보호자들이 해야 할 일은 이 작은 친구에게 신선한 먹이와 물을 급여하고, 케이지에서 배설물이나 먹고 남은 먹이를 제거해 주는 것뿐이다. 햄스터에게는 산책, 훈련, 놀이시간이 필요하지 않다. 고양이나 개만큼 필요한 요구사항이 많지 않기 때문에 돌보기가 훨씬 쉬운 반려동물이다. 햄스터 보호자의 핵심 임무는 기본적인 먹이와 물 공급, 케이지 청소 등이다.
햄스터는 먹이급여도 상대적으로 매우 수월한 편이다. 녀석들은 씨앗, 곡물, 옥수수 조각, 펠릿이 포함된 '햄스터 믹스(햄스터용 혼합사료)'를 먹는다. 이러한 믹스는 햄스터의 건강에 유익하며, 대부분의 반려동물 숍에서 쉽게 구입할 수 있다. 햄스터는 또한 식단에 다양성을 추가하는 것도 좋아한다. 과일과 일부 채소, 저나트륨 통밀

외모와 행동이 귀엽다는 것이 햄스터가 지닌 가장 큰 장점이라고 할 수 있다.

크래커와 귀리 등의 곡물 먹이는 훌륭한 선택이 될 수 있다. 급여할 때는 아주 적은 양을 주도록 하고, 특정 먹이의 안전 여부가 불확실할 때는 수의사에게 문의하도록 하자.

■**분양비용이 저렴하다** : 햄스터 자체의 분양비가 저렴할 뿐만 아니라, 크기가 작아 먹는 양이 적으므로 먹이를 준비하기 위해 비용을 자주 소요할 필요도 없다. 수시로 갈아줘야 하는 베딩 또한 상당히 저렴한 편이다. 일단 햄스터를 입양하고 케이지를 설치하고 나면, 큰 비용이 지출될 경우는 없을 것이다.

■**조용하다** : 새로운 반려동물을 입양하려 할 때 소음은 항상 중요하게 고려해야 할 사항이다. 햄스터가 내는 대부분의 소리는 크지 않기 때문에 반려동물 중에서도 상당히 조용한 편에 속한다. 햄스터가 내는 소음은 대부분 행동에서 비롯되는 것들이다. 먹이를 씹는 소리, 장난감이나 케이지를 갉는 소리, 쳇바퀴를 타고 달리는 소리, 케이지 안에서 물건을 옮기는 소리 등이 햄스터 보호자가 듣게 되는 흔한 소음이다.

따라서 보호자가 소음으로 고통받지 않고, 이웃으로부터 소음에 대한 불평을 듣지 않아도 된다는 것도 햄스터를 기를 때의 장점이 된다. 하지만 햄스터는 어두울 때 활동하는 동물이라는 점을 명심해야 한다. 새벽과 황혼 무렵에 가장 활동적이므로 햄스터 케이지를 침실에 마련한 경우 가볍게 잠이 든 상태라면 수면에 방해가 될 수도 있다. 햄스터 케이지를 위한 장소를 선택할 때 명심해야 할 사항이다.

■**깨끗하다** : 애호가들이 햄스터를 선호하는 또 다른 장점은 매우 깨끗하고 냄새가 없다는 것이다. 햄스터를 자세히 관찰하면, 그루밍이 하루 활동의 큰 부분을 차지

하는 것을 알 수 있다. 따라서 햄스터 자체와 관련된 냄새는 거의 발생하지 않는다. 대부분의 햄스터는 케이지 내의 한쪽 구석을 화장실로 정해 사용하는 습관이 있으며, 나머지 영역은 얼룩 하나 없이 깨끗하게 유지된다. 이렇게 청결한 습관 덕분에 케이지 청소도 수월해진다. 정기적으로 화장실 모서리만 '부분 청소(모래삽으로 해당 부분을 퍼내면 되며, 전체 청소를 자주 할 필요는 없다)'하고, 제거된 베딩을 교체하면 된다.

주의할 것은, 대변에서는 냄새가 나지 않지만 소변에서는 냄새가 난다는 점이다. 케이지에 넣어준 은신처 주변에서 냄새가 날 경우, 이는 은신처가 있는 구석을 화장실로 사용했을 가능성이 크기 때문에 은신처의 위치를 바꿔줘야 한다. 또한, 항상 같은 장소에 소변을 배설하는 습성이 있으므로 다른 곳보다 조금 더 자주 청소해 주면 냄새를 쉽게 제거할 수 있다. 적절하게 보살핌을 받는 햄스터는 불쾌한 냄새가 나지 않으므로 집에서 기르기에 이상적이라고 할 수 있다.

■ **관찰의 재미가 있다** : 햄스터는 지켜보는 것만으로도 즐거움을 안겨준다. 두 발로 먹이를 잡고 오물오물 갉아먹는 모습, 몸을 늘어뜨리고 누워 자는 모습, 베딩을 파고 기어들어 가는 모습, 베딩 속에서 고개를 쏙 내밀고 말똥말똥 쳐다보는 모습 등 움직임을 관찰하는 것도 정말 재미있는 동물이다. 햄스터가 활동할 때는 공간을 최대한 활용하기 때문에 케이지는 가능한 한 큰 것으로 설치해 주는 것이 좋겠다.

■ **단기적인 헌신** : 일부 반려동물의 경우 수년 또는 수십 년 동안 사랑과 보살핌을 제공해야 한다. 예를 들어, 일부 새는 50년 이상 살 수도 있다. 햄스터는 수명이 2~3년밖에 되지 않으므로 수명이 긴 동물의 입양에 부담을 느끼는 보호자에게 적당하다.

■ **온순하다** : 앞서도 언급했듯이, 햄스터는 어린아이의 반려동물로 가장 많이 선택되는데, 그 이유 중 하나는 일반적으로 매우 온순하고 잘 길들여지기 때문이다.

■ **특별한 환경적 요구사항이 없다** : 모두 잘 알다시피, 파충류를 기르려면 매우 특정한 조건이 필요하다. 그러나 햄스터는 UVA 또는 UVB 조명이 필요하지 않으며, 평균

습도에서도 잘 지낸다. 햄스터가 지내는 케이지를 특정 온도 내로 유지해야 하지만, 이는 대부분의 가정에서 유지되는 실내온도이므로 크게 신경 쓸 일이 없다.

반려동물로서 햄스터의 단점
햄스터는 특히 어린아이들에게 선호되는 반려동물이다. 귀엽고 깨끗하며, 비교적 관리하기 쉽고 보호자와 유대감을 형성할 수 있다. 그러나 많은 사람들의 경험을 통해 알 수 있듯이, 이러한 설치류를 반려동물로 기르는 데는 몇 가지 어려움이 있다. 햄스터를 입양하고 돌보는 일과 관련된 어려움을 먼저 이해하는 것이 중요하다고 하겠다. 햄스터를 반려동물로 들이려는 경우 부정적인 점에 대해 확실히 이해하고, 여전히 햄스터를 원할 때 입양을 진행해야 한다. 햄스터는 보호자로부터 존중받고 적절하게 보살핌을 받을 때 정말 사랑스러운 반려동물이 될 것이다.

■**물기** : 햄스터는 반려용으로 기르는 다른 설치류에 비해 더 많이 무는 경향이 있다. 이는 햄스터가 공격적인 성향을 지니고 있어서라기보다는 일반적으로 겁을 먹었을 때 나타나는 행동으로 알려져 있다. 햄스터는 쉽게 겁을 먹는데, 심지어 보호자가 케이지에 손가락을 집어넣는 것만으로도 두려움을 느껴 무는 경우가 많다. 햄스터에게 물리면 상처가 나고 출혈이 발생할 수 있기 때문에, 전문가들은 좀 더 나이가 많은 아이가 햄스터를 다뤄야 하고 세심하게 접근해야 한다고 조언한다.
무는 것을 멈추게 하거나 최소한 줄이는 방법은 그들의 신뢰를 얻는 것이며, 햄스터의 신뢰를 얻기 위해서는 천천히 점진적으로 접근해야 한다. 햄스터에게 물렸을 때 발생하는 통증을 과소평가해서는 안 되며, 결국 피를 흘리게 되는 경우도 드물지 않게 발생한다는 점을 기억하자. 햄스터에게 물렸을 때 상처를 입었다는 것보다 더 문제가 되는 상황은, 특히 보호자가 어린아이일 경우 몇 번만 물리고 나면 금방 햄스터를 멀리하게 될 수도 있다는 것이다. 햄스터가 손가락을 물고 매달리는 상황을 자주 경험한 어린아이는 결국 햄스터를 두려워하게 되는 경우가 많다.

■**박명박모성 생활방식** : 햄스터를 반려동물로 선택하는 사람 중에는 그들의 박명박

햄스터를 반려동물로 들이려는 경우 부정적인 점에 대해 확실히 이해하고, 여전히 햄스터를 원할 때 입양해야 한다.

모성(혹은 야행성) 생활방식을 고려하지 않는 경우도 많다. 햄스터는 하루 중 대부분의 시간을 웅크리고 자고 있으며, 방해를 받으면 공격적으로 변해 물 수도 있다. 보호자가 잠을 자려고 할 저녁 시간, 자고 있는 새벽시간에 햄스터는 활발하게 활동한다. 햄스터가 쳇바퀴를 굴리며 달리는 소리, 케이지 안에서 무언가를 긁는 소리가 새벽녘에 얼마나 큰 소리로 느껴지는지 정말 놀라울 것이다. 아이의 침실에 케이지를 놓는 것을 고려하고 있다면 숙면에 방해가 될 수 있으므로 재고해야 한다.

■ **질병과 박테리아** : 햄스터는 질병과 바이러스에 취약한데, 이는 일부 부모가 햄스터를 자녀의 반려동물로 기르는 것을 꺼리게 만들 수 있는 요인이다. 드물기는 하지만, 어린아이의 경우 살모넬라증, 림프구성맥락수막염(lymphocytic choriomeningitis; 바이러스성 수막염의 일종), 한탄바이러스(Hantaan virus)에 의한 유행성 출혈열 같은 질병에 걸릴 위험이 있다. 살모넬라균은 위경련, 설사, 발열을 일으키며, 림프구성맥락수막염 및 유행성 출혈열은 햄스터에서 사람에게 전염될 수 있다. 햄스터를 적절하게 보살피고 보호자가 기본적인 위생관리를 함으로써 문제를 최소화할 수 있다.

햄스터는 어린아이에게 가장 인기 있는 반려동물이지만, 8세 미만의 너무 어린 아이들에게는 적합하지 않다.

■**짧은 수명** : 햄스터는 일반적으로 2~3년밖에 살지 못한다. 앞서 수명이 짧다는 것이 일면으로는 장점이 된다고 언급했지만, 보호자가 비교적 짧은 시간이 지나고 동물의 죽음에 대한 슬픔을 경험하게 된다는 면에서는 단점이 되기도 한다. 이는 아이들에게 특히 어렵고 감정적인 문제가 될 수 있다. 햄스터의 수명을 최대로 늘리려면 적절한 식단과 생활공간 제공, 관리에 특별한 주의를 기울여야 한다.

■**성인의 감독 필요** : 햄스터는 전 세계 사람들에게 훌륭한 반려동물로 길러지고 있다. 그들은 보호자와 강한 유대감을 형성할 수 있는, 놀라울 정도로 개성 있는 동물이다. 어린아이들이 가장 선호하는 반려동물에 속하는데, 사실 너무 어린 경우는 적합하지 않다. 일반적으로 8세 미만의 아이에게 좋은 반려동물이 아니며, 10세 이상 되는 아이가 기르는 경우라 해도 부모는 항상 관리 감독을 통해 이 작은 동물이 제대로 보살핌을 받고 있는지 확인할 필요가 있다는 점을 명심해야 한다.

햄스터는 다른 많은 반려동물에 비해 상대적으로 유지관리가 수월하지만, 어린아이에게 햄스터를 맡긴 경우 항상 어른이 옆에서 적절하게 도와줘야 한다. 햄스터는 부적절한 핸들링에 민감하며, 적절하게 핸들링하지 않으면 물기 때문에 아이들에게 올바른 상호작용방법을 보여줘야 한다. 또한, 먹이를 주고, 케이지를 청소하고, 햄스터가 충분한 운동과 놀이를 할 수 있도록 관리하는 방법을 지도해야 한다. 아울러 반려동물을 기르는 재미가 사라지면 아이가 햄스터에 대한 열정을 잃게 될 수도 있다는 점을 염두에 둬야 한다. 예를 들어, 정기적으로 케이지를 청소하는 것은 힘든 일이며, 밤에 시끄러운 햄스터 때문에 깨어 있는 것도 짜증스러울 수 있다.

반려동물로 기르기 좋은 햄스터 종

현재 전 세계에서 반려동물로 가장 널리 사육되는 햄스터 종은 골든 햄스터로도 불리는 시리안 햄스터(Syrian hamster *Mesocricetus auratus*)이며, 장모 품종 및 다양한 색상의 품종을 포함해 수많은 변이종을 볼 수 있다. 영국의 동물학자 레너드 굿윈(Leonard Goodwin)은 영국에서 사육되는 대부분의 햄스터가 제2차 세계대전 당시 의학연구 목적으로 도입한 무리의 후손이라고 주장했다. 미국에서는 1942년 초에 반려동물로 길러졌다(대한민국은 1990년대).

보통 반려동물로 흔히 기르는 다른 햄스터는 캠벨 드워프 햄스터(Campbell's dwarf hamster, *Phodopus campbelli*), 러시안 드워프 햄스터(Russian dwarf hamster, *Phodopus sungorus*), 로보로브스키 햄스터(Roborovski hamster, *Phodopus roborovskii*) 등 세 종의 드워프 햄스터다.

이들 중 캠벨 드워프 햄스터가 가장 흔하며, 러시안 드워프 햄스터의 털은 추운 겨울(일광시간이 감소하는 시기) 동안 거의 하얗게 변하기 때문에 윈터 화이트 드워프 햄스터(Winter white dwarf hamster)라고도 불린다. 로보로브스키 햄스터는 크기가 매우 작고 빠르기 때문에 반려동물로 기르기 어려운 편이다.

전 세계에서 반려햄스터로 인기가 많은 시리안 햄스터

02 section

햄스터 기르기 전 고려해야 할 사항

햄스터는 매우 다정한 반려동물이며 가족 모두의 즐거운 동반자가 될 수 있지만, 살아 있는 동물을 기르기 위해서는 반드시 고려해야 할 사항들이 있다. 햄스터의 경우 작고 귀엽다는 이유로 충동적으로 입양을 결정하는 사례도 많은 편이다. 그러나 작은 동물이라 해도 보호자의 헌신을 요구하며, 다른 반려동물보다는 덜하지만 매일 보살핌과 관심이 필요하다. 먼저 햄스터에 대해 자세히 알아보고, 필요한 요구 사항에 대해 충분한 정보를 습득한 후 이를 바탕으로 결정을 내리도록 하자.

햄스터는 종종 '입문용 반려동물(starter pets)'이라고 소개된다. 이는 보통 '다른 동물보다 가치가 낮고 필요한 것이 적다'는 점을 강조하면서 처음으로 책임감을 부여받는 어린이를 위한 '학습경험'으로 사용될 수 있음을 뜻한다. 이러한 사고방식은 종차별주의, 즉 한 종이 다른 종보다 더 중요하다는 잘못된 믿음의 한 예라고 생각한다. 햄스터는 개나 호랑이와 마찬가지로 존중받을 가치가 있는 생명체이며, 우리와 똑같이 특별한 존재이므로 '입문용 반려동물'이라는 시각은 버리자. 다음은 햄스터와의 관계를 본격적으로 시작하기 전에 고려해야 할 몇 가지 중요한 사항들이다.

호기심이 많은 기질

햄스터는 호기심이 매우 많은 동물이다. 주변을 탐색하는 것을 좋아하고, 모든 것에 관심을 보인다. 잠자리에서 스스로 일어날 때까지 시간을 주면, 곧 깊은 잠에서 깨어나 활발하게 활동을 시작하고 보호자의 접근도 꺼리지 않는다. 종이타월을 갈가리 찢어버리고, 케이지를 탐색하고, 먹이그릇에 새로운 것이 있는지 확인하고, 하루에도 몇 시간씩 쳇바퀴를 탄다. 항상 주변 환경에 관심이 많으며, 케이지 문을 살짝 열어둔다면 바깥 환경에도 관심을 보일 것이다. 몇 분 동안 당신의 손에 얌전히 머물기도 하고, 익숙해지면 심지어 손 안에서 잠이 들 수도 있다. 하지만 케이지 안의 익숙한 환경으로 돌아가고 싶어 한다.

입양에 드는 비용

햄스터의 입양비는 일반적으로 적지만, 사육환경을 조성하는 데 드는 초기비용과 지속적으로 소요되는 비용이 있다. 철장과 플라스틱으로 만든 햄스터 케이지는 아마도 대부분의 햄스터를 기르기 위한 가장 쉽고 최선인 선택이 될 것이다. 로보로브스키 햄스터는 크기가 작기 때문에 뚜껑이 있는 튼튼한 케이지에서 길러야 한다. 한때 리빙 박스(living box)[1] 같은 케이지가 인기를 얻어 유행한 적도 있으며, 요즘은 아크릴 케이지가 새롭게 선보이고 있다. 어떠한 재질의 케이지를 선택하든 충분한 공간을 제공하기 위해 가능한 범위에서 가장 큰 제품을 구입하는 것이 좋다.

햄스터 자체의 분양가는 비싸지 않다. 때때로 다른 사람이 기르던 햄스터를 재분양 받을 수 있으며, 이 경우 비용은 매우 적다. 무료로 분양받는 경우일지라도 햄스터는 가치 있고 반응이 빠른 반려동물이므로 절대로 소모품으로 생각해서는 안 된다는 점을 기억하도록 하자. 품종, 털, 색상에 있어서 특정 개체를 찾고 있다면 브리더를 통해 입양해야 할 수도 있으며, 이때 입양비 외에 추가비용이 발생할 수도 있다. 햄스터 전용으로 시판되는 사료의 가격은 그리 비싸지 않으며, 3개월 분량이 시리

---

[1] 생활용품을 정리·수납할 수 있도록 만든 플라스틱 상자를 이른다. 뚜껑이 있는 플라스틱 재질에 반투명으로 처리돼 안의 내용물을 쉽게 확인할 수 있다. 예전에는 직접 개조해서 사용해야 하기 때문에 일반적으로 즉시 구매해 사용할 수 있는 제품은 아니었지만, 요즘은 아예 케이지용으로 개조된 제품이 시판되고 있기도 해서 편리하게 이용할 수 있을 것이다.

어떠한 재질의 케이지를 선택하든 충분한 공간을 제공하기 위해 최대한 큰 제품을 구입하는 것이 좋겠다.

얼 봉지만 하다. 동물병원과 관련된 비용은 추정하기 어렵다. 병원 방문에 대한 비용이 발생하지만, 약물과 진단검사 또는 기타 실험실 작업에는 추가비용이 발생한다. 일부 자금을 따로 마련해 두면 이러한 비용을 부담하는 데 도움이 될 것이다. 햄스터는 아주 건강해 보이다가도 어느 순간 잠자는 공간 밖에서 옆으로 누워 헐떡거리는 모습을 보일 수도 있는데, 이럴 때는 수의사의 진료가 필요하다. 더불어 장난감, 액세서리, 씹는 간식 및 운동용 물품 등이 기본적인 초기비용에 추가된다.

전체적으로 햄스터를 기르는 데 드는 비용은 개나 고양이를 기르는 데 소요되는 비용보다 적고, 산책을 시키거나 따라다닐 필요가 없다. 햄스터는 당신의 신발을 씹는 행동도 하지 않을 것이다. 당신의 주머니를 탐색하고 손가락에서 해바라기씨를 꺼내는 행위를 즐기는 매력적인 동반자를 얻게 될 것이며, 햄스터는 당신이 쏟은 정성과 성의에 대해 충분히 보상받을 정도로 매력적인 반려동물이 될 것이다.

보호자의 라이프 스타일

반복해서 언급했듯이, 햄스터는 해 질 녘과 새벽녘에 가장 활발하게 활동하는 박명

햄스터는 어두울 때 활발하게 활동하는 박명박모성 동물이라는 점을 기억하자.

박모성 동물이라는 사실을 고려해야 한다. 아주 작은 소리에도 잠을 이루지 못할 정도로 예민한 사람이라면, 새벽 2시에 삐걱거리는 쳇바퀴 소리가 무척 거슬릴 수도 있다. 야간에 근무하는 직종에 종사하는 사람이고 낮 동안 함께할 친구를 찾고 있다면, 햄스터는 당신의 기대를 좌절시킬 것이다. 하지만 올빼미 같은 생활습관을 지닌 사람이라면 햄스터는 완벽한 동반자가 될 수 있을 것이다.

일부 햄스터는 늦은 오후나 이른 저녁에 일어나는 습관에 적응할 수도 있지만, 낮에 깨는 것은 스트레스를 유발하고 불편감을 주기 때문에 바람직하지 않다. 어린아이를 위해 햄스터를 입양한 경우라면, 수면주기가 동기화되지 않아 상호작용시간이 극히 제한될 수 있다는 점을 염두에 둬야 한다. 햄스터는 늦게 자고 늦게 일어나는 생활습관을 가진 사람에게 더 적합하며, 이러한 사람이라면 햄스터와 제대로 유대감을 형성하고 함께 즐거운 시간을 보낼 수 있다. 이와 같은 상호작용은 햄스터와 사람 모두에게 중요하다. 단독으로 기르는 햄스터의 경우 보호자에게 비정상적으로 의존하기도 한다.

어린아이와 햄스터

햄스터는 어린아이에게 완벽한 반려동물인 것처럼 보이지만, 사실은 그렇지 않다. 조심스럽고 부드럽게 다뤄야 하며, 자칫 물릴 수도 있고 일반적으로 어린아이의 손에 대해 안전하다고 느끼지 않는다. 크기가 작기 때문에 낮에 함께 놀고 싶어 하는 아이들을 위한 반려동물로 입양되는 경우가 많다. 하지만 아이가 잠들 시간이 되면 햄스터는 깨어날 시간이 된다. 낮잠에서 갑자기 깨어난 햄스터는 아이를 물 수도 있다. 따라서 8세 미만 어린아이의 경우 반드시 어른의 감독하에 다뤄야 한다.

햄스터는 부드럽게 만져야 하며, 갑작스러운 움직임이나 큰 소리에 쉽게 놀랄 수 있다는 점을 잊지 말아야 한다. 일반적으로 8세 미만 어린아이의 운동능력은 햄스터가 핸들링에 편안함을 느낄 만큼 정교하지 않다. 미세한 운동조절능력과 자제력이 부족하기 때문에 무심코 햄스터를 떨어뜨릴 수 있고, 너무 세게 쥐거나 겁을 줘서 물게 만들 수도 있다.

어린아이들은 또한 면역체계가 미숙하고, 올바르게 손을 씻지 않은 채 반려동물과 접촉하는 경향 때문에 인수공통전염병(동물에서 사람에게 전염될 수 있는 질병)에 걸릴 위험이 더 높다. 5세 미만의 어린이는 햄스터가 옮길 수 있는 장내 세균의 일종인 살모넬라균의 영향에 특히 취약하다. 드물지만, 햄스터는 어린이에게 심각한 질병인 림프구성맥락수막염을 일으키는 암스트롱바이러스(Armstrong virus; 수막과 맥락막에 감염을 일으키는 특수한 향신경 바이러스)를 옮기는 것으로 알려져 있다.

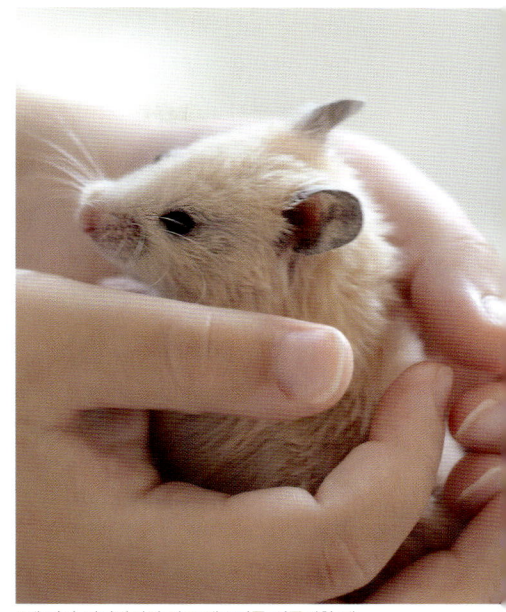

8세 미만 어린아이의 경우 햄스터를 핸들링할 때는 반드시 어른의 감독하에 시도해야 한다.

보호자의 건강

햄스터는 건강한 성인에게 단기간이지만 극심한 질병을 일으키는 장내 세균인 살모넬라균을 옮길 수 있는데, 임산부가 이를 태아에게 전염시키는 경우 더 심각한 문제가 발생할 수 있다. 또한, 살모넬라는 이미 다른 건강문제로 약화된 상태에 있는 사람에게 감염될 경우 더욱 심각한 결과를 초래할 수도 있다. 앞서도 언급했듯이, 햄스터는 림프구성맥락수막염의 원인인 암스트롱바이러스를 옮기는 것으로 알려져 있는데, 건강한 성인의 경우 이 바이러스는 독감과 유사한 증상을 일으키거나 전혀 증상을 일으키지 않는다. 그러나 임산부로부터 태아에게 전염될 수 있으며, 면역체계가 손상된 사람들에게 심각한 질병을 일으킬 수 있다.

가족구성원의 합의

살아 있는 생명체를 반려동물로 들인다는 것은 가능한 한 가족구성원 전체가 관심을 두고 보살펴야 하는 책임이 지워지는 일이다. 작고 손이 많이 가는 동물은 아니라 해도, 매일 들여다보고 정기적으로 청소를 하는 등 기본적인 관리가 이뤄져야 한다. 따라서 가족구성원 모두가 행복한 일이 되려면 햄스터의 입양을 결정하기 전에 입양에 대해 논의하고 합의하는 과정을 거치는 것이 바람직하다.

유대감 형성하기

햄스터는 상당히 독립적인 동물로서 케이지 내에 장난감, 베딩, 굴을 파고 기어 올라갈 수 있는 환경 등이 적절하게 갖춰져 있다면 혼자서도 오랜 시간 동안 즐겁게 지낼 수 있다. 그럼에도 불구하고, 좀 더 행복하게 지낼 수 있도록 적응시키기 위해서는 보호자와 유대감을 형성하는 시간을 갖도록 배려하는 것이 중요하다.

햄스터를 좀 더 행복하게 지내도록 하기 위해 보호자와 유대감을 형성하는 것이 좋으며, 간식을 줄 때 손으로 직접 제공하면 유대감 형성에 도움이 된다.

햄스터를 처음 집에 데려왔을 때는 보호자를 알아보지 못할 수도 있다. 새롭고 낯선 환경에 도착하자마자 집어 들고 놀려고 한다면, 녀석이 겁을 집어먹고 당신에 대해 알기를 꺼릴 수도 있다. 따라서 신체적 상호작용은 최소한으로 줄이고 그대로 놔두도록 하자. 햄스터가 당신을 신뢰하게 될 때까지 차근차근 점진적으로 시도하는 것이 바람직하다.

유대감을 형성하는 시간에는 햄스터를 케이지에서 꺼내 장난감과 간식을 제공하는 것이 포함될 수 있다. 노는 시간도 중요하지만, 처음에는 주변 환경에 익숙해지도록 배려해 줘야 한다. 처음 며칠 동안은 케이지 위에 가벼운 천을 덮어 새로운 환경에 압도당하지 않도록 해주고, 천을 들어 올려 인사하거나 운동을 위해 케이지 밖으로 잠시 나올 수 있도록 유도한다. 그런 다음 며칠이 지나 햄스터가 당신의 존재에 더 익숙해지면 조심스럽게 나오도록 유도할 수 있다. 햄스터에게는 많은 시간을 할애하지 않아도 되는데, 하루에 20~30분 정도만 놀아주면 괜찮다. 이 시간에 보호자의 목덜미, 소매, 책상 또는 소파를 탐색하면서 보낼 수 있도록 허용해 주면 좋다.

헌신을 위한 준비

일반적으로 햄스터의 평균 수명은 2~3년이며, 종에 따라 약간의 차이가 나타난다. 반려동물을 기르고 싶지만, 아주 오랜 시간 동안 함께하는 것은 부담스러운 사람도 있다. 이런 사람들에게는 짧은 수명이 매력적인 요소

소매 속에 들어간 햄스터의 모습. 햄스터는 보호자의 목덜미, 소매 등을 탐색하는 것을 좋아한다.

로 느껴질 수도 있다. 그러나 어린 자녀가 있고 그들이 반려동물의 죽음을 경험할 준비가 돼 있지 않은 상태라면, 햄스터보다 더 오래 사는 동물을 선호할 수도 있다.

햄스터는 탈출전문가

햄스터는 탈출전문가라는 사실을 잊지 않도록 하자. 녀석은 아주 좁은 공간이라도 비집고 들어가 당신의 눈앞에서 순식간에 사라져 버릴 수 있다. 황당한 사례를 하나 들어보자. 한 가족이 기르는 햄스터가 갑자기 사라졌는데, 가족들은 다음 해 이사를 했고 햄스터를 잃어버렸다 생각해서 찾는 것을 완전히 포기했다. 그러던 어느 날 그 가족은 햄스터가 소파 위에서 어슬렁거리고 있는 것을 발견하고 깜짝 놀랐다. 분명히 그 햄스터는 1년 동안 집 안에서 왔다 갔다 했을 것이다. 녀석은 그동안 필요한 먹이와 물(아마도 냉장고 증발 판에서 얻었을 것이다)을 취하며 살아온 것이다. 햄스터는 우리가 생각하는 것보다 훨씬 더 똑똑할 수도 있다는 점을 기억하자.

햄스터 선택의 일반적인 기준

햄스터 종에 대해 자세히 알지 못하는 경우 현재 반려햄스터로 가장 널리 알려져 있는 황금색의 시리안 햄스터를 우선적으로 선택할 수 있다. 하지만 반려동물 숍에는 시리안 햄스터 외에 캠벨 드워프 햄스터와 러시안 드워프 햄스터도 있다. 자, 그렇다면 어떻게 결정할 것인가. 그냥 가장 마음에 드는 개체를 선택하면 된다. 우선 단 1~2분 동안이라도 마음에 드는 개체를 신중하게 파악해 부분적으로 결정을 내린다. 숍 직원이나 브리더에게 햄스터를 케이지 밖으로 꺼내달라고 요청하거나, 본인이 꺼낼 수 있다고 생각되면(일부는 문 입구가 작다) 직접 집어 올려 살펴본다.

햄스터를 케이지에서 꺼낼 때는 햄스터 뒤에서 손으로 들어 올리거나, 케이지에 작은 접시를 넣고 햄스터를 접시로 밀어 넣은 다음 손에 담는다. 햄스터를 잡는 방법은 세 가지(106페이지 참고)가 있다. 일단 햄스터를 손에 쥐고 나면 당신에게 어떻게 반응하는지 지켜본다. 처음에는 손가락 사이로 빠져나가려고 꿈틀대겠지만, 그러고 나서 얌전하게 잡혀 있는 모습을 보이는지, 햄스터가 당신의 손 안에서 편하게 자리 잡고 당신의 얼굴을 향해 위쪽을 바라보고 있는지 살펴보자.

햄스터를 선택할 때는 아주 잠깐이라도 마음에 드는 개체를 신중하게 파악해 부분적으로 결정을 내리도록 한다.

햄스터가 등을 대고 주저앉아 있다가 손이 다가가면 이빨을 드러낼 수도 있는데, 이때 당황해서 햄스터를 뿌리치는 일이 없도록 한다. 녀석이 겁을 먹었기 때문에 나타나는 행동이므로 진정할 수 있도록 몇 분간 시간을 주고 나서 다시 시도해 보자. 이번에는 손을 씻어 다른 햄스터의 냄새가 나지 않도록 한다. 가능하다면 최소한 3마리 이상 들어 보고 가장 마음에 드는 개체를 선택하는 것이 좋다. 이때 당신을 무는 개체는 선택하지 않는 것이 바람직하다. 물론 데려가 길들일 수도 있겠지만, 처음부터 사람을 물지 않는 햄스터를 입양하는 것이 가장 좋은 방법이다.

만약 찾아간 반려동물 숍 측에서 입양할 햄스터를 선택하기 전에 핸들링하는 것을 허용하지 않는다면, 감사 인사를 전하고 다른 반려동물 숍을 찾아보도록 하자. 당신과 당신의 햄스터는 남은 생애 동안 함께할 동료가 되는 것이므로 적절하게 핸들링을 해본 후 마음에 드는 개체를 선택해 즐겁게 입양하는 과정이 필요하다.

햄스터 종류의 선택
모든 종류의 햄스터는 보호자에게 친근하게 다가올 수 있지만, 이러한 친근함은 단지 햄스터의 종류에만 좌우되는 것이 아니다. 많은 사람들이 햄스터의 성별, 길들여진 정도, 독립성이 얼마나 강한지 여부에 따라 달라질 수 있다고 주장한다.

■**시리안 햄스터** : 문이 열린 케이지 밖으로 1~2분이라도 기꺼이 기어 나와 당신의 손 안으로 들어갈 수 있는 차분한 햄스터를 원하는 사람이라면, 오랫동안 아이들에게 최고의 햄스터로 여겨져 왔던 시리안 햄스터가 적당할 것이다. 시리안 햄스터는 일단 길들여지고 나면 대개 사람에게 우호적인 태도를 취하며, 보호자와 강한 유대감을 형성할 수 있기 때문에 세계 각국에서 반려햄스터로서 좋은 선택이 된다.

시리안 햄스터는 반려햄스터 중에서 가장 크고 또 전 세계적으로 가장 인기 있는 종인데, 그 이유 중 하나는 크기가 커서 핸들링하기가 더 쉽기 때문이다. 다른 작은 종들에 비해 덩치가 크고 두툼하며, 느리게 움직인다. 많은 보호자는 시리안 햄스터를 핸들링하고 놀 때 다른 종에 비해 상대적으로 스트레스를 덜 받는 것 같다고 보고했다. 인기에 기여하는 또 다른 요인은, 시리안 햄스터는 단독생활을 하는 종이기 때문에 보호자에게 더 많이 의존한다는 점이다. 둘 다 깨어 있는 시간 동안 보호자와의 유대감을 형성하는 데 좀 더 개방적으로 받아들일 수 있다.

■**차이니즈 햄스터** : 본래 단독생활을 선호하는 종이기 때문에 다른 햄스터가 옆에 있으면 공격적으로 변하는 경향이 있다. 조금 까칠하기는 해도 금방 길들여지며, 일단 길들이기에 성공하면 사랑스럽고 차분하며 온화한 성격을 보인다. 일부의 경우 약간 소심한 성격을 보인다고 말하는 보호자도 있다. 또한, 매우 빠르게 움직이므로 편안하게 다룰 수 있는 보호자와 함께 지내야 한다.

1. 시리안 햄스터는 전 세계에서 반려햄스터로 가장 인기가 많다. 다른 종에 비해 크고 움직임이 느리기 때문에 다루기가 수월하다. **2.** 차이니즈 햄스터는 길들여지고 나면 차분하고 온화한 성격을 보여준다.

1. 캠벨 드워프 햄스터는 작고 동글동글한 체형이 특징인 귀엽고 사랑스러운 햄스터다. 2. 러시안 드워프 햄스터는 겨울에 털색이 바뀌는 독특한 특징을 지니고 있다. 3. 로보로브스키 햄스터는 눈썹 같은 흰색 반점이 귀여운 인상을 풍긴다.

■ **캠벨 드워프 햄스터** : 잘 길들여지는 성격에 아름다운 외양을 지닌 햄스터를 원한다면 캠벨 드워프 햄스터가 적당할 것이다. 캠벨 드워프 햄스터는 아주 작고 둥근 체형을 가졌으며, 움직임이 매우 빠른 종이다. 시리안 햄스터보다 훨씬 빠른데, 이러한 특징이 예비보호자로 하여금 선택을 꺼리도록 만들 수도 있다.

캠벨 드워프 햄스터는 특별한 매력이 있는 종이지만, 속도가 빨라 다루는 것이 어렵게 느껴질 것이다. 비슷한 종으로 러시안 드워프 햄스터를 들 수 있는데, 움직임이 빠르고 보호자의 손에서 잽싸게 뛰어내리기도 한다. 그러나 둘 다 애정 많은 반려동물이 될 수 있다.

■ **러시안 드워프 햄스터** : 캠벨 드워프 햄스터의 외형은 마음에 들지만 때때로 약간의 변화를 원하는 경우라면, 외형은 비슷한데 겨울에는 갈색을 띠는 회색에서 갈색을 띠는 흰색으로 변하고 봄에는 본래의 색으로 다시 돌아오는 러시안 드워프 햄스터가 적당할 수도 있다.

■ **로보로브스키 햄스터** : 보호자에게 계속해서 놀라움을 안겨주는 아주 작은 햄스터를 원한다면, 눈썹처럼 보이는 하얀 반점이 있는 로보로브스키 햄스터를 선택해도 좋다. 외형이 특이하고 아주 예쁜 햄스터인데, 움직임이 너무 빨라서 어린아이에게 적합한 종은 아니다. 녀석들이 손 안에서 민첩하게 꿈틀거릴 때는 마치 미끌미끌한 푸딩을 잡은 것 같은 느낌이 들 수도 있다.

일부 보호자는 로보로브스키 햄스터가 햄스터 종 중에서 가장 친근하지 않은 성격을 지니고 있으며, 길들이기 매우 어려운 햄스터라고 주장하기도 한다. 이러한 이유로, 햄스터를 처음 기르는 보호자나 로보로브스키 햄스터를 핸들링하는 것에 대해 자신이 없는 보호자에게는 최선의 선택이 아닐 수도 있다.

햄스터 마릿수의 선택 (1케이지에 1마리)

햄스터에는 20여 종이 있으며, 반려동물로 흔히 기르는 종은 시리안 햄스터, 캠벨 드워프 햄스터, 로보로브스키 햄스터, 러시안 드워프 햄스터, 차이니즈 햄스터 등이다. 이 중 시리안 햄스터와 차이니즈 햄스터는 독립성이 강하기 때문에 단독으로 길러야 하며, 나머지 드워프 햄스터 종은 다른 두 종과 달리 비교적 사회성을 띠기 때문에 환경만 '완전'하다면 동성 쌍이나 3마리의 소그룹으로 기르는 것이 가능하다.

반려동물 숍을 방문하면, 같은 종의 햄스터 새끼들이 서로 자연스럽게 어울리며 즐겁게 생활하는 모습을 볼 수 있을 것이다. 특히 태어났을 때부터 함께 자란 경우 더욱 그렇다. 따라서 사회성이 있는 드워프 종은 여러 마리를 입양해 길러도 별 문제가 없을 것이라고 생각할 수 있고, 또 일부에서는 그렇게 권하는 경우도 있다. 그러나 앞서도 언급했듯이, 어렸을 때부터 잘 생활해 온 동성의 형제 또는 자매라 해도, 성장해서 영역본능이 발현되는 시기가 오고 환경적으로 불완전한 경우 언제든지 싸움이 발생할 위험이 있다는 점을 명심해야 한다.

오랫동안 잘 지내던 경우라도 서로를 적대시하는 경향이 드러날 수 있다. 일부 보호자는 수년간 길러왔던 햄스터들이 갑자기 서로에게 심술궂게 대하고 짜증을 내거나, 심지어 서로 공격하는 것을 보고 깜짝 놀랐다고 보고했다. 이처럼 여러 마리를 기를 경우 문제없이 잘 지내다가도 어느 날 갑자기 한 햄스터

러시안 드워프 햄스터 동성형제. 어렸을 때는 함께 살 수 있지만, 다툼이 생기면 즉시 분리해야 한다.

가 다른 햄스터에게 상처를 내 출혈이 발생하거나, 다른 햄스터를 괴롭히거나, 다른 햄스터가 먹이에 접근하는 것을 막는 일이 발생할 수 있다. 이러한 유형의 분쟁이 햄스터 중 하나 또는 둘 모두에게 실제로 해로운 영향을 미치는 것은 드문 일이 아니며, 싸움은 치명적으로 발전할 수도 있다. 햄스터의 안전을 위해서는 '전쟁'을 벌이는, 벌일 가능성이 있는 상황을 만들지 않는 것이 가장 좋은 방법이다. 이러한 문제가 발생하지 않을 정도로 완전한 환경(충분한 공간과 먹이)을 제공할 여건이 되지 않는다면, 드워프 종이라 하더라도 처음부터 단독으로 기르는 것이 좋다. 두 마리 이상의 햄스터를 기르고 싶다면 각 개체마다 별도의 케이지를 제공하는 것이 안전하다.

햄스터 성별의 선택

햄스터를 선택할 때 성별은 별로 중요하지 않으며(다만 수컷을 입양하면, 몇 주 후에 새끼가 태어나는 모습에 놀라는 일은 없을 것이다), 수컷이든 암컷이든 모두 좋은 친구가 된다. 물론 수컷과 암컷 사이에는 신체적 차이가 있다. 필자의 친구 중 한 명은 차이니즈 햄스터를 입양할 때 외모가 마음에 들지 않는다는 이유로 수컷을 거부했다(수컷은 고환이 매우 두드러진다). 햄스터 종에 따른 암수의 차이점은 다음과 같다.

■**시리안 햄스터 암수의 차이** : 기질적인 측면에서 볼 때 수컷이 더 여유로운 경향이 있는 반면, 암컷은 더 난폭하고 성격이 강한 것으로 알려져 있다. 크기를 보면 시리안 햄스터 암컷은 수컷보다 좀 더 큰 편이다. 암수 모두 철저하게 단독생활을 하고 텃세를 부리기 때문에 생후 약 5주 정도 지나면 단독으로 길러야 한다. 일부 보호자는 암컷이 며칠마다 발정기에 들어갈 때 평소보다 냄새가 조금 더 난다고 보고했다.

1. 시리안 햄스터 수컷은 성격이 여유로운 반면 암컷은 더 난폭한 경향이 있다. **2.** 차이니즈 햄스터는 크기나 성격 면에서 암수 간 차이가 없다.

■**차이니즈 햄스터 암수의 차이** : 시리안 햄스터와는 달리, 대부분의 보호자는 차이니즈 햄스터의 성별 간에 큰 성격 차이는 없다고 보고한다. 무리에서는 암컷보다 수컷이 서로에게 좀 더 우호적인 모습을 나타내는 것으로 파악됐다. 크기 면에서도 암수 간에 큰 차이가 없다. 시리안 햄스터처럼 단독생활을 선호하므로 한 마리만 기르는 것이 가장 바람직하다. 드물게 차이니즈 햄스터 두 마리를 함께 기르는 보호자를 본 적이 있는데, 반복적으로 언급하듯이 수컷이든 암컷이든 한 마리만 기르는 것이 좋다.

■**러시안 드워프 햄스터 암수의 차이** : 러시안 드워프 햄스터는 성별 간에 크기 차이가 거의 나타나지 않으므로 수컷을 선택하든 암컷을 선택하든 비슷한 크기의 햄스터를 얻게 될 것이다. 수컷의 경우 암컷보다 서로의 무리에 대한 적대심이 적은 편이고, 따라서 상대적으로 다툼이 발생하는 일도 적다고 할 수 있다.

■**캠벨 드워프 햄스터 암수의 차이** : 크기 면에서 캠벨 드워프 햄스터의 수컷과 암컷 사이에는 큰 차이가 없다. 그러나 다른 많은 햄스터와 마찬가지로, 암컷이 수컷보다 더 많이 싸우는 경향이 있는 것으로 보인다.

■**로보로브스키 햄스터 암수의 차이** : 일반적으로 로보로브스키 햄스터에 대해서는 알려진 바가 별로 없지만, 지금까지는 크기나 기질을 비롯해 모든 면에서 성별에 따른 차이가 없다.

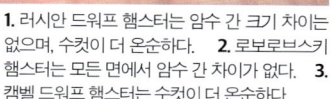

1. 러시안 드워프 햄스터는 암수 간 크기 차이는 없으며, 수컷이 더 온순하다.   2. 로보로브스키 햄스터는 모든 면에서 암수 간 차이가 없다.   3. 캠벨 드워프 햄스터는 수컷이 더 온순하다.

햄스터 나이의 선택

여러분이 입양하는 햄스터의 예상수명은 18개월에서 2년(로보로브스키 햄스터는 2~3.5년 살 수 있다)으로, 수명이 짧기 때문에 나이도 중요한 선택 요인이 된다. 젖을 떼는 순간부터 노년기까지 가능한 한 모든 순간을 햄스터와 함께 보내고 싶다면 어린 개체를 입양하도록 하자. 모든 동물의 새끼는 다 귀엽다고 하지만, 새끼 햄스터는 정말 귀엽다. 물론 아주 어린 햄스터의 경우 새로운 환경에 적응시키는 것도 쉽다.

만약 햄스터와 시간을 보내기에 1년이 충분하게 느껴진다면, 성체를 선택해도 된다. 어떤 이유로든 당신이 선택한 성체가 길들여지지 않은 것으로 보인다면 적어도 하루에 한 번씩 몇 분 동안은 햄스터와 함께 놀아주도록 한다. 햄스터는 상대의 냄새를 24시간 동안만 기억할 수 있으므로 녀석이 여러분을 잊지 않도록 해주자.

하지만 햄스터를 1년 정도만 기르는 것이, 햄스터가 죽었을 때 마음의 아픔이 덜해지는 길이라 여겨진다면 다시 생각해 보자. 햄스터는 당신을 좋은 것을 가져다주는 존재로 여기며, 작고 경계심이 강하고 똘똘한 눈을 가진 생명체다. 또한, 밖으로 데리고 나갈 필요가 없고, 비싼 예방주사를 맞을 필요도 없다. 이웃들이 불평하는 소리를 듣지 않아도 되고, 여러분이 없는 동안 집을 어지럽히지도 않는다. 이러한 생명체를 사랑하지 않을 보호자는 없을 것이며, 결국 애초의 생각과는 달리 햄스터의 죽음으로 인해 생기는 마음의 상처는 매우 깊을 수도 있다.

건강한 햄스터의 선택

건강한 햄스터를 선택하는 데 있어서 기본 규칙은 다른 포유동물과 동일하다. 어떤 종을 선택하든, 또렷한 눈과 호기심 많은 태도를 가진 햄스터를 찾도록 한다. 시리안 햄스터의 변이종인 '털 없는' 에일리언 햄스터(Alien

새로운 반려동물을 입양할 때는 건강한 개체를 선택하는 것이 중요하므로 잘 선별하도록 하자.

제2장 햄스터 기르기의 기초

햄스터를 안은 손을 최대한 몸에 가깝게 유지해 떨어졌을 때의 안전을 대비해야 한다.

hamster)를 원하는 것이 아니라면, 풍성하고 고른 털을 가진 햄스터를 선택하는 것이 좋다. 항문을 확인해 물기가 보인다면 웻 테일(wet tail; 장염으로 인한 만성 설사) 증후군의 흔적일 수 있으므로 선택을 피한다. 햄스터를 잡은 상태에서 잠시 시간을 내 손가락으로 햄스터의 어깨와 엉덩이를 가볍게 쓰다듬어 보자. 혹여나 피부가 연약한 부분이 있는지 확인하고, 의심되는 경우 입양하지 않도록 한다.

햄스터의 입양

현재 햄스터를 입양할 수 있는 방법은 여러 가지가 있으며, 그 과정에 대해 잘 검토한 후 입양처를 결정하는 것이 좋다. 일반적으로 지역 동물보호소를 통한 분양, 반려동물 숍을 통한 분양, 햄스터 쇼를 통한 분양, 햄스터 전문브리더를 통한 분양 등 여러 경로를 거쳐 입양할 수 있다(해외의 경우).[1] 동물보호소를 통할 경우 일반적인 입양 비용은 매우 적을 수도 있고, 작은 설치류의 경우는 무료로 분양될 수도 있다. 분양가가 아주 저렴하거나 무료인 경우 순간적인 충동으로 햄스터를 입양하는 사례도 종종 볼 수 있는데, 어떠한 경우라도 충분히 고려한 후에 입양을 결정하는 것이 좋겠다.

반려동물 숍에서 분양하는 햄스터의 분양가는 보통이며, 케이지/베딩/먹이그릇/사료비용이 햄스터 분양가에 추가되는 경향이 있다. 특별 판촉활동으로 일부 반려동물 숍에서는 햄스터 사육세트(말 그대로는 아니지만)를 구매할 때 햄스터를 무료로 주기도 한다. 이와 같은 방식으로 햄스터를 분양하는 것은 햄스터의 가치를 떨어뜨리는 일처럼 보일 수 있다. 그러나 아이들이 햄스터가 지닌 여러 가지 매력을 느끼게 되

---

[1] 우리나라의 경우도 해외와 비슷하게 동물보호소, 대형마트, 소동물 전문 숍, 개인 분양 등의 경로를 거쳐 햄스터를 입양할 수 있다. 본문에서도 언급했듯이, 경로에 따라 각각 장단점이 있으므로 자신의 상황에 맞는 적절한 방법을 택해 입양하도록 하자.

고 또 이 털북숭이 작은 발전기가 깨어 있는 시간 동안 어떤 재미를 주는지 발견하게 되면, 햄스터를 헐값을 치르고 입양했을 때 생기는 우려는 금세 사라질 것이다. 반려동물 숍에서 입양한 햄스터는 대체로 건강하고 상태가 양호하다. 보통 햄스터를 한 마리씩 케이지에 넣어 관리하기 때문에 서로 물거나 질병을 퍼뜨리거나 임신할 가능성이 거의 또는 전혀 없다(해외의 경우). 공동 케이지에서 유지하는 숍이라고 해서 꼭 그 숍이 관리에 소홀하다는 의미는 아니다. 햄스터는 우리가 매우 혼잡하다고 생각하는 조건(케이지당 3마리 이상 유지)에서도 일시적으로 잘 지낼 수 있다.

성체들은 지금 당장은 싸우지 않지만, 누군가 제멋대로 행동하기 시작하면 금세 싸우게 될 것이다. 일종의 강제 평화 상태로 지내고 있는 셈이다. 그렇기는 하지만, 붐비는 케이지 환경에서 태어난 새끼는 밤에 살아남는 경우가 거의 없다. 이러한 환경에서 벗어나면 상황이 바뀔 수 있다. 공동 케이지에서 입양한 암컷의 경우 충분한 주거 공간과 양질의 먹이, 적절한 베딩(케이지의 아늑한 구석에 깔아준다)을 제공해 주면 입양 후 1~2주 사이에 새끼를 낳을 수도 있다(착상 후 2상-post-implantation diphase, 249페이지 참고).

햄스터의 입양 경로는 다양하므로 본인의 상황에 맞춰 적절하게 선택하도록 하자.

만약 케이지 안에서 찍찍거리는 소리가 나는 것을 듣게 된다면, 어미와 태어난 새끼들을 귀찮게 하지 말아야 한다. 적어도 일주일 동안 먹이와 물을 제공하는 것을 제외하고는 케이지에 가까이 가지 않는 것이 좋다.

반려동물 숍에서 햄스터를 입양하는 것의 장점은, 햄스터가 숍에 있는 동안 좋은 먹이와 주거 공간을 제공받았음을 확신할 수 있고 햄스터의 성별에 대해 조언을 얻을 수 있다는 것이다. 반려동물 숍에서 입양하는 경우 직원의 도움을 받아 어떤 케이지와 용품을 구입할 것인지에 대해 바로 알아볼 수 있으며, 필요한 모든 것을 한 번에 구입할 수 있다.

제2장 햄스터 기르기의 기초

운이 좋은 경우 햄스터 쇼[2]에 참석하거나 근처에 있는 전문브리더[3]를 찾을 수도 있다. 전문브리더는 세대를 거쳐 기록을 보관하며, 유전적으로 함께 번식시키면 안 되는 혈통에 대해 알고 있다(114페이지 참고). 또한, 브리더는 어떤 혈통의 개체들이 인기가 있고 새롭게 작출된 색상이 무엇인지에 대해서도 잘 알고 있다. 상업용 햄스터 먹이에 대한 최신정보를 파악하고 있고 기꺼이 안내해 줄 것이다. 연령대가 다른 햄스터를 보유하고 있으므로 성체를 원하면 성체를, 새끼를 원하면 새끼를 분양받을 수 있다. 전문브리더에게서 입양하는 경우 가장 좋은 점은, 햄스터를 정말 아끼고 돌보며 특정 특성을 위해 혈통을 번식시켰다는 것이다. 전문브리더에게서 은퇴한 햄스터를 구할 수도 있으며, 일부 품종은 번식수명보다 훨씬 오래 살기도 한다.

햄스터의 이동

햄스터를 신중하게 선택해 입양을 결정했다면 집으로 데려가기 위해 이동해야 한다. 입양처에서 판지로 된 용기가 제공될 수도 있지만, 장거리 여행을 해야 한다면 좀 더 튼튼한 이동용 케이지를 준비해 가는 것이 좋다. 판지는 햄스터가 씹어 버스나 차에서 탈출할 수도 있다. 이동용 케이지에는 베딩과 먹이, 물을 넣는다.

자동차 여행은 반려동물에게 극심한 스트레스를 줄 수 있으며, 특히 이전에 한 번도 경험해 본 적이 없는 경우라면 더욱 그렇다. 이상한 광경과 냄새로 불안하고, 엔진 소리도 무섭게 느껴질 것이다. 또한, 날씨가 따뜻한 상태라면 햄스터가 과열되는 것을 방지하기 위해 차량에 머무는 시간을 최소화하는 것이 좋다. 이러한 이유로 미리 계획을 세워 진행하는 것이 바람직하다고 할 수 있겠다.

새로운 환경에 대한 적응

햄스터를 집에 데려왔을 때 새 케이지에 바로 들여보낸 다음, 적응할 시간을 갖도록 잠시 혼자 두는 것이 좋다. 처음 한 주 동안은 꼭 필요한 경우에만 핸들링하고,

---

[2] 해외에서는 햄스터 쇼가 상당히 활성화돼 있어 많은 애호가들의 사랑을 받고 있다. 우리나라에서는 2024년에 국내 최초로 제1회 햄스터 쇼가 열려 세간의 관심을 끈 바 있다. [3] 우리나라는 아직 전문브리더라 할 전문가는 찾아볼 수 없는 실정이지만, 무분별한 번식과 분양으로 인해 발생하는 부작용 등을 우려하는 목소리가 점점 커지고 있는 것으로 보인다.

햄스터를 입양하면 새로운 환경에 잘 적응할 수 있도록 처음 한 주 동안은 핸들링을 삼가고 편안하게 쉴 수 있게 해준다.

케이지 철장 사이로 들여다보는 일이 없도록 하자. 또 햄스터에게 휴식과 안정, 조용한 환경을 제공해 줄 수 있도록 가능한 한 소음을 내지 않게 주의해야 한다. 새로운 반려동물과 친구가 된다는 것은 언제나 매우 신나는 일이지만, 햄스터 입장에서는 여행으로 쌓인 피로를 해소하고 새로운 보금자리에 적응하기 위한 시간이 필요하다. 당신의 햄스터는 새로운 집, 새로운 음식, 새로운 냄새, 새로운 사람들을 접하게 될 것이다. 당신을 소개하기 전에 그들이 주변 환경에 익숙해질 시간을 충분히 주도록 하자. 청소와 먹이급여를 제외하고, 입양 후 첫 주 동안은 햄스터와 접촉하는 횟수를 제한해야 한다. 이후 어느 정도 적응되면 소개를 시작할 수 있다.

처음에는 새로 들인 반려햄스터가 이전에 섭취한 식단을 동일하게 유지한다. 햄스터는 장 질환에 매우 취약한 동물이며, 새집으로 이사하는 데 따른 스트레스 및 장 질환의 발생을 피해야 한다. 많은 전문가는 새로운 반려동물의 식단을 점진적으로 바꾸는 것을 권장한다. 따라서 햄스터를 새로 입양했을 때는 입양 당시 먹고 있던 먹이를 일부 가져오거나 같은 제품을 구입해 급여하는 것이 좋다. 그런 다음 몇 주에 걸쳐 기존의 먹이를 천천히 단계적으로 줄이고 새로운 식단을 소개할 수 있다.

04
section

햄스터 기를 때 주의할 점

햄스터를 선별해 마음에 드는 개체를 입양했고, 집으로 데려와 적응기간도 거쳤다면 이제 본격적으로 보살피고 관리할 일만 남았다. 여러 번 반복해서 언급했듯이, 햄스터는 상대적으로 유지관리가 수월한 동물이기 때문에 몇 가지 주의사항만 신경 쓴다면 보호자와 함께하는 동안 건강하고 행복하게 지낼 수 있을 것이다.

핸들링
대부분 햄스터는 기본적으로 핸들링을 좋아하지는 않는다. 따라서 실제로 검사나 확인을 위해 햄스터를 잡아야 할 필요가 있을 때만 핸들링을 하는 것이 가장 좋다. 여기서 소개하는 내용은 '필요에 의해 핸들링을 해야 할' 경우 주의해야 할 사항임을 염두에 두는 것이 좋겠다. 햄스터를 핸들링하는 것은 매우 쉬우므로 경험이 전혀 없는 사람이라도 걱정할 필요는 없다. 일단 햄스터가 보호자를 인지하게 되면, 손에 앉힐 수 있는 쉬운 방법이 있으므로 차근차근 배우도록 하자. 다음 페이지에 언급된 단계를 따르되, 어린아이의 경우는 반드시 보호자가 감독하도록 한다.

두 손으로 잡는 방법의 경우 보호자와 햄스터 모두 안전하다고 느끼려면 약간의 연습이 필요하다.

우선 햄스터에게 겁을 주면 물릴 위험이 있다는 점을 염두에 두고 핸들링을 시도하는 것이 좋겠다. 햄스터의 유일한 방어기술은 위협적인 상대를 무는 것이고, 이는 상대에게 무언가를 그만두라고 강력하게 신호를 보내는 것이다. 햄스터가 당신을 물면 화내지 말고, 왜 무는지 그 원인을 찾아보도록 하자.

이제 막 새로운 햄스터를 들였다면 핸들링에 익숙하지 않을 것이며, 다음의 '햄스터를 잡아 올리는 방법'은 아직 효과가 없을 것이다. 이 방법을 시도하기 전에 먼저 햄스터를 길들여야 한다(107페이지 참고). 햄스터가 길들여지고 나면, 단계에 따라 안전하게 잡도록 한다.

■**무향비누와 물로 손을 깨끗이 씻는다** : 햄스터는 후각이 매우 뛰어나기 때문에 냄새가 나지 않는 무향비누를 선택해 철저하게 세척하는 것이 좋다. 무향비누는 고양이, 개 또는 다른 햄스터의 냄새 등 햄스터에게 겁을 먹게 하거나 불안하게 만들 수 있는 모든 냄새를 없애준다. 또한, 손을 깨끗하게 씻으면 햄스터가 손을 핥는 것을 막을 수도 있다. 햄스터는 몸에 좋지 않더라도 무엇이든 일단 먹으려는 습성이 있다. 따라서 햄스터를 핸들링하기 전에 손을 씻으면 햄스터에게 해로울 수도 있는 것을 섭취할 위험이 줄어들게 된다.

■**햄스터를 만지기 전에 케이지에 손을 넣는다** : 큰 손으로 잡으려 하면 겁을 먹을 수도 있으므로 햄스터를 잡기 전에 우선 손을 케이지에 넣어본다. 무턱대고 잡으면 당신을 포식자로 인식해 위협을 느낄 수 있다. 햄스터는 당신에게서 도망가고, 근처에 있으면 불편함을 느끼며, 심지어 물 수도 있다. 손바닥이 아래로 향하게 하고, 햄스터를 향해 움직이기 전에 케이지 바닥에 약 4~5초 동안 대고 가만히 있도록 한다.

- **손바닥을 위로 오게 대고 햄스터가 손 위로 기어 올 때까지 기다린다** : 이 단계는 시간이 좀 걸릴 수 있지만, 햄스터를 잡으면 물릴 가능성이 크기 때문에 인내심을 갖고 햄스터가 당신에게 다가올 수 있도록 유도하는 것이 가장 좋다(모든 과정을 몇 번 반복하고 햄스터가 당신을 두려워할 것이 없다는 점을 알게 되면 시간이 훨씬 적게 걸린다). 손 위로 오르지 않으면, 햄스터가 앉아 있는 곳의 베딩과 함께 조심스럽게 퍼 올린다. 이때 햄스터가 넘어지지 않도록 양손을 사용한다.

목덜미를 잡는 것은 케이지에서 케이지로 빠르게 옮길 때 사용할 수 있는 효과적인 방법이다.

- **처음 몇 번은 케이지 안에 손을 그대로 넣어둔다** : 햄스터를 잡았을 때 당신의 손에서 뛰쳐나오려고 발버둥 칠 수도 있는데, 이때 멀리 떨어져 다칠 수도 있으므로 주의해야 한다. 햄스터를 다루는 것에 익숙해지면, 한 손을 햄스터 위에 살짝 올려 뛰쳐나오는 것을 막은 다음 아주 천천히 움직일 수 있다. 하지만 일반적으로 가능하면 햄스터를 바닥으로부터 낮게 유지하는 것이 가장 좋다. 햄스터는 몸부림이 심한 동물이며, 보호자가 핸들링에 능숙한 경우라도 손에서 빠져나와 탈출할 위험이 있다는 것을 잊지 말아야 한다. 햄스터를 쥔 손을 바닥에 가까이 두어 이러한 위험을 최소화한다.

- **천천히 움직이고 몸에 가깝게 유지한다** : 이렇게 하면 햄스터가 좀 더 안정감을 느끼는 데 도움이 된다. 보호자가 움직임을 부드럽고 느리게 유지하면 햄스터가 당황할 위험이 줄어든다. 이전에 햄스터를 잡아본 적이 없는 사람들은 이 작고 귀여운 동물을 얼른 안고 싶은 생각이 들 것이다. 이때 햄스터를 잡은 손을 몸에 가깝게 유지하면, 햄스터가 꿈틀대다가 떨어질 경우 딱딱한 바닥이 아니라 보호자의 무릎 위로 낮게 떨어지게 되므로 추락으로 인한 부상을 막을 수 있을 것이다.

햄스터를 들어 올려 잡는 세 가지 방법

1. 양손으로 잡기 : 가장 유용하고 쉬운 첫 번째 방법은 양손을 사용해 잡는 것이다. 한 손을 들고 다른 손 쪽으로 햄스터를 몬 다음, 한 손의 손가락을 사용해 햄스터 주위에 우리를 만들어 햄스터 위에 손을 얹는다. 손바닥으로 햄스터를 느낄 수 있도록 손을 약간 오므리고, 손가락을 움직여 햄스터가 비집고 들어가지 못하도록 한다. 햄스터를 처음 쥐었을 때 크게 찍찍 소리를 내다가 손가락 사이로 튀어나오려고 하거나 손 밖으로 튀어나오려고 할 수 있으므로 유의한다. 햄스터는 이것에 매우 능숙하다.

2. 목덜미 잡기 : 두 번째 방법은 필자의 경우 햄스터가 싫어해서 거의 사용하지 않았던 방법으로, 목덜미를 잡는 것이다. 햄스터 위로 손을 들고 고정한 다음, 엄지와 검지를 사용해 목덜미를 잡는다. 이렇게 붙잡는 방법은 연습이 필요하지만, 햄스터를 움직이지 못하게 해서 성별을 구분하는 데 도움이 된다. 또 케이지에서 케이지로 빠르게 옮길 때도 효과적으로 사용할 수 있는 방법이다.

3. 한 손으로 잡기 : 세 번째 방법은 한 손으로 잡는 것으로, 햄스터가 몸을 비틀어 손가락을 물어뜯는 것을 어렵게 만드는 방법이다. 햄스터의 머리가 중지와 검지 사이에 오도록 햄스터 위로 손을 올려놓는다. 엄지와 검지는 햄스터 몸의 한쪽에 두고 중지, 약지, 소지는 다른 쪽에 둔다. 손가락을 약간 구부려 들어 올리고, 햄스터가 여러분을 향하도록 손을 돌린다. 이렇게 하면 햄스터가 등을 대고 손바닥 위에 놓이게 된다. 일부 보호자는 이 방법이 햄스터에게 너무 제한적이고 불편하다고 생각하기도 한다.

■ **처음에는 간식을 준다** : 처음 몇 번은 햄스터를 잡을 때 간식을 급여하는 것이 좋다. 이렇게 함으로써 햄스터가 여러분과 함께 있는 시간을 즐거운 시간으로 인식할 수 있도록 훈련시키는 것이다. 햄스터가 좋아하는 간식을 주면, 여러분과 함께 보내는 시간과 즐거운 시간 사이에 긍정적인 연관성을 인식하게 될 것이다.

■ **안는 시간은 짧게 유지한다** : 햄스터를 케이지로 돌려보내기 전에 1~2분 동안만 안도록 한다. 처음 몇 번 햄스터를 안을 때 시간을 짧게 유지하면 스트레스가 최소화된다. 처음으로 낯선 사람에게 안기면 겁을 먹을 수도 있지만, 아주 잠깐 동안이고 맛있는 간식을 받는다면 곧 당신과 함께 보내는 시간을 고대하게 될 것이다.

■ **케이지로 부드럽게 돌려보낸다** : 햄스터를 다시 케이지에 넣으려면 손에서 튀어나오지 않도록 주의하고, 케이지 바닥에서 1~2cm 위로 손을 부드럽게 움직인다. 그런 다음 한 손을 들어 햄스터가 손에서 떠나도록 한다. 햄스터는 크기가 작아 높은 곳에서 떨어지면 다리가 부러질 수 있으므로 항상 주의를 기울이도록 하자.

■ **과정을 반복한다** : 여러분이 케이지 문을 열었을 때 햄스터가 적극적으로 손을 찾게 될 때까지 며칠 동안 하루에 세 번씩 앞의 과정을 반복한다. 이 단계에서는 햄스터를 오랫동안 안아도 괜찮으며, 안을 때마다 간식을 줄 필요는 없을 것이다.

길들이기

햄스터는 자신의 감정을 상대에게 전달하기 위해 신체언어, 냄새신호, 여러 가지 소리 등 다양한 방법을 사용한다. 햄스터가 내는 소리 중 일부는 인간이 들을 수 없을 정도로 높은 음조를 가지고 있다. 햄스터가 현재 보이는 감정 상태(기분이 좋은지, 겁을 먹고 있는지, 호기심을 갖고 있는지, 불안함을 느끼는지 등)에 대해 이해하고 나면, 이들이 최고의 삶을 살 수 있도록 하기 위해 필요한 것을 제공하는 데 많은 도움이 된다.

햄스터 보호자로서 그들의 행동을 이해하고, 언제 문제가 발생하는지 식별할 수 있는 능력을 갖추는 것이 중요하다. 일반적으로 겁이 많은 먹이동물로서 본능적으로 자신감을 갖기 위해 노력을 기울인다. 각각의 햄스터는 고유한 성격을 지닌 개체이므로 햄스터에 대한 모든 것을 배우고, 특히 햄스터를 행복하게 만드는 것이 무엇인지 알아가는 과정은 매우 재미있다. 이는 햄스터를 길들일 때 특히 중요한 부분이다.

'내가 햄스터를 길들일 수 있을까'라며 걱정이 앞서는 초보보호자도 더러 있을 것이다. 결론부터 말하자면, 햄스터는 야생에서 새로 포획된 개체라 해도 충분히 길들일 수 있고 좋은 반려동물이 될 수 있다. 겁을 먹거나 매우 소심하게 행동할 수도 있지만, 녀석들은 분명 좋은 반려동물이 된다. 1971년 알레포에서 시리안 햄스터를 포획해 데려온 대학원생 마이클 R. 머피는 자신과 아내가 잡은 햄스터가 얼마나 빨리 길들여지는지 확인하고 무척 놀랐

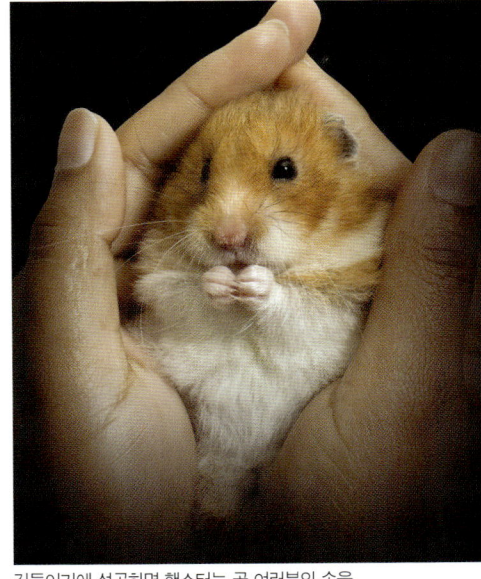

길들이기에 성공하면 햄스터는 곧 여러분의 손을 멋진 것과 연관시키게 된다.

다고 한다. 이들은 '야생' 햄스터였다. 1930년 최초로 포획된 시리안 햄스터의 자손들은 이후 분양을 위해 번식돼 왔다. 브리더들과 연구자들은 우리가 바라는 것 이상으로 햄스터에게 물리는 일이 더 이상 발생하지 않기를 바란다. 반려용 햄스터는 모두 일반 대중에게 분양하기 위해 번식돼 왔으며, 지금도 계속 번식되고 있다. 여러분에게 필요한 부분은 햄스터를 길들이기 위한 작업에 약간의 시간을 할애하는 것뿐이며, 햄스터는 여러분이 자신에게 나쁜 존재가 아니라는 점을 곧 알게 될 것이다. 따라서 길들이기를 시도하기 전부터 미리 걱정하지 않아도 된다.

■ 잠에서 깨우기 : 햄스터가 깨어날 시간이 되면 일단 손을 씻고 말린다(여러분에게서 맛있는 냄새가 난다고 생각하지 않도록). 케이지를 열고 햄스터를 살펴본다. 만약 자고 있다면, 옆에 있는 바닥재를 바스락거리거나 아주 부드럽게 케이지를 흔들어 준다. 햄스터는 갑자기 잠에서 깨어나는 것을 좋아하지 않는데, 이는 무언가가 자신을 위협한다는 것을 의미할 수도 있기 때문이다. 마치 토요일 아침 일찍 자녀가 아빠의 침대 옆에 서서 "아빠, 지금 대문 밖에 경찰이 와 있어요. 아빠와 얘기하고 싶은 게 있다고 그러는데요!"라고 말하는 것과 같은 상황이다.

이는 잠에서 깨어나는 좋은 방법이 아니다. 잠에서 깨어나는 과정은 보호자와 햄스터 모두에게 즐거운 경험이 돼야 한다. 항상 햄스터가 스스로 깨어날 수 있도록 충분히 시간을 주고 여유있게 기다리자.

수면 중인 햄스터를 억지로 깨우는 것은 좋지 않으며, 항상 스스로 깨어날 수 있도록 배려해야 한다.

■ 해바라기씨로 친근해지기 : 햄스터는 작고 동그란 눈을 뜨고 당신의 진지한 얼굴에 집중하면서 잠에서 깨어날 것이다. 손바닥에 해바라기씨 몇 개를 쥐고, 케이지 안에 손을 넣

단계별 햄스터 길들이기

햄스터를 길들이는 데는 충분한 시간과 인내심이 필요하다. 길들이는 단계를 너무 서두르지 말고, 햄스터에 대해 알아보고 그들의 신호에 반응하는 시간을 갖도록 하자. 다음 단계로 넘어가기 전에 햄스터가 현재 단계로 인해 스트레스를 받지는 않는지 확인해야 한다. 여기서 핵심은 햄스터의 신뢰를 얻어 햄스터가 당신을 두려워할 이유가 없다는 점을 확신하도록 만드는 것이다. 햄스터는 자신을 조심스럽게 다루고 자신의 필요에 공감하는 사람들과 교류하는 것을 좋아한다.

- **1단계 - 환경에 적응시키기** : 일단 햄스터가 새로운 환경에 편안하게 익숙해질 수 있는 시간을 주도록 한다. 먹이를 먹고, 물을 마시고, 주위를 탐험하고, 당신이 있을 때 자유롭게 노는 것 등이 포함된다.

- **2단계 - 보호자 목소리에 익숙해지게 하기** : 햄스터 케이지 주변에서 더 많은 시간을 보내고, 햄스터가 당신의 목소리에 익숙해질 수 있도록 조용히 말을 건넨다. 무슨 말을 해야 할지 모르겠다면, 큰 소리로 책을 읽어주거나 부드럽게 노래를 불러주는 것도 좋다.

- **3단계 - 간식 주기** : 좋아하는 간식을 손으로 제공한다. 철장 케이지인 경우 철장을 통해 제공하고, 그렇지 않으면 케이지 문 가장자리에서 바로 제공한다. 햄스터가 간식을 먹으러 달려오면 손을 케이지 안에 넣어본다. 이때 햄스터를 만지려고 하지는 말고, 햄스터 스스로 다가와서 손을 탐색하게 놔둔다.

- **4단계 - 케이지 안에 손 넣어보기** : 햄스터가 당신의 손에 닿을 수 있도록 케이지 내부에 간식을 쥔 손을 넣는다. 햄스터는 간식을 얻기 위해 발을 손에 올려놓을 수도 있다. 다시 한번 강조하지만, 햄스터에게 강요해서는 안 된다. 햄스터가 스스로 다가오도록 유도해야 한다는 점을 명심하자.

- **5단계 - 손 위로 올라오게 유도하기** : 햄스터가 간식을 얻기 위해서는 손 위로 올라와야 하도록 간식을 놓는다. 일단 햄스터가 용감하게 이 일을 마치고 나면 햄스터를 조심스럽게 떠서 케이지 안에서 들어 올린다. 처음 몇 번은 햄스터가 바로 뛰어내릴 수도 있지만, 부드럽고 끈기 있게 시도하면 결국 햄스터는 당신의 손이 안전하다는 사실을 깨닫게 될 것이다.

- **6단계 - 손으로 들어올리기** : 햄스터가 케이지 안에 들어온 당신의 손에 익숙해지면(그리고 그것을 맛있는 간식과 연관시킨다), 간식을 다시 손바닥에 올려본다. 햄스터가 손에 완전히 올라오면 부드럽게 들어 올린다. 처음에는 햄스터가 깜짝 놀라서 뛰어내릴 수도 있다. 이 과정을 계속 반복하면 햄스터가 핸들링할 때 안정감을 느끼기 시작한다는 점을 알게 될 것이다.

위에서 언급한 모든 과정을 천천히 수행해야 한다는 것을 항상 기억하고, 햄스터가 스트레스를 받거나 불편하다고 느끼는 것 같으면 부드럽게 케이지에 다시 넣고 나중에 다시 시도하도록 하자. 과정별로 소요되는 시간은 햄스터의 나이와 성격, 이전 경험에 따라 다르다. 보호자의 손에 잡히는 것을 빨리 받아들일 수도 있고, 한 달 이상이 걸릴 수도 있으므로 인내심을 갖고 꾸준하게 시도하도록 한다.

어서 햄스터가 볼 수 있도록 한다. 이때 해바라기씨를 케이지의 철창이나 상단을 통해 떨어뜨려 넣어주는 것은 좋은 방법이 아니다. 새끼 햄스터에게 당신의 손과 멋진 일을 연계시켜야 하기 때문이다. 녀석이 용기를 내어 다가오는 동안 몇 분 정도 손을 제자리에 유지한다. 햄스터가 손 안에 있는 해바라기씨 한두 개를 잡고 재빨리 떠나는 모습을 보이게 되기까지 손을 빼내지 않는다. 그런 다음 햄스터가 당신의 목소리를 익힐 수 있도록 말을 걸어본다. 며칠 동안 매일 저녁에 한두 번씩 이와 같은 과정을 반복하면, 햄스터는 당신이 친구라는 사실을 인식하게 될 것이다.

■**손가락으로 잡기** : 일단 햄스터가 당신의 손에 앉아 첫 번째 해바라기씨를 먹으면, 집어지는 것에 대해 가르치기 시작할 수 있다(얇은 장갑을 착용하는 것이 더 편하다면 그렇게 한다). 항상 하던 대로 케이지 문을 연다. 햄스터가 당신을 바라보면 손을 뻗어 손가락으로 햄스터를 집어 올린다(엉덩이 쪽부터 먼저 잡는 것이 가장 좋다). 햄스터의 주위를 손가락으로 감는다. 바닥에서 손을 떼자마자 다른 손을 그 아래에 넣어 손가락으로 컵처럼 공간을 만든다. 이렇게 하는 동안 햄스터에게 말을 건넨다. 물론 햄스터가 당신의 말을 이해하지는 못하겠지만, 당신이 사용하는 어조를 알아차릴 수 있을 것이다.

햄스터가 도망칠 수 없도록 꼭 붙잡거나 당신의 몸에 밀착시킨다. 바닥이나 침대에 가까이 있으면 손에서 튀어나와도 다칠 가능성이 작다. 햄스터가 떨어지지 않는다는 안정감을 느껴야 한다. 햄스터처럼 작은 생물이 높은 곳에서 떨어지면 크게 다칠 수 있기 때문에 절대로 떨어뜨리지 않도록 주의해야 한다.

햄스터는 높은 곳에서 추락하면 큰 부상을 당하므로 핸들링할 때는 항상 추락에 주의해야 한다.

■**떠서 들어 올리기** : 손을 뻗어 햄스터를 잡는 것이 여전히 망설여진다면, 케이지를 침대 위

에 놓고 상자나 침구를 이용해 당신과 케이지 주위에 방어벽을 만든다. 그런 다음 침대에 앉는다. 케이지를 열고 햄스터가 밖으로 나와서 탐색하도록 유도한다. 손등을 사용해 햄스터의 등을 부드럽게 쓰다듬되 손가락은 입에서 멀리 떨어뜨린다. 손으로 들고 잠시 그대로 있다가 다시 내려놓으면서 햄스터가 구속되지 않도록 손을 벌린다. 케이지 안에 있을 때도 이와 동일하게 '부드럽게 떠서 잠시 들어 올리는' 방법을 사용할 수 있다. 손을 펴고 햄스터를 내려놓기 전에 조금만 움직여 주는 것이다.

하지만 햄스터가 당신이 오는 것을 보고 등을 대고 구르며 이를 드러내고 찍찍거린다면, 그때는 그냥 조용히 물러나도록 한다. 몇 분이 지

핸들링할 때는 햄스터가 겁을 먹지 않도록 항상 부드럽고 조심스럽게 시도해야 한다.

난 다음 다시 손으로 맛있는 간식을 준다. 작은 새끼 햄스터는 겁에 질려 당신의 공격을 막아내려고 노력하고 있다. 녀석에게 말을 걸고 등을 부드럽게 쓰다듬어 보자. 햄스터가 겁을 먹는 것은 녀석의 잘못이 아니다. 햄스터의 입장에서 생각해 보면, 당신은 정말 거대하고 햄스터 냄새도 나지 않는 위협적인 존재인 것이다.

다시 손으로 뜨거나, 빈 통에 햄스터를 집어넣고 수직으로 기울여 튀어 나가지 못하도록 한다. 빈 휴지 심지 안에 숨는다면 심지를 집어 양쪽 끝을 막는다. 통을 기울이거나 휴지 심지의 아래쪽 끝을 드러내고 녀석을 슬쩍 손에 넣는다. 녀석을 당신의 몸 가까이에서 잡은 다음 조심스럽게 다시 케이지에 넣는다.

■ **쓰다듬어 주기** : 햄스터가 당신의 손에 잡히는 것에 익숙해지면, 녀석을 잡고 있는 동안 머리나 등을 부드럽게 쓰다듬어 보자. 그런 다음 해바라기씨 등의 간식을 제공한다. 일단 햄스터가 겁에 질린 상태를 극복하고 나면 안기는 것을 좋아하게 되겠지만, 당신이 최악의 적이 아니라 자신의 친구라는 것을 깨닫게 만들기까지는 여

러 번의 시도가 필요하다. 부드러운 시도와 핸들링을 통해 햄스터는 당신과 함께 케이지 밖에서 보내는 시간을 고대하게 될 것이다.

스트레스와 햄스터

햄스터는 매우 강건하고 튼튼한 동물이기는 하지만, 스트레스를 받을 경우 죽을 수도 있다는 점을 명심해야 한다. 스트레스는 햄스터의 삶을 비참하게 만들 수 있는 위험한 요인이며, 특정 원인에 의해 고통을 받지만 아무것도 할 수 없을 때 발생하게 된다. 예를 들어, 아이가 학교에서 괴롭힘을 당했는데 아빠가 '남자답게 처신해!'라고 말한다면 아이는 스트레스를 받게 된다. 어른의 경우를 보자. 산길 근처에서 폭설이 내리고 밤인데 차에 스노타이어는

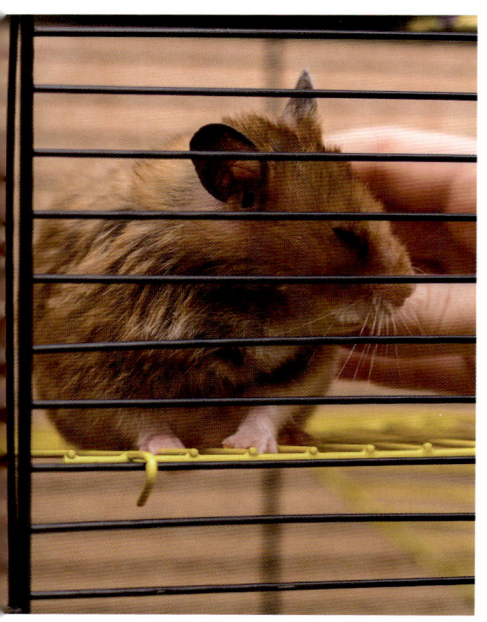

길들이기에 성공하려면 햄스터가 당신을 친구라고 깨닫게 될 때까지 여러 번의 시도가 필요하다.

없고, 모퉁이를 도는데 차가 계속 미끄러지는 상황이 스트레스를 유발한다.

햄스터의 경우 이동 중이거나, 케이지 안이 온갖 물품으로 빽빽할 때, 시끄러운 장소에 케이지가 설치돼 있을 때, 밝은 빛에 지속적으로 노출될 때, 아이가 손으로 잡으려고 케이지를 휘젓는 동안 구석에 갇혀 있을 때 등을 들 수 있겠다. 작은 생물에게는 심지어 아주 '사소한' 것조차 문제가 된다. 스트레스는 생명체를 지치게 한다. 싸워야 할 것이 분명하지 않을 때 싸우도록 맞춰 있으면 신체의 시스템이 무너진다. 그렇지 않으면 별것 아닌 상처라도 낫는 데 시간이 더 오래 걸리게 될 것이다. 소장의 장내 세균총(intestinal flora) 균형은 라우소니아 인트라켈룰라리스(*Lawsonia intracellularis*)라는 박테리아에 의해 제압되고, 만성 설사인 웻 테일로 이어진다.

사회적 스트레스 요인(싸움에서 패배하거나 붐비는 케이지에 갇히는 등)은 후속 행동에 현저한 영향을 미치기 때문에 오래 지속되면 안 된다. 스트레스는 우울증으로 이어질 수 있다. 직장문제나 학업문제 등 여러 가지 요인으로 스트레스와 우울증을 겪어본 사람

도 많을 것이다. 우울한 햄스터는 비활동적이다. 외부세계와의 접촉을 피하고, 거의 먹지 않거나(장 문제/설사로 인해) 과식하고, 지방이 많이 함유된 먹이를 선택해 체중을 늘린다.

햄스터를 위해 여러분이 해야 할 일은 녀석이 최대한 스트레스를 받지 않도록 돕는 것이다. 햄스터가 원하는 자리를 선택할 수 있도록 충분히 큰 케이지를 제공해야 하며, 잠자는 동안 은신할 수 있는 은신처와 함께 깨끗하고 통풍이 잘되는 케이지를 조용한 장소에 배치한다. 또한, 햄스터에게 익숙한 식단, 곰팡이가 피거나 벌레가 득실거리는 씨앗이 없는 식단을 제공해야 하며, 항상 깨끗하고 신선한 물을 이용할 수 있도록 신경 써야 한다.

집을 비울 때 햄스터가 재미있게 놀 수 있도록 해 줘야 한다. 사진은 압축 면 시트를 갉고 있는 모습

이처럼 햄스터가 스트레스를 최대한 받지 않는 쾌적하고 안전한 환경을 제공할 수 있도록 배려해 준다면, 저녁에 케이지에서 꺼내 맛있는 간식을 주고 당신의 셔츠 소맷단 안쪽을 탐험하도록 허용하며, 자신의 놀이터를 탐험할 시간을 갖기를 고대할 귀여운 털북숭이 친구를 갖게 될 것이다.

햄스터와 다른 반려동물

햄스터는 고양이나 개와 같은, 상대적으로 큰 육식동물에게 먹이동물로 간주된다. 웹사이트나 유튜브(YouTube) 등에서 기이한 '동물의 동거'를 다룬 동영상을 접할 수 있지만, 햄스터를 잠재적인 육식동물에게 노출시키는 것은 비현실적이고 부당한 처사다. 작은 친구에게 스트레스를 주지 않도록 하자. 햄스터의 삶은 이미 충분히 짧다.

번식에 대한 고찰

햄스터는 출산하는 새끼의 수도 많고 발정주기가 짧기 때문에 적절하게 제어하지

햄스터는 단시간에 개체 수가 급격하게 불어나므로 특별한 계획이 있지 않는 한 번식하지 않도록 주의를 기울여야 한다.

않으면 단시간에 개체 수가 급격하게 불어나게 되므로 항상 주의를 기울여야 한다. 태어난 햄스터 새끼를 분양한다는 것은 생각처럼 쉽지 않다. 적당한 입양자를 찾는 것도 매우 어려우며, 무료분양으로 올렸다가 뱀 먹이로 이용하기 위해 뱀 사육자들이 분양받은 일로 논란이 됐던 적도 있다. 또한, 무턱대고 데려갔다가 기르기 힘들다는 이유로 파양하는 경우도 더러 볼 수 있다. 따라서 이러한 일들을 겪지 않기 위해서는 처음부터 한 마리만 입양해 즐겁게 기르는 것이 가장 좋은 방법이다.

특정 색상의 개체를 번식시키려는 노력조차 햄스터에 있어서는 재앙을 초래할 수 있다. 루비색 눈 유전자를 가진 얼룩덜룩한 캠벨 드워프 햄스터가 있다면 함께 교배시키지 말아야 한다. 태어난 새끼는 더 작고 흰색을 띠어 매우 예쁘지만, 눈이 없고(無眼球症) 이빨이 없을 수도 있다. 새끼들은 생후 2~3주가 되면 죽기 때문에 후자를 구분하기가 조금 어렵다. 일부 시리안 햄스터도 눈이 없는 유전자를 가지고 있다. 혼합모색(混合毛色, roan; 밤색 털에 흰색 또는 검은색의 다른 털이 섞인 것)이거나 하얀 배를 가진 시리안 햄스터들은 무안구 유전자(anopthalmic gene)에 대해 이형접합체(heterozygous; 상동염색체의 같은 유전자좌에 서로 다른 대립유전자를 가지고 있는 개체)일 수 있다.

즉 정상적인 색깔과 정상적인 눈에 대해 하나의 우성유전자 또는 유전자 그룹을 가지고 있고, 흰색과 무안구증에 대해 열성유전자/유전자 그룹을 가지고 있음을 의미한다. 이 햄스터 중 두 마리를 교배시키면 새끼 중 일부는 열성유전자를 모두 물려받아 결과적으로 흰색이 되고(이것이 순백색 햄스터를 입양하기 전에 면밀히 조사해야 하는 이유다), 눈이 없는 채로 태어난다. 눈이 없는 상태라도 케이지 주위를 어슬렁거리며 먹이와 물을 찾아 먹을 수는 있지만, 반려동물로서 그다지 매력적이지는 않다.

햄스터의 성별 구분

차이니즈 햄스터와 시리안 햄스터의 경우 성적 이형성이 뚜렷해 성별을 구분하기가 매우 쉬운데, 수컷의 고환이 신체에 비해 상당히 커서 금세 눈에 띈다. 다른 햄스터 종의 경우 성별을 구분하기 위해서는 잡아서 확인할 필요가 있다. 캠벨 드워프 햄스터, 로보로브스키 햄스터의 경우 몸을 부드럽게 그러나 단단하게 잡고 들어 올려 확인한다. 햄스터는 거의 똑바로 잡혀서 약간 뒤로 젖혀지는 자세를 좋아하지 않는다. 이 경우 발버둥 칠 수도 있으므로 떨어지지 않도록 꽉 붙잡아야 한다.

햄스터가 너무 많이 꿈틀거려 불편하다면 '목덜미 잡기'를 시도해 볼 수 있지만, 물릴 수도 있기 때문에 조심해야 한다. 햄스터의 겨드랑이 밑에 손가락을 넣어서 들어 올린 다음, 다른 손으로 통통하고 작은 몸을 지탱하는 것이 더 쉬울 수도 있다. 햄스터를 움직이지 않게 고정했을 때 꼬리와 몸통이 만나는 아랫배에 생식기 부분을 살펴본다. 암컷 햄스터는 생식기 입구와 항문이 서로 가깝고 약 6mm 정도 떨어져 있으며, 생식기가 항문 바로 위에 있다. 수컷의 생식기 입구는 항문 입구와 검지 너비만큼 떨어져 있다. 5주 이상 된 수컷의 경우, 똑바로 세우면 고환이 몸의 가장자리로 내려가 항문 양쪽에 드러나는 두 개의 옅은 분홍색 덩어리를 볼 수 있다.

입양 당시 임신 중일 때

출처가 불분명한 곳에서 햄스터를 얻었고, 당시 새끼는 통통한 상태였다고 가정해보자. 어느 날 잠에서 깨어 기지개를 켠 후 침대에서 일어나 케이지를 지나갈 때 성체에게서 나는 찍찍거리는 소리가 아닌, 아주 작은 소리가 들린다. 암컷은 베딩 속에 숨어 있고, 당신의 목소리에 반응하지 않는다. 아니, 새끼가 있는 것처럼 들린다. 그래도 걱정하지 않아도 된다. 어미 햄스터는 먹이와 물만 있으면 새끼를 문제없이 돌볼 수 있다. 현재 햄스터의 번식과 관련해서는 연구 및 분석이 잘 이뤄져 있으며, 혈액분석표의 호르몬수치 변화를 확인해 임신과 출산을 예측할 수 있다.

새끼들이 어미의 보살핌에 가장 많이 의존할 때 어미는 새끼들을 핥고, 보금자리를 만들고, 수유를 하고, 보금자리 밖의 세상을 보고 싶어 나가려는 새끼들을 둥지 안으로 끌어당기는 데 시간을 보낸다. "거기, 10번 새끼야, 다시 여기로 와, 빨리!"라고 말이라도 하듯 한숨을 쉬며 둥지 밖으로 뛰쳐나간다. 몇몇 새끼들은 여전히 젖을 먹고, 어미는 모험심이 강한 새끼의 머리를 붙잡아 둥지로 끌고 들어간다.[1]

새끼가 커가고 까다로운 보살핌이 덜 필요해짐에 따라 어미로서의 활동은 줄어들고, 에스트로겐 수치도 낮아진다.[2] 새끼가 독립적인 존재로 자랄수록 어미가 새끼에게 관여하는 일이 줄어든다. 잠시 동안 어미는 케이지를 돌아다니며 구조물 위로 올라가고, 주변의 냄새를 맡고, 그루밍을 하고, 뒷다리로 일어선다. 마치 둥지에 배고프다고 낑낑대는 새끼가 아예 없다고 여기기라도 하는 것처럼 말이다.

초보 어미의 경우 밖으로 나가서 주위를 둘러보고 싶은 충동은 새끼를 낳은 지 15일 후에 눈에 띄게 증가하는 것으로 나타났으며, 여러 번 새끼를 낳은 어미의 경우 18일째에 나타난다. 새끼를 잠시 동안 떼어냈다가 다시 둥지에 넣으면 어미의 에스트로겐 수치가 감소하기 시작하면서, 연구자들이 '모성반응의 결핍(maternal deprivation)'이라고 부르는 증상을 보이게 된다.

새끼의 성장

햄스터는 그루밍(grooming)을 하는 동물이다. 시리안 햄스터는 생후 2주가 가까워져 오면 몸단장을 하기 시작하는데, 이때는 앞발이 주둥이에 닿지 않고 움직이는 모습을 볼 수 있다. 2주째가 되면 새끼들은 앞발을 핥고 머리와 주둥이를 쓰다듬기

---

[1] 관심사와 더 자연스러운 둥지 장소에 대한 욕망의 문제로, 자연의 느낌을 주는 굴 형태의 둥지에서 자란 새끼들은 철장 케이지에 있는 새끼들보다 둥지를 이탈하려는 경향이 덜 나타났다. [2] 성숙한 새끼를 아직 엄청난 보살핌이 필요한 어린 새끼로 대체해 어미를 속인다면, 어미의 부모 행동은 연장될 것이다.

아주 어린 포유동물의 경우 체온조절에 능숙하지 않기 때문에 무리를 지어 몰려 있는 것이 유리하다.

시작한다. 그 모습이 마치 서로에게 "내 얼굴 솜털이 이쪽으로 하는 게 좋아 보여, 아니면 앞쪽이 나아 보여?"라고 말하는 것처럼 보이기도 한다. 생후 15일이 되면 새끼들은 몸 전체를 골고루 핥고 닦기 시작한다. 종과 관계없이, 머리와 주둥이 손질은 새끼가 단단한 음식을 갉아먹기 시작할 때와 거의 비슷한 시기에 나타나며, 몸 전체를 닦는 것은 어미의 자극 없이 어린 새끼가 둥지를 떠나 배설물을 배출하기 시작할 때 나타난다(이 수치는 모두 야생이 아닌 사육상태의 새끼들에게서 관찰된 것이다).

새끼들은 서로 옹기종기 모여서 함께 움직이고, 또 함께 먹이를 먹는다. 녀석들은 또한 싸움을 시작한다. 새끼들이 어릴 때는 무리를 지어 몰려 있는 것이 특히 중요하다. 아주 어린 포유동물은 체온을 조절하는 데 능숙하지 않은데, 이렇게 모여 있음으로써 서로의 체온을 높여 모두가 따뜻하게 지낼 수 있기 때문이다. 어미가 산후 4~5주에 둥지를 떠나면 새끼들은 스스로 독립적인 둥지 장소를 찾기 시작한다. 어미는 새 둥지를 찾기 위해 케이지의 다른 구석으로 이동할 수도 있고, 다시 다른 곳으로 이동할 수도 있다. 버려진 둥지는 새끼들이 둥지에 드나들 때 효과적으로 해체되고, 자신의 둥지를 위해 버려진 둥지의 일부를 훔치기도 한다.

Chapter 03

햄스터 케이지의 조성

햄스터를 기르는 데 꼭 필요한 케이지와 베딩 등에 대해 살펴보고, 케이지 환경을 조성하기 위해 필요한 기타 용품들에 대해 알아본다.

01 section

케이지 조성에 필요한 용품

새로 입양한 반려햄스터가 낯선 집, 낯선 환경에 최대한 순조롭게 적응할 수 있도록 돕기 위해서는 햄스터를 데려오기 전에 필요한 모든 장비를 미리 준비하는 것이 좋다. 입양을 결정하기 전에 햄스터를 기르는 데 필요한 장비와 물품들을 점검하고, 모두 구비한 다음 집으로 데려오도록 하자. 다음에 소개하는 장비들은 여러분의 반려햄스터에게 안전하고 건강한 삶을 제공하기 위해 꼭 필요한 것이다.

언급된 필수용품들을 미리 구비해 두면 햄스터가 별 어려움 없이 무난하게 지낼 수 있을 것이다. 단, 시간이 지남에 따라 더 많은 품목이 필요할 수 있다는 점은 염두에 두자. 예를 들어, 종과 관계없이 모든 반려동물의 경우 치료약이나 물품이 필요한 건강문제가 발생할 수 있다. 햄스터의 건강에 문제가 있다고 의심되면 제5장 '햄스터의 건강과 질병'을 살펴보고 수의사의 조언을 구하는 것이 좋겠다. 햄스터의 사육환경을 준비하는 데 드는 비용은 비싸거나 저렴할 수도 있고, 활동 공간을 호화롭거나 평범하게 세팅할 수도 있다. 몇 가지 기본요소만 충족되면, 2~3년 동안 자신을 귀여워하는 보호자를 가진 만족스럽고 바쁜 햄스터로 살아가게 될 것이다.

케이지

야생에서 햄스터는 매일 수 km씩 이동하고, 굴을 파고 기어오르며 활발하게 활동한다. 따라서 햄스터를 기를 때는 야생에서와 마찬가지로 맘껏 돌아다닐 수 있는 공간과 자연스러운 행동을 유발할 수 있는 크고 안전한 케이지를 제공해야 한다. 또한, 햄스터는 다른 동물의 먹이로 간주될 수 있으며, 적절한 예방조치를 취하지 않으면 집에 있는 다른 반려동물에 의해 해를 입거나 죽임을 당할 위험이 생길 수 있다. 반려동물들이 서로에게 해를 끼치는 것을 방지하려면, 햄스터의 집이라고 할 수 있는 안전하고 넓으며 견고한 케이지가 있어야 한다. 케이지에는 먹이, 은신처, 화장실, 깨끗한 물이 포함되며, 이 중에 특별히 공급하기 어려운 것은 없다.

여러분이 기억해야 할 주의사항은, 햄스터가 씹는 것을 좋아하고 탈출의 귀재라는 사실이다. 햄스터는 씹을 수 있는 것이라면 나무나 플라스틱 등 무엇이든 가리지 않고 씹을 텐데, 플라스틱은 건강에 매우 해로우므로 주의해야 한다. 로보로브스키 햄스터처럼 작은 녀석들은 새장이나 햄스터 케이지의 철장 사이로 빠져나올 수 있다. 모두의 행복을 위해 씹기 힘든 케이지를 마련해 주고, 햄스터가 자연스러운 행동을 할 수 있도록 장난감이나 이빨갈이용 막대를 제공해 주도록 하자.

■**케이지의 크기와 설치** : 케이지를 선택하기 전에 크기와 설치에 대해 고려한다. 케이지의 크기는 매우 중요하다. 반려동물 숍에서 흔히 판매되는 케이지는 햄스터의 기본적인 요구사항을 충족시키기에 부적합한 것들이 많으므로 선택 시 주의를 기울이자. 케이지가 너무 작으면 물기, 과도한 소변 축적, 이빨에 심각한 해를 끼칠 수 있는 철장 갉기 등의 스트레스로 인해 다양한 행동문제를 유발할 수 있다.

햄스터 케이지가 얼마나 커야 하는지 정확히 말할 수 있는 근거는 많지 않지만, 독일에 있는 '동물복지수의사협회(Veterinary Association for Animal Welfare)'에서는 최소한 100x50(cm) 크기를 권장하고 있다. 이보다 작더라도 나뭇가지, 사다리, 선반 등 등반할 수 있는 장치, 굴을 파고 잠을 자고 먹이를 저장하는 데 적합한 두께의 베딩을 깔 수 있을 만큼 깊고 견고한 바닥, 숨을 수 있는 은신처, 안전한 뚜껑과 문, 햄스터를 즐겁게 해줄 장난감 등을 비치할 수 있는 공간이 확보돼야 한다.

야생에서처럼 맘껏 돌아다닐 수 있는 공간과 자연스러운 행동을 유발할 수 있는 크고 안전한 케이지를 제공해야 한다.

철장 케이지의 경우 철장 사이의 간격이 약 1.2cm(시리안 햄스터의 경우) 또는 0.6cm(드워프 햄스터의 경우) 이하여야 한다. 햄스터는 몸을 납작하게 만드는 능력이 있어서 아주 작은 구멍이나 틈새에도 파고 들어갈 수 있다. 탈출을 잘 하고 탈출하면 찾기도 힘들며, 종종 도망가는 동안 부상을 당하거나 폐사하기도 하므로 주의를 기울여야 한다. 시리안 햄스터의 경우 최소 80x50x40(cm) 이상의 케이지가 권장되며, 드워프 햄스터의 경우는 다소 작은 60x40x40(cm)의 케이지에 한 마리를 기를 수 있다. 최소값은 다양하지만, 가능한 한 가장 큰 제품을 선택하는 것이 바람직하다.

20L짜리 테라리움보다 크기가 작은, 알록달록한 소형 케이지는 피한다. 케이지 제조업체는 저렴하고 '귀여운' 소형 케이지에 대한 수요가 있다고 생각하면, 그러한 유형의 케이지를 제작해 판매할 것이다. 그러나 시판되고 있는 케이지라고 해서 모든 제품이 햄스터에게 적절하고 좋은 케이지가 되는 것은 아니라는 점을 명심해야 한다. 햄스터는 육상동물로 진화해 왔다는 점을 기억하자. 비용과 공간을 고려해 여러분이 감당할 수 있는 범위 내에서 가장 큰 케이지를 제공하는 것이 좋다.

연구결과에 따르면, 충분한 공간이 확보된 큰 케이지를 제공할 경우 철장을 갉는 행동이 현저하게 감소하는 것으로 나타났다. 햄스터는 스트레스를 받거나 지루할 때 케이지 철장을 갉는다.

스위스 베른에 있는 '동물유전영양주거연구소(Institute of Animal Genetics, Nutrition and Housing)'의 카테리나 피셔(Katerina Fischer), 사빈 게브하르트-하인리히(Sabine G. Gebhardt-Henrich) 및 안드레아스 슈타이거(Andreas Steiger)의 최근 연구에 따르면, 약 100cm 길이의 케이지에서 사는 햄스터들이 케이지 철장을 갉는 일이 적었고, 쳇바퀴를 타는 시간도 적었으며, 스트레스 수준이 상대적으로 더 낮았다고 한다.[1]

활동 공간이 충분히 확보될 정도로 큰 케이지를 제공받은 햄스터는 작은 케이지에서 사는 햄스터에 비해 주변을 탐색하는 데 더 많은 시간을 보내는 경향이 있으며, 결과적으로 쳇바퀴에서 보내는 시간이 적다. 여러분의 햄스터가 쳇바퀴 안에서 대부분의 시간을 보낸다면, 제공한 케이지의 크기가 적당한지 여부를 다시 생각해 봐야 한다.

일부 브리더 및 연구자는 햄스터가 오랜 시간 쳇바퀴를 타는 것이 큰 문제는 아니라고 주장하기도 하지만, 자신들이 평생 작고 좁은 방에 갇혀 있는 신세라고 상상해 보면 관점이 달라질 것이다. 보통 시리안 햄스터는 쳇바퀴에서 하루에 8.3km(인간의 보폭을 60cm로 계산하면 약 13,500보)를 달린다. 소음에 스트레스를 받거나, 보호자가 핸들링을 거칠게 하거나, 장시간 작은 케이지에 갇혀 있다면 이 수치는 증가한다.

케이지의 크기를 보면서 설치에 대해 고민해 보자. 보호자가 접근하기에 용이하고 청소하기 수월하며, 햄스터를 관찰하기 쉬운 장소에 설치하는 것이 가장 좋다. 소음과 진동은 햄스터에게 스트레스를 준다. 따라서 조용하고, TV나 세탁기 등으로 시끄러운 소리가 나는 곳에서 멀리 떨어져 있는 위치가 좋다. 침실 또는 서재 등이 적당하다고 하겠다. 햄스터 케이지를 눈에 잘 띄고 냄새를 잘 느낄 수 있는 곳에 설

---

1 관련 연구에서는 상승된 체온을 바탕으로 측정했는데, 스트레스를 받을 때 체온이 올라가고 땀을 더 많이 흘리기 때문에 이와 같은 방식으로 결과를 도출하는 것은 확실히 유효한 방법이라고 할 수 있다.

치하면 케이지 청소에 더욱 주의를 기울여야 하겠지만, 그리 나쁘지 않은 일이다. 또한, 실내온도가 18~21℃ 사이로 일정하게 유지되고, 외풍이 없고, 직사광선이 들지 않는 곳에 설치한다. 햄스터 케이지가 너무 뜨거워지면 이를 피할 길이 없어 열사병에 걸릴 수 있고, 너무 추워지면 생존에 위험한 상태인 휴면에 빠질 수 있다.

■**케이지 디자인 유형**: 케이지는 햄스터에게 주거 공간을 제공하는 아주 중요한 장비이며, 미적 측면과 위생적 측면을 모두 충족시킬 수 있는 제품으로 선택하는 것이 좋다. 햄스터의 주거 공간을 만들어 주기 위해 철장형, 플라스틱형 등 다양한 유형의 제품을 사용할 수 있으며, 선택할 때는 제품에 날카로운 모서리가 없는지 확인하는 것이 좋다. 시중에 햄스터에게 잘 맞도록 디자인된 기성품 케이지가 다양하게 판매되고 있으므로 자신의 상황에 맞게 적절한 것을 선택하면 된다.

철장 케이지 사방이 철장으로 된 케이지는 햄스터용 케이지로 사용하기에 매우 훌륭한 유형이다. 통풍이 잘되고 청소가 쉽다는 장점을 가지고 있으며, 햄스터가 철장을 타고 오르락내리락하며 즐겁게 시간을 보낼 수도 있다. 단, 햄스터가 금속 철장을 씹기 시작하면 구강감염이 발생할 수 있으므로 주의 깊게 관찰해야 한다.

새장의 경우 철장이 햄스터가 탈출할 수 없을 정도로 촘촘하게 제조돼 있다면 햄스터 케이지로 적절하게 사용할 수 있다. 새장을 사용할 때는 미닫이문, 심지어 먹이컵 위에 있는 문까지 모두 안전하게 고정시켜야 한다. 햄스터는 사물을 파악하는 데 능숙하다. 케이지 문을 모두 닫아 햄스터가 열 수 없을 것이라고 생각할 수도 있겠지만, 햄스터는 탈출의 귀재이며 귀신같이 탈출구를 찾아낸다는 사실을 잊지 말아야 한다. "햄스터를 기르고 있는데, 녀석이 어느 날 밖으로 나와 이리저리 돌아다니는 것을 봤다"로 시작하는 이야기의 주인공이 여러분이 될 순간이 올지도 모른다.

철장 케이지는 햄스터 케이지로 사용하기에 매우 훌륭한 유형으로 통풍이 잘되고 청소가 쉽다.

공간과 예산이 허락하는 범위 내에서 가장 큰 케이지를 구입해 여유 공간을 확보하는 것이 좋다.

개 목줄에 달린 것과 같은 슬라이딩 잠금걸쇠를 구입해서 새장과 먹이컵 문에 각각 사용하면 유용하다. 햄스터는 슬라이딩 잠금걸쇠를 뒤로 밀어낼 만큼 힘이 세지는 않다.

새장을 케이지로 사용할 때는 구매 시에 함께 제공되는 먹이컵을 바닥에 두는 먹이그릇으로 교체한다. 새장의 플라스틱 먹이컵은 바닥으로부터 너무 높게 설치돼 있어서 햄스터가 먹이를 먹기가 쉽지 않다. 햄스터가 타고 올라갈 수 있는 위치까지 내려올 정도로 먹이컵이 크다면 괜찮다. 햄스터는 먹이의 대부분을 가까이에서 지켜볼 수 있는 잠자리로 옮길 것이다(모든 햄스터 종이 동일하게 행동한다).

케이지로 새장을 구입할 때는 운동용 쳇바퀴를 추가할 수 있을 만큼 크기가 충분히 큰 제품으로 선택한다. 새장 바닥 위에 철망 트레이(일부 햄스터 케이지는 이러한 철망과 함께 판매되기도 한다)가 있는 경우 철망을 제거해서 햄스터가 발을 다치지 않고 단단한 바닥에서 돌아다닐 수 있도록 해줘야 한다.

바닥에 철망 트레이가 놓여 있으면 철망의 간격이 너무 넓어서 햄스터가 편안하게 돌아다닐 수 없다. 연필이 흩어져 있는 바닥을 맨발로 걷는 것과 같은 상황이라고 생각하면 된다. 또한, 혼합사료와 간식 등 음식물이 철망을 통해 햄스터가 닿을 수 없는 바닥으로 떨어진다. 햄스터는 휑하고 바닥이 철망으로 돼 있는 케이지보다 베딩이 깔린 단단한 바닥의 케이지를 더 선호한다는 것은 잘 알려져 있는 사실이다.

유리 수조 케이지 유리 수조를 케이지로 사용하는 경우 재질이 투명하기 때문에 햄스터의 활동을 수월하게 관찰할 수 있으며, 햄스터가 이동할 수 있는 공간이 더 넓어진다는 장점이 있다. 또한, 여러 가지 DIY 제품을 사용해 활동 공간과 휴식 공간 등을 구획함으로써 주거 공간을 효과적으로 꾸며줄 수 있다. 그러나 청소하기가 어렵고, 어린 새끼의 등반 본능을 제한할 수도 있다. 햄스터 사육 초기에는 보호자들이 개조된 수조를 햄스터용 케이지로 많이 사용했다. 제조사는 개조된 수조 케이지가 햄스터를 외풍으로부터 안전하게 지켜주고, 탈출하기도 어려울 것이라고 과장되게 광고하기도 했다.

수조는 설치와 청소가 쉽지만, 악취가 빠져나가지 못하고 수조에 밴다는 점, 적절한 환기가 이뤄지기에는 너무 깊다는 단점이 있다. 따라서 개조된 수조는 일시적으로만 사용하는 것이 좋으며, 매일 청소해서 햄스터가 배설물 냄새를 맡으며 생활하는 일이 없도록 해야 한다.

유리 수조 케이지와 철장 케이지를 연결한 모습. 중간에 튜브를 설치해 자유롭게 오르내릴 수 있다.

2단 케이지 장비가 부족하던 시절에 많은 보호자들이 크기가 비슷한 새장과 수조의 위아래를 결합해 2단으로 사용하기도 했다. 새장 바닥에 구멍을 뚫어 경사로 또는 진입용 튜브를 새장에서 수조 바닥까지 이어지게 할 수 있다. 수조 바닥에는 굴을 팔 수 있도록 아스펜(aspen) 쉐이빙을 두껍게 깔아주고, 새장 부분에는 운동용 쳇바퀴, 물병, 먹이그릇 등을 비치하면 좋다.

햄스터용 철장 케이지를 분해해 수조 꼭대기 위에 철망을 둘러 2단으로 조립할 수도 있다. 필자는 시리안 햄스터를 기르면서 더 많은 탐색공간을 제공해 주고 싶을 때 이런 식으로 개조해서 만들었다. 이렇게 만든 2단 케이지는 햄스터에게 용도가 다른 2개의 전용 공간을 동시에 제공할 수 있다. 이와 같은 유형의 다단계 케이지는 설치 공간이 작은 곳에서 더 많은 면적을 확보할 수 있도록 해준다는 장점이 있다. 다만 햄스터에게 안전한 경사로를 만들어 주기 위해 주의를 기울여야 하는데, 이때 효과적으로 사용할 수 있는 것이 바로 튜브. 햄스터는 케이지의 철장이나 경사

단이 여러 개인 케이지는 설치 공간이 작은 곳에서 더 많은 면적을 확보할 수 있도록 해준다는 장점이 있다. 외부로 이어진 튜브가 햄스터에게 안전한 경사로를 제공해 준다.

로 위로 올라가는 것을 매우 좋아하지만, 내려가는 방법을 알아내는 데는 능숙하지 않다는 점에서 형편없는 등반가라고도 할 수 있다. 덩치가 작은 햄스터에게 추락은 매우 위험하기 때문에 항상 주의해야 한다.

요즘은 기성품 2단 케이지도 다양하게 시판되고 있다. 큐트(Qute)라는 케이지 제조업체는 인테리어적인 측면에서 거실에 설치해도 보기 좋을 만큼 예쁜 2단 케이지를 만들어 시판했다. 하단 부분은 수면 공간으로서 아스펜 쉐이빙으로 가득 채워져 있으며, 플라스틱 튜브로 상단 부분과 연결돼 있다. 출입문, 먹이그릇, 쳇바퀴, 물병은 철장이 둘러진 상단에 비치된다. 또한, 햄스터에게 접근하거나 청소할 때 수월하도록 상단 또는 하단 부분을 빼낼 수 있는 구조로 구성돼 있다.

앞서도 언급했듯이, 필자는 자작한 2단 케이지를 사용해 봤는데, 청소하기가 어려워서 약 13cm 깊이의 통과 새장 형태의 상판이 있는 루미(roomy; 길이 60cm, 너비 40cm, 높이 38cm)라는 이름의 반려동물 케이지로 바꿔 사용했다. 필자가 기르던 훔볼트(Humboldt)라는 이름의 햄스터는 여전히 한쪽 구석에 있는 아스펜 쉐이빙 위에 서서 자신이 원치 않는 물건들을 밀어내는 행동을 보였다. 훔볼트는 알맹이가 빈 해바라기꽃과 더러워진 키친타월 조각을 밀어냈고, 필자가 화장실용 모래를 붉은 모래로 바꿔주자 그것도 한쪽으로 밀어냈다.

여러 가지 조립식 물품들을 구입해 케이지에 맞게 조절해 사용할 수도 있다. 이케아(IKEA)에서는 약 40cm짜리 정사각형에 높이가 약 150cm가 조금 넘는, 전체가 유리로 된 진열장을 판매하고 있다. 이것을 구입해 내부의 유리 선반을 제거하고 장치를 한쪽으로 돌린 다음 상단의 유리문을 제거하면, 넓은 공간에 매우 높은 햄스터 케이지가 된다. 사용할 때는 집 안에 다른 반려동물이 있는 경우 안전을 위해 반드시 상판을 추가하고, 베딩을 두껍게 깔아줘야 한다. 바닥이 깊어서 베딩을 두껍게 깔아주면 야생에서와 같은 자연스러운 굴 파기가 가능하고, 케이지 환기에 도움이 된다. 더운 기후 지역에 살고 있다면, 이런 종류의 케이지 상단에 작은 팬을 추가해서 바람을 불어넣어 내부의 공기를 저어주면 환기에 좋다.

플라스틱 케이지 플라스틱으로 제조된 케이지는 보호자 입장에서 사용하기에 아주 편하다는 장점이 있지만, 햄스터가 이빨로 갉을 가능성이 상대적으로 크다는 점을 염두에 둬야 한다. 야생에서는 지속적으로 자라는 이빨을 짧게 유지하기 위해 나무나 나뭇가지를 물어뜯으면서 마모시킨다. 따라서 사육환경에서도 이런 것들을 제공해 줘야 이빨로 케이지를 갉는 것을 방지할 수 있다. 이빨을 적절하게 마모시키지 않으면 과도하게 길어져 입천장이 손상될 수 있으므로 꼭 제공하도록 하자.

시중에는 케이지 이름에 '트레일(trail)'이라는 단어가 들어간 햄스터용 플라스틱 케이지가 판매되고 있다. 이러한 제품들을 구매할 계획이라면 대체로 크기가 작다는 점을 기억해야 한다. 밝은 색상의 제품으로 제조돼 나오며, 플라스틱 베이스에 딸깍 소리가 나는 와이어 또는 플라스틱 상판을 제공해 시각적으로 인간에게 매우 매력적인 제품이다.
추가로 설치된 플라스틱 튜브가 한쪽에서 뱀처럼 튀어나와 다른 쪽이나 상단, 측면의 창문 가리개 또는 상단 진입 패널에 연결된다. 필자가 본 제품들은 모두 운동용 쳇바퀴가 기본적으로 포함돼 있었지만, 케이지와 함께 세트로 제공되지 않는 제품의 경우 별도로 구매해서 사용해도 좋을 것이다.

사용하기에 편리한 플라스틱 케이지

> **햄스터 볼에 대한 이해**
>
> 올바른 크기의 제품을 사용하면 햄스터에게 안전한 운동공간을 제공하는 쳇바퀴와는 달리, 햄스터 볼은 권장되지 않는다. 햄스터는 시력이 좋지 않고 수염을 사용해 주변을 탐색하기 때문에, 감각정보가 제한된 볼 안에서 쉽게 겁을 먹으며, 방향감각을 잃게 된다. 인간의 눈에 종종 햄스터가 즐거워하는 것으로 보이는 경우는 공황반응일 가능성이 크다. 또한, 다리가 볼의 공기 구멍에 걸려 뼈가 부러질 수도 있다. 햄스터 볼 대신 놀이터를 만들어 제공하거나, 햄스터를 풀어놓고 놀 수 있는 방을 고려해 보자. 놀이터나 방 안에 풀어놓고 보호자의 감독하에 햄스터가 그 안에서 운동하며 놀 수 있도록 하면 좋다.

권장되는 크기는 최소한 60x40x40(cm, 드워프) 정도 돼야 한다는 점을 기억하면서, 햄스터의 활동에 제약이 없도록 가능한 한 가장 큰 케이지를 구입하는 것이 좋겠다.

플라스틱 케이지를 사용할 때는 튜브 너머로 많은 액세서리를 장착할 수 있다. 제조업체는 케이지 외부에 장착할 수 있는 걸이식 컬러 물병, 플라스틱 반구 해먹, 스냅으로 잠그는 쳇바퀴, 플라스틱 은신처 등을 아낌없이 추가해 출시하고 있다. 심지어 햄스터 볼(안전과 기능상의 문제로 전문가들은 햄스터 볼을 권장하지 않는다)과 햄스터 오토바이도 시판되고 있다. 여러 가지 터널을 사용해 케이지들을 연결할 수도 있는데, 햄스터에게 좀 더 넓고 탐색할 공간을 충분히 확보해 줄 수 있는 방법이 된다. 일부 보호자는 방 꼭대기에 터널을 설치하기도 한다.

운동용 쳇바퀴의 경우 따뜻한 날이나 화창한 날 창문이 많은 방에서 햄스터가 보호자의 감독 없이 사용하는 일이 없도록 주의해야 한다. 스트레스를 받으면 햄스터의 체온이 올라가므로 쳇바퀴를 사용할 때는 실내온도가 평소보다 시원하게 유지되도록 신경 써야 한다. 햄스터가 쳇바퀴에 너무 오래 머물면 체온이 과도하게 올라가 위험한 상황이 초래될 가능성이 있으며, 쳇바퀴에 물을 마실 수 있는 장치를 따로 부착할 수 있는 것이 아니기 때문에 각별히 주의해야 한다.

리빙 박스 햄스터를 기를 때 사용되는 또 다른 케이지는 상자 유형의 제품이다. 흔히 리빙 박스라고 불리는 것인데, 측면과 상단을 환기가 되도록 개조한 플라스틱 수납 용기라고 할 수 있다. 리빙 박스를 케이지로 사용할 때는 기본적으로 길이 60cm, 하단 너비 30cm 정도 되는 크기를 선택한다. 리빙 박스를 사서 직접 개조하기도 하고, 요즘은 아예 개조된 제품이 출시돼 있으므로 편리하게 구매해 사용할 수 있다.

깨끗하고 견고한 아크릴 케이지 레이아웃 © 심재광(Gomcci, 곰찌)

리빙 박스를 직접 개조할 때는 아크릴 칼을 이용해 측면과 상단의 조각을 조심스럽게 잘라낸다. 혹시 있을지 모를 외풍을 피하기 위해 제거된 부분을 측면에서 막아줄 수도 있는데, 실제로 여러분의 집이 얼마나 추운지 외풍이 어느 정도 있는지 고려해야 한다. 환기구를 뚫을 때는 햄스터의 수면 공간에 우드 쉐이빙을 충분히 깔 수 있을 정도로 높은 위치에 뚫어주는 것을 권장한다. 원한다면 드릴을 사용해 짧은 쪽에 환기 구멍을 만들어 줄 수도 있다. 상단은 리빙 박스 본체보다 두껍고 강한 플라스틱으로 제조돼 있으므로 환기구 부분을 잘라낼 때 특히 주의해야 한다.

5cm 철망 조각을 사용해 상자 외부에서 환기 구멍을 덮고, 리벳(rivet)[2]이나 짧은 너트&볼트로 고정할 수 있다. 리벳이나 볼트를 사용하려면 입구 주변에 구멍을 뚫어야 한다. 필자는 25~62cm 크기의 볼트와 너트를 사용해 둥근 머리 부분을 케이지 내부에 넣었다. 물병 튜브용으로 약간 큰 구멍을 추가하고, 병을 수직으로 고정할 와이어나 끈을 연결할 작은 구멍 두 개를 추가하면 새 케이지가 준비된다.

---

[2] 대가리가 둥글고 두툼한 버섯 모양의 굵은 못으로 판과 판 사이를 고정하거나 문에 경첩 같은 것을 고정할 때 사용된다.

햄스터의 자연스러운 활동을 유발하는 특대형 아크릴 케이지 레이아웃 © 심재광(Gomcci, 곰찌)

아크릴 케이지 요즘은 아크릴로 제작한 케이지가 인기를 얻고 있는 추세다. 아크릴 재질로 된 케이지가 가진 가장 큰 장점은 투명하고 깨끗해 햄스터의 활동을 관찰하기가 쉽다는 것이다. 또한, 견고하고 깔끔한 마감으로 사용자의 만족감이 크다는 것도 장점이다. 크기와 모양에 따라 매우 다양한 제품이 출시돼 있으며, 특대형으로 제작해 자연에 가까운 환경을 꾸며줌으로써 인테리어적으로도 아름다운 분위기를 연출할 수 있는 제품도 출시돼 있다. 다른 유형의 케이지에 비해 가격이 다소 비싸기는 하지만, 그런 만큼 제품의 완성도는 상당히 높은 편이다.

비상용 케이지 플라스틱 신발상자나 수납상자에 공기순환을 위한 처리를 하면 여행용 케이지 또는 햄스터 쇼 케이지로 사용할 수 있다. 가장 쉬운 방법은 측면과 상단을 잘라내고 0.3cm 철망 조각으로 리벳을 박아 구멍을 막는 것이다. 측면에 구멍을 추가로 뚫을 수 있다. 물병이 맨 위에 올라가고, 급수관이 철망을 통해 밀려나와 햄스터가 물을 마실 수 있게 된다. 그러나 이러한 케이지는 단기 사용에는 적합하지만, 제한된 크기와 낮은 공간 때문에 햄스터에게 스트레스를 주므로 장기적으로 사용하지 않도록 해야 한다. 낮은 박스는 운동용 쳇바퀴를 놓을 만큼 높지 않고, 장난감을 넣을 공간도 없으므로 비상 시 임시케이지로만 적합하다. 시중에 햄스터를 위한 이동용 케이지가 판매되고 있으므로 이를 구입해 사용하는 것도 좋다.

베딩

바닥재라고 언급되기도 하는데, 베딩과 바닥재는 의미상 큰 차이가 없다고 보면 된다. 베딩은 햄스터가 발을 딛는 땅, 굴과 잠을 잘 방을 만들기 위해 파고드는 토양이 된다. 베딩은 소변과 암모니아 냄새를 흡수하고, 더위와 추위로부터 햄스터를 보호하며, 케이지 내 습기를 조절해 주는 역할을 한다. 햄스터는 먹이 저장 및 둥지 만들기와 같은 다양한 목적을 위해 천성적으로 굴을 파는 동물이기 때문에 충분한 양의 흡수성 베딩을 깔아줌으로써 굴을 팔 수 있는 환경을 제공해야 한다. 햄스터에게 굴을 파는 환경을 제공해 주면 훨씬 더 행복하고 스트레스를 덜 받는다. 아스펜 쉐이빙처럼 일시적으로 터널의 모양을 유지할 수 있는 가벼운 베딩을 사용하면 되며, 햄스터는 이 베딩을 마음껏 파고들어 자기가 자고 싶은 곳에 쌓을 수 있다.

햄스터 베딩의 깊이에 대해 과학자들이 연구한 결과에 따르면, 10cm 두께로 베딩을 깔아준 그룹의 경우 철장을 갉는 빈도가 높고 쳇바퀴를 더 많이 이용하는 모습을 보였으며, 80cm 두께의 베딩을 깔아준 그룹은 철장을 갉는 모습이 전혀 관찰되지 않았다. 최소 15cm 두께로 베딩을 깔아주면 굴을 파기 시작하는데, 야생에서처럼 깊은 굴을 팔 수 있도록 하기 위해서는 25cm 두께로 깔아주는 것이 좋다. 이렇게 해주면 굴을 깊게 파고 그 안에서 안전함과 따뜻함을 느끼며 지낼 수 있다.

햄스터는 자연스럽게 특정 장소에 소변을 보므로 해당 장소를 매주 청소해야 한다. 모든 베딩은 위생을 위해 1개월마다 전체적으로 교체해 줘야 하는데, 이때 사용한 베딩의 일부를 남겨두면 햄스터가 안정감을 느낄 수 있도록 하는 데 도움이 된다.

■ **펄프 베딩** : 종이를 기반으로 한 베딩은 일반적으로 안전한 선택이 된다. 인기 있는 유형은 티슈 뭉치처럼 보이는 것인데, 이 유형의 베딩은 굴을 지탱하고 햄스터를 따뜻하게 유지해 주는 장점이 있다. 흰색을 비롯해 다양한 색상의 제품이 출시되기

1. 컬러 펄프 베딩 2. 우드 쉐이빙

때문에 케이지를 화려하고 예쁘게 꾸미는 데 관심이 많은 햄스터 보호자에게 유용하다. 종이 베딩은 압축된 상태로 포장돼 있으므로 잘 펴서 푹신하게 만들어 사용해야 한다.

■**우드 쉐이빙**(wood shaving) : 흡수성이 매우 높고, 눈을 자극하는 유해한 먼지를 생성하지 않기 때문에 가장 권장되는 베딩이다. 유용성이 뛰어나며, 햄스터가 굴을 파는 본능을 만족시킬 수 있도록 해준다. 여러 가지 종류 중 아스펜 쉐이빙이 가장 좋으며, 햄스터를 건강하게 유지한다. 삼나무와 소나무로 제조된 쉐이빙은 피해야 한다. 삼나무와 소나무 재질은 소변과 반응해 알레르기 반응을 일으키고, 작은 동물에게는 호흡기문제를 일으키기도 한다.

반려동물 숍에서는 다양한 종류의 베딩을 판매하고 있다. 아스펜 쉐이빙, 아스펜 펠릿, 알팔파 펠릿(토끼 먹이로 쓰인다), 피칸(pecan)[3] 펠릿, 월넛 또는 피칸 껍질, 잘게 썬 밀 줄기, 잘게 썬 히비스커스(hibiscus) 줄기, 폐신문지, 코코넛 껍질 섬유, 편백나무 부스러기(cypress mulch; 사이프러스 멀치) 등을 볼 수 있다. 이와 같은 제품들 모두 사용할 수 있지만, 단연 아스펜 쉐이빙이 가장 효과적이라고 말할 수 있다. 여유 공간이 충분할 경우 아스펜 쉐이빙을 큰 봉지에 담아두면 오랫동안 보관할 수 있다.

아스펜 쉐이빙을 충분한 두께로 깔아주면 햄스터가 파고 들어가 포근하게 잠을 잘 수도 있고, 베딩 속을 이리저리 휘저으며 돌아다니기도 하고, 베딩 위로 머리를 내밀고 여러분을 관찰하는 모습도 볼 수 있을 것이다. 아스펜 쉐이빙 두께의 중요성은 아우젠버그 공(von A. Hautzenberger)이 2005년에 수행한 연구에서 입증됐다. 그

---

[3] 쌍떡잎식물 가래나무목 가래나무과의 낙엽교목. 북아메리카 원산이다. 피칸은 북아메리카 원주민인 알곤킨족 언어로 '파칸(paccan)'에서 그 이름이 유래했으며, 아메리카 원주민들은 수천 년 동안 피칸을 먹어왔다.

의 연구는 시리안 햄스터에게 두꺼운 잠자리 베딩이 있는 케이지를 제공해야 한다는 결과를 보여줬다. 그는 시리안 햄스터의 자연적인 굴을 모방하기 위해서는 45cm에서 90cm 두께의 베딩을 깔아줄 것을 제안하기도 했다.

■**펠릿 베딩** : 펠릿 베딩은 케이지 내 냄새를 제거하는 데 도움이 되며, 흡수성이 좋은 베딩이다. 우드 쉐이빙보다 흡수성이 더 좋은 편이고, 물에 젖으면 톱밥으로 분해된다. 이처럼 케이지를 신선하게 유지하는 데는 도움이 되지만, 햄스터가 만들어 놓은 굴을 통과할 때는 굴의 모양을 유지하지 못한다는 단점이 있다.

1. 펠릿 베딩 2. 부드러운 건초를 추가한 모습

■**부드러운 건초와 토양** : 건초는 앞서 설명한 베딩들에 추가해 사용할 수 있는 훌륭한 재료이며, 햄스터의 굴에 추가적인 구조를 만들고 안정성을 높이는 데 도움이 된다. 토양의 경우 자연스럽다는 장점이 있다. 햄스터 케이지에 질감과 자연스러운 느낌을 더하려면 반려동물 숍에서 파충류용으로 판매되는 토양인 사막모래(유기농, 비료, 화학물질이 없는 제품)를 구입해 깔아주면 좋다.

■**자작 베딩** : 화장지나 키친타월을 사용해 직접 베딩을 만들 수도 있으며, 갈색 종이봉투도 도움이 될 수 있다. 우선 흰색 키친타월을 사용해 약 1.3cm 너비의 조각으로 찢는다. 그런 다음 물통에 잠시 그대로 담가두는데, 30분 정도 놔두면 흐물흐물하게 풀어질 것이다. 걸쭉해진 키친타월을 작게 한 움큼 잡고 손으로 최대한 물기를 짜낸다. 손 사이로 굴리면 더 효과적으로 물기가 제거된다. 가능하다면 수건 위에 올려서 햇볕에 말리는 것도 좋고, 주방 조리대 위에 놓고 덩어리째 말려도 된다. 이렇게 말린 덩어리를 케어프레시(Carefresh; 펄프 베딩 상표명)나 다른 종이 모래처럼

> **베딩으로 부적절한 소재**
>
> • **소나무/삼나무 쉐이빙** - 소나무 쉐이빙이나 삼나무 쉐이빙 같은 재료는 햄스터에게 좋지 않다. 소나무나 삼나무 조각은 상당히 날카롭고 햄스터 몸에 달라붙을 수 있기 때문이다. 소나무와 삼나무는 마모성이 있을 수 있으며, 호흡기문제를 일으킬 수 있다.
>
> • **인공적이고 푹신한 베딩** - 정제솜, 케이폭(kapok: 판야나무-kapok tree-의 씨를 싸고 있는 솜), 대나무 보풀 같은 푹신한 베딩은 햄스터에게 안전하다고 광고되는 경우가 많지만, 햄스터의 다리에 감겨 상처를 입힐 수 있고 섭취할 경우 생명을 위협하는 장폐색을 초래할 수 있다. 햄스터가 베딩에 말려 빠져나올 수 없게 되거나, 몸부림치는 과정에서 사지가 부러지는 경우도 있다. 천연제품을 사용하는 것이 가장 좋다.
>
> • **인쇄된 신문지** - 저렴하고 좋은 옵션처럼 보일 수도 있지만, 종이에 인쇄된 잉크는 햄스터에게 위험할 수 있다. 신문지를 사용하고자 할 때는 인쇄가 되지 않은 신문용지를 선택하는 것이 바람직하다.
>
> • **향이 나는 베딩** - 인쇄된 신문지와 마찬가지로, 좋은 선택처럼 보일 수 있지만 향을 생성하는 데 사용되는 화학물질은 햄스터에게 유해한 독성이 내포됐을 가능성이 있으므로 피하도록 한다.
>
> • **고양이 화장실용 모래** - 고양이 화장실용 모래는 작은 포유동물에게 입자가 거칠고 불편하며, 섭취했을 경우 소화가 되지 않고 배출이 안 돼 장폐색(impaction; 임팩션)을 일으킬 수도 있으므로 주의해야 한다.

사용한다. 필자의 햄스터는 이 덩어리를 키친타월처럼 찢어서 화장실 모래에 까는 것을 좋아했다. 신문용지를 사용해 나만의 저렴한 케어프레시를 만들 수도 있다.

물병

햄스터가 깨끗한 물을 항상 마실 수 있도록 제공해야 한다. 상황에 따라 작은 그릇이나 플라스틱병 뚜껑 등에 물을 담아 제공할 수도 있지만, 장기적으로 사용하는 것은 바람직하지 않다. 바닥에 물그릇을 비치하는 경우 햄스터가 케이지 내에 있는 베딩, 먹이 등을 물그릇에 채우므로 숍에서 물병을 구입해 사용하도록 한다.

반려동물 숍에서 판매되는 물병은 단단하게 고정되는 뚜껑에 금속 급수관이 달린 플라스틱 또는 유리 재질의 병이다. 병에 물을 채우고 뚜껑을 돌려서 고정한 다음 케이지 측면에 걸어놓으면 된다. 급수관은 햄스터가 닿을 수 있는 높이로 내려서 배치해야 한다. 물은 매일 갈아주는 것이 가장 좋고, 여의찮을 경우 적어도 이틀에 한 번은 갈아주도록 한다. 병이 갑자기 빈 경우 물이 새는 곳은 없는지 확인한다. 매주 병을 꺼내서 깨끗하게 세척하고, 다시 물을 채워 걸어놓는다.

햄스터가 물병을 씹는 경우를 볼 수 있는데, 그 이유는 세 가지 중 하나다. 물병이 비어 있거나, 급수관이 막혀서 햄스터가 물을 빨아낼 수 없거나, 스트레스를 받아 씹을 무언가가 필요한 경우다. 물병을 확인하고, 비어 있으면 다시 채워주도록 한다(베딩이 젖어 있다면 교체해 준다). 스트레스가 의심되는 경우 길이가 다른 나뭇가지(구할 수 있으면 사과나무, 배나무 또는 오렌지나무 가지가 특히 좋다) 몇 개, 반려견용 비스킷 또는 장난감을 넣어주면 햄스터가 씹고 놀기에 좋을 것이다.

먹이그릇

먹이를 급여할 때는 그릇이나 접시에 담아 제공하는 것이 좋다. 그렇지 않고 바닥에 먹이를 두면 먹이를 먹으면서 베딩을 함께 삼킬 수 있으며, 이는 장폐색 등 심각한 건강문제를 일으킬 수 있다. 가격이 조금 비싸기는 하지만, 세라믹이나 금속 재질의 묵직한 그릇을 사용하

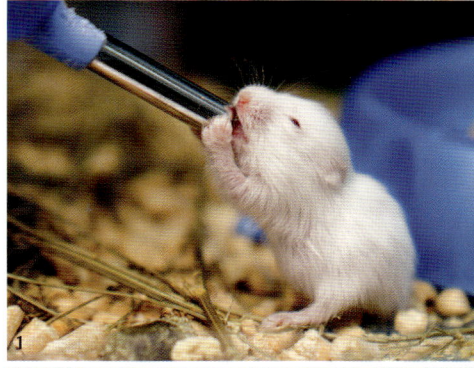

1. 금속 재질의 급수관이 달린 물병 **2.** 세라믹 재질의 견고한 먹이그릇

면 밀리지 않고 단단하게 고정된다. 햄스터는 좀 더 편안하게 먹기 위해 먹이를 베딩으로 옮기는 습성이 있어서(잠에서 깼을 때 그대로 누워서 고개만 돌려 먹는다) 먹이그릇을 놔줘도 간이역 역할을 하기 때문에 저렴한 그릇을 사용하는 것도 괜찮다. 햄스터의 이러한 습성으로 인해 케이지를 청소할 때 많은 양의 먹이를 버리게 된다.

비둘기에게 지렛대를 쪼도록 훈련시켜 올바른 지렛대를 선택하면 먹이로 보상하는 실험이 있는데, 필자는 이 실험을 생각나게 하는 먹이급여기(장난감이 결합된 제품)를 발견했다. 먹이급여기는 세 개의 칸으로 구성돼 있으며, 각 칸은 지렛대로 제어된다. 사료와 해바라기씨, 야생조류용 씨앗을 칸에 가득 채워서 햄스터 케이지에 넣었다. 필자의 햄스터는 그 장치를 좋아했는데, 밤늦게까지 지렛대를 누르며 장치

가 빌 때까지 먹이를 꺼냈다. 녀석은 먹이를 잠자리로 옮기지도 않았다. 그저 그 장치가 마음에 든 모양이었다. 아니면 장치에서 나는 소리 때문이었을지도 모른다.

쳇바퀴

쳇바퀴는 햄스터의 건강과 활동을 유지해 주는 필수 용품이며, 올바른 크기의 것을 제공하는 것이 중요하다. 햄스터 몸에 비해 크기가 너무 작으면 부자연스럽게 등을 굽히게 되는데, 이때 등이 굽으면서 척추가 손상될 수 있으므로 주의해야 한다. 자신이 기르는 햄스터에게 맞는 적절한 크기의 제품을 구입해야 하며, 햄스터가 쳇바퀴를 탔을 때 등이 아치형으로 구부러지지 않을 정도로 큰 것을 선택하면 된다. 크기가 큰 쳇바퀴를 사용하는 것이 건강에 더 좋으며, 정신적·육체적으로 훨씬 적절한 자극을 제공할 수 있다. 시리안 햄스터는 지름 30cm 이상, 러시안 드워프 햄스터와 캠벨 드워프 햄스터는 지름 26cm 이상, 로보로브스키 햄스터는 지름 22cm 이상인 제품이 권장된다. 한편, 쳇바퀴를 너무 많이 돌리면 몸을 지치게 하고, 이는 식욕에도 영향을 미칠 수 있으므로 너무 많은 시간을 쳇바퀴에서 보내는 일이 없도록 관리해야 한다.

은신처

햄스터는 하루의 대부분을 잠을 자면서 보내기 때문에, 숨고 쉴 수 있는 안전하고 평화로운 장소를 선택하는 것이 정말 중요하다. 은신처를 따로 제공하지 않으면 주로 베딩 속에 만든 굴에서 잠을 잘 테지만, 좀 더 편안하고 안전하게 지낼 수 있도록 별도의 은신처를 제공하는 것이 바람직하다. 야생에서 햄스터는 포식자의 사냥감이 되기 때문에 본능적으로 눈에 띄지 않는 곳에서 잠을 자는 습성이 있다. 따라서

1. 쳇바퀴는 햄스터 크기에 맞는 적절한 크기의 제품을 제공하는 것이 좋다. 2. 목재로 제작된 햄스터용 은신처

몸을 완전히 숨길 수 있는 은신처가 좋다. 작은 판지상자, 세라믹 은신처 또는 목재 은신처가 이상적이다. 은신처 안에 베딩을 채워주면 포근하고 따뜻해서 더 좋은데, 햄스터가 스스로 채울 수 있도록 은신처 주위에 베딩을 깔아두는 것이 가장 좋다.

화장실

햄스터는 대변은 아무 데나 보지만, 소변은 케이지 내 특정 구석에 배설하는 습성이 있다. 다행히 대변은 냄새가 나지 않지만, 소변은 냄새가 심하므로 화장실을 비치해 자주 청소해 주는 것이 냄새 제거에 도움이 된다. 화장실은 케이지 구석에 꼭 맞는 용기를 선택하는 것이 좋다. 반려동물 숍에서 햄스터용 화장실로 판매되는 것을 구입할 수 있고, 주위에서 쉽게 구할 수 있는 상자나 플라스틱 용기를 사용할 수도 있다. 숍에서는 케이지 모서리에 맞게 삼각형으로 제작된 것, 측면에 맞게 사각형으로 제작된 것 등을 판매하고 있으므로 적절한 것을 구입하도록 하자.

화장실 바닥재로는 주로 모래를 사용하는데, 가격도 저렴하고 관리가 편하다. 또 햄스터가 모래 위에서 뒹굴며 노는 것도 좋아하기 때문에 모래가 가장 좋은 선택이라고 볼 수 있다. 모래를 단독으로 사용할 수 있고, '모래+펠릿' 또는 '모래+종이류' 등 두 가지를 혼합해 사용할 수도 있다. 냄새가 나거나 먼지가 많은 바닥재는 호흡기에 해로우므로 피한다. 특히 고양이 화장실용 모래는 반드시 피하도록 한다.

목욕통

햄스터는 일반적으로 물 목욕이 필요하지 않다. 신체를 깨끗하게 유지하기 위해 보통 깨어 있을 때 또는 밤에 그루밍을 하고, 모래 목욕을 한다. 모래 목욕은 햄스터의 털에 쌓일 수 있는

1. 케이지 코너에 맞게 삼각형으로 제작된 화장실
2. 목욕하는 모습. 적절한 용기를 선택해 목욕통으로 이용해도 되고, 기성품을 구입할 수도 있다.

기름기와 먼지를 제거하는 데 도움이 되며, 기생충을 예방하기도 한다. 매끄럽고 깨끗한 모래에서 몸을 굴리며 목욕을 하는데, 발로 파내기도 하면서 모래 위에서 노는 것도 좋아한다. 모래 목욕은 햄스터의 삶을 바쁘고 재미있게 보낼 수 있는 좋은 방법이므로 모래 목욕을 할 수 있는 환경을 제공하는 것이 바람직하다.

목욕에 사용되는 모래는 호흡기나 눈과 관련한 문제를 예방할 수 있도록 먼지가 발생하지 않는 것을 선택한다. 작은 그릇에 모래를 담아 제공할 수도 있지만, 목욕통을 별도로 준비해 사용하는 것이 편하다. 시중에 햄스터용 목욕통이 다양하게 판매되고 있으므로 적절한 것을 선택하면 된다. 모래 목욕에 소요되는 시간은 보통 15~20분 정도인데, 기분이 좋은 경우 그 이상 걸릴 수도 있다. 약욕 등 수의사가 지시하는 경우 외에는 일반적으로 물 목욕을 시킬 필요는 없다. 다만 항문이나 생식기에 배설물이 묻어 굳었거나 소변 얼룩이 남아 있는 경우는 문제가 발생할 수 있으며, 이때 물티슈나 물에 적신 천으로 부드럽게 닦아주는 것이 도움이 된다.

장난감

장난감을 제공하면 지루함을 덜어주고 무는 행동을 멈추게 해준다. 햄스터는 천성적으로 지능 있는 탐험가이므로 주변을 탐색할 만한 자극을 받지 않으면 지루함을 느끼게 되며, 이로 인해 물기 행동이 강화될 수 있다. 이를 방지하고 햄스터가 행복하게 지낼 수 있도록 케이지 안에 기어오를 수 있는 장난감을 두는 것이 가장 좋다. 햄스터는 호기심이 많고 탐험을 좋아하는 동물이므로 이러한 관심 장소는 햄스터의 호기심을 충족시키는 데 도움이 될 것이다. 그러나 갑작스러운 변화는 스트레스를 유발하기 때문에 매주 동일한 케이지 레이아웃을 유지하는 것이 바람직하다.

햄스터가 자유롭게 돌아다닐 수 있는 것, 햄스터와 놀 때 사용할 수 있는 것, 케이지 안에 있을 때 햄스터가 혼자서 즐겁게 놀 수 있는 것 등 선택할 수 있는 다양한 장난감이 있다. 햄스터 장난감은 상대적으로 저렴하며, 그들의 삶을 풍요롭게 만들어줄 수 있다. 여러분의 햄스터에게 가장 도움이 될 만한 물품을 선택하려면, 현재 기르고 있는 햄스터의 종

다양한 햄스터 장난감

사다리와 교량 / 특수 등반 로프 / 씹고 갉는 것 / 집 장난감 / 터널 / 튜브 / 씹는 튜브 / 은신처 / 굴착탑 / 시소 터널 / 횃대

류와 그들에게 부족한 부분이 무엇인지 점검해 본다. 올라갈 공간이 필요한지, 터널이 있는지, 씹을 만한 것이 있는지 살펴보자. 일부 햄스터 종은 점프하고 기어오르는 것을 정말 좋아하며, 특히 드워프 종의 경우 더욱 그렇다.

야생에서 햄스터는 터널을 기어오르거나 초목 사이를 기어다니기 때문에 사육상태에서 그러한 행동을 발현할 수 있는 기회를 제공해 주면

미끄럼틀 유형의 장난감

좋아할 것이다. 케이지 철장 위로 올라가는 모습을 볼 수도 있고, 이단 케이지를 사용하는 경우 연결 튜브를 통해 위아래로 오르락내리락하는 것을 즐길 수도 있다. 바닥 가까이에 작은 밧줄이나 작은 등반 프레임을 설치할 수도 있다. 이때 햄스터가 떨어져서 다칠 수 있을 정도로 큰 물건은 위험하므로 설치에 주의한다.

앞서 종에 따라 선호하는 장난감이 각각 다른 경향을 보인다고 언급했는데, 햄스터의 크기도 장난감 요구사항에 영향을 미칠 수 있는 요인이다. 예를 들어, 시리안 햄스터는 작은 로보로브스키 햄스터보다 더 큰 장난감이 필요하다. 따라서 장난감을 구입하기 전에 특정 햄스터 종에 맞게 제작됐는지 확인하는 것이 좋다. 햄스터는 크기나 모양이 맞지 않는 곳에 갇히는 것을 그다지 좋아하지 않는다.

이빨갈이용품

햄스터의 이빨은 평생 자라기 때문에 너무 길어지는 것을 방지하기 위해 씹거나 갈 수 있는 것을 제공해야 한다. 사육환경에 있는 햄스터는 이빨이 과도하게 자라나는 경우를 종종 볼 수 있는데, 이는 이빨이 자연적으로 마모될 만큼 단단한 음식을 충분히 섭취하지 않는 햄스터에게 주로 나타나는 현상이다. 햄스터가 먹이를 먹지 못하도록 만들 수 있기 때문에 매우 심각한 문제다. 햄스터가 스스로 이빨을 닳게 할 수 있는 것을 제공하면 이 문제를 예방하는 데 도움이 되며, 장기적으로 치과 비용을 절약할 수 있다. 선택할 수 있는 다양한 씹을 거리가 있지만, 특정 종류의 나무는 유독하기도 하므로 햄스터에게 안전한지 확인하는 것이 좋다.

02
section

케이지 세팅과 풍부화(enrichment)

케이지와 액세서리를 구매해 집으로 가져오면 순한 비누를 이용해 세척한 다음 세제찌꺼기가 남지 않도록 철저하게 헹구고 말린다. 이제 설치할 준비가 됐다. 앞서도 언급했듯이, 케이지는 가능한 한 조용하고 진동이 발생하지 않는 장소에 설치하는 것이 좋으며, 햄스터가 필요로 하는 모든 공간이 적절하게 제공돼야 한다.

케이지의 세팅

햄스터가 건강하게 생활하도록 하기 위해서는 잠을 자는 수면 공간과 소변을 배설하는 화장실, 먹이그릇과 물병 등 꼭 필요한 공간과 물품을 적절하게 세팅해 줘야 한다. 다음은 케이지를 세팅할 때 기본적으로 고려해야 하는 사항이다.

■**수면 공간 세팅하기** : 우선 수면 공간을 마련해야 한다. 야생의 햄스터는 굴속에 작은 방을 파서 침실로 사용한다. 햄스터는 자는 동안 아늑함을 느끼는 것을 좋아하기 때문에 케이지 구석에 잠자리를 마련하는데, 방을 '몸에 꼭 맞게' 만들 수 있도록

도자기 재질의 은신처에 들어가 쉬고 있는 모습

부드러운 재질의 베딩을 추가해 준다. 햄스터가 몸을 수월하게 돌릴 수 있는 크기의 은신처를 수면실로 제공하자. 일회용(종이 심지)을 비롯해 오래 지속되는 형태(도자기, 플라스틱 등) 등 다양한 '은신처'를 선택할 수 있다.

필자는 한쪽 끝을 잘라내고 가장자리를 매끄럽게 다듬은 작은 통과 햄스터 크기에 맞는 입구가 뚫린 판지상자(빈 티슈 상자)를 은신처로 사용했다. 녹음이 우거지는 계절이 다가오면, 나무줄기처럼 보이도록 성형된 녹색의 재활용 플라스틱을 구입해 사용했다. 화장지 심지나 키친타월 심지를 사용하면 잠잘 수 있는 공간이 되며, 햄스터가 그 사이를 통과하기만 하면 쉽게 빠져나올 수도 있다.

은신처를 제공할 때는 창의력을 유감없이 발휘해 보자. 작은 토분을 준비해 펜치로 아래쪽 가장자리를 잘라내고(한 번에 작은 조각만 잘라내면 된다) 거꾸로 뒤집어놓으면 햄스터가 잘 사용한다. 또 핀치류 둥지 바구니를 케이지 측면에 고정해 제공할 수도 있다. 햄스터가 지낼 만큼 충분히 크고, 환기가 잘 되며, 더러워지면 쉽게 청소하거나 버릴 수 있는 것을 제공하면 된다.

햄스터는 보호자가 제공하는 은신처를 받아들일 수도 있고 받아들이지 않을 수도 있다. 필자는 몇 가지 디자인의 은신처를 제공했는데, 필자가 생각하기에 꽤 좋은 것들이었지만 철저하게 무시당했다. 필자의 햄스터는 나무상자, 골판지상자, 심지어 숍에서 구입한 밝은색의 종이주름으로 채워진 은신처도 원하지 않았다. 녀석은 잘게 찢은 휴지더미에서 자는 것을 선호했다. 이는 제공되는 은신처의 품질이나 디자인이 원인이라기보다는 주변 온도가 중요하기 때문일 수 있다. 필자는 플로리다에 살고 있는데, 여름철 실내온도가 26℃ 정도 되도록 조절하는 것이 적정 목표다. 은신처의 비좁은 공간은 털로 덮인 햄스터에게 너무 더웠을 수도 있다.

보호자가 제공한 은신처를 햄스터가 받아들이든 단순하게 휴지 심지를 사용하든, 1주일에 한두 번 잠자리 베딩을 새것으로 교체해 주기만 하면 무엇을 선택해도 무방하다.

■ **경사로 세팅하기** : 햄스터는 잠에서 깨어났을 때 케이지를 이리저리 탐색하는 것을 좋아한다. 케이지에 경사로와 플랫폼을 몇 개 추가해 주면 사용 가능한 바닥공간이 크게 늘어나기 때문에 탐색하는 데 도움이 된다. 시판되는 케이지는 보통 이러한 기능이 내장돼 있는데, 그렇지 않은 경우 반려동물 숍에서 적절한 햄스터 경사로를 구입할 수 있다. 기성품 경사로는 제자리에 단단하게 고정되도록 제조됐으며, 일반적으로 꽤 유용하게

나무 재질의 경사로

사용할 수 있다. 반려동물 숍에서 이러한 기성품을 구입할 수 있고, 주택 리모델링 숍에서 부품을 구입해 경사로를 자작할 수도 있다. 필자는 취미용품으로 나오는 0.6x7.5(cm)짜리 나무 조각과 가장자리가 접힌 1.3x2.5(cm) 철망 조각으로 경사로를 만들었다. 이렇게 만들어준 경사로는 잘 작동했고 햄스터가 기꺼이 사용했다.

여러 가지 경사로를 사용해 본 결과 금속 재질의 경사로는 씹을 수 없다는 장점이 있었다. 필자의 관점에서만 생각한다면 그렇다는 것이다. 아마도 필자의 햄스터는 나무 경사로를 씹는 것을 좋아했던 걸지도 모른다. 경사로가 보기 흉할 정도로 훼손되기까지 거의 한 달 동안 녀석들은 꽤 끈기 있게 씹어댔다. 새로운 경사로를 만드는 데는 단 20분밖에 걸리지 않았다. 나무 경사로를 사용하고 싶다면, 첫 번째 경사로를 만들 때 혹은 구입할 때는 추가로 두어 개를 더 만들거나 구입해서 햄스터가 씹어서 훼손됐을 때 쉽게 교체할 수 있도록 준비해 두면 좋다. 여분을 준비해 두면 기존 경사로를 급하게 교체해야 할 필요가 있을 경우 큰 도움이 될 것이다.

쳇바퀴는 햄스터의 건강과 활동을 유지해 주는 필수용품으로 올바른 크기의 것을 선택해 제공해 줘야 한다.

■**쳇바퀴 세팅하기** : 운동용 쳇바퀴는 케이지라는 제한된 공간에서 햄스터가 자연상태에서와 마찬가지로 달리며 운동할 수 있도록 돕는 용품이다. 햄스터가 바쁘고 건강하게 일상을 지내도록 하는 데 유용한 용품이므로 꼭 설치해 주자. 척추에 무리가 가지 않도록 햄스터에게 맞는 크기로 선택하는 것이 중요하며, 케이지에 운동용 쳇바퀴를 설치할 공간이 없다면 좀 더 큰 케이지를 고려하는 것이 좋겠다.

앞서도 언급했듯이, 쳇바퀴를 이용하는 시간이 절대적으로 많은 경우는 케이지가 너무 작아 햄스터가 탐색할 공간이 적기 때문이며, 좀 더 큰 케이지를 마련해서 활동하고 탐색할 공간을 넓혀주면 쳇바퀴를 사용하는 시간은 자연스럽게 줄어든다. 여담이지만, 필자가 기르는 차이니즈 햄스터는 운동용 쳇바퀴를 사용할 때 약간의 먹이를 들고 움직였는데, 달리다가 배가 고프면 간식으로 먹은 것 같다.

■**먹이그릇과 물병 세팅하기** : 먹이를 먹을 때 베딩을 함께 섭취할 가능성을 차단하기 위해 먹이그릇에 담아 급여하는 것이 바람직하다. 먹이그릇을 두 개 준비해서 하나는 주식인 혼합사료용(또는 펠릿사료용), 또 하나는 간식이나 건초용으로 사용해도 좋

쳇바퀴, 먹이그릇, 은신처, 화장실 등 햄스터에게 필요한 기본장비들이 세팅된 케이지의 모습

다. 이때 쌍식기를 이용하면 좀 더 관리하기가 쉽다. 먹이그릇은 뒤집어지지 않도록 바닥에 단단하게 고정되는 것을 선택한다. 물병은 씻어서 물을 채우고, 햄스터가 서서 물을 마실 수 있도록 케이지 옆에 걸어놓는다. 잠시 시간을 내어 케이지를 감상해 보자. 우스갯소리지만, 다시는 이렇게 깔끔하게 보일 일이 거의 없을 것이다. 참고로, 케이지 문을 열 때 혹은 상단이 열리는 케이지를 사용하는 경우 위에서 모든 일을 처리하는 것이 더 쉽다는 점을 확인할 수 있다. 햄스터를 쥔 손을 아주 작은 문으로 밀어 넣는 것보다, 위에서 안으로 넣는 것이 더 쉬울 것이다.

■ **화장실 세팅하기** : 케이지에 화장실을 설치하기 전에 햄스터의 배설물이 묻은 베딩 혹은 모래를 화장실에 한 스푼 정도 남겨두면 좋다. 그 위에 깨끗한 새 모래를 추가하면 된다. 베딩이나 모래에 남은 배설물의 냄새는 햄스터가 제공된 용기의 용도를 파악하고 적응하는 데 도움이 된다. 이틀에 한 번씩 화장실을 비우고 새 모래를 넣은 다음 다시 제자리에 놓는다. 일단 햄스터가 전용 화장실을 사용하기 시작하면 케이지 전체를 청소해야 하는 빈도가 대폭 줄어들 것이다.

햄스터의 배변훈련과 유지

햄스터는 특정 구역에 소변을 보는 습성이 있기 때문에 이를 이용해 보호자가 제공한 화장실에서 배설하도록 훈련을 시킬 수 있다. 배변훈련은 햄스터의 케이지를 최대한 깨끗하고 위생적으로 유지하고 청소에 소요되는 시간을 크게 줄이는 데 중요하다. 일반적으로 시리안 햄스터는 드워프 햄스터보다 배변훈련이 더 쉽다. 시리안 햄스터는 본능적으로 케이지 안의 특정 영역을 배변장소로 지정하기 때문이다. 반면에 드워프 햄스터는 이러한 경향이 덜하다. 드워프 햄스터도 완전하게 배변훈련시키는 것이 가능하기는 하지만, 보통은 부분적으로만 훈련이 되는 것을 볼 수 있다. 참고로, 햄스터는 소변을 볼 때만 특정 구역을 사용하고, 대변은 케이지 안에 무작위로 배설하는 경향이 있기 때문에 대변을 화장실에 보도록 훈련하는 것은 거의 불가능하다. 다행히 대변은 냄새가 나지 않고 제거하기가 쉽다.

배변훈련 시키기

- 일단 소변으로 오염된 베딩을 모두 제거하고, 화장실을 케이지 구석에 놓는다. 이때 중요한 점은, 보호자가 원하는 배변 장소를 선택하는 것이 아니라 햄스터가 배변했던 장소를 선택해야 한다는 것이다. 햄스터는 특정 구석에 소변을 보는 습성이 있으므로 이 습성을 이용하는 것이다. 그렇지 않으면 햄스터가 화장실을 무시하고, 화장실이 아닌 자신이 지정한 장소에 배변할 수 있다. 케이지 내에 화장실을 제외하고는 소변이 보이지 않아야 하므로 햄스터의 소변 흔적을 철저히 지워야 한다.
- 그런 다음 화장실에 시판되는 화장실용 모래 또는 베딩을 깔아주는데, 바닥을 덮을 만큼 충분한 두께로 깔아주는 것이 좋다. 소변냄새가 밴 모래나 베딩을 약간 추가해 주면 좀 더 효과적이다.
- 햄스터를 화장실에 넣는다. 햄스터가 잠에서 깨어 케이지 안을 돌아다니면 화장실에 넣도록 한다. 상자의 냄새를 맡고 무슨 일이 일어나고 있는지 파악할 것이다. 이때 햄스터가 화장실을 탐색할 수 있도록 가만히 놔둬야 하며, 화장실에 머물도록 강요해서는 안 된다.
- 햄스터가 화장실을 무시하면 케이지의 다른 구석으로 옮겨 다시 시도한다. 햄스터는 결국 화장실의 냄새를 자신의 위치와 동일시하고, 이곳이 이제 지정된 화장실 구역이라는 것을 이해하게 된다.
- 배변훈련 과정은 시간이 걸릴 수 있으므로 인내심을 갖고 시도해야 한다. 가능한 한 빨리 화장실 외부에 있는 오염된 베딩의 흔적을 부지런히 제거하되, 일관되게 제거하는 것이 중요하다. 흰색의 종이 베딩을 사용하면 소변의 흔적이 눈에 잘 띄므로 배변훈련 과정에 도움이 될 수 있다.
- 햄스터가 나이가 들면 완전한 배변훈련이 어려워 가끔 잠자리에 소변을 볼 수도 있다. 이 경우 잠자리를 반드시 청소해 줘야 한다. 햄스터가 겁이 많고 배변훈련에 진전이 없는 것 같으면 화장실을 햄스터의 잠자리 근처에 놓는다. 불안한 햄스터는 일반적으로 자신이 편한 구역 밖에서 소변 보기를 꺼리므로, 편하게 생각하는 구역 안에 화장실을 놓으면 배변훈련에 성공할 가능성이 더 커진다.

배변훈련 유지하기

- 수면 공간과 식사 공간이 분리돼 있어야 한다. 화장실을 사용하도록 하기 위해서는 별도의 수면 공간과 식사 공간이 제공돼야 한다. 화장실에서 자는 경우 현재의 수면 공간이 마음에 들지 않아서일 수 있다는 점을 참고하고, 케이지 내에 각각의 생활영역이 충분히 제공될 수 있도록 배려한다.
- 화장실 베딩을 주기적으로 청소하고 깨끗한 것으로 교체해야 한다. 하루에 한 번씩 오염된 베딩을 제거하고 화장실도 주기적으로 깨끗이 세척해 신선하게 유지하도록 한다.

■**햄스터 투입하기** : 여행용 이동상자에서 햄스터를 꺼낸 다음(탁자 위로 떨어지거나 뛰어내리지 않도록 단단히 잡아야 한다. 햄스터 잡는 세 가지 기본방법에 대한 조언은 106페이지를 참고한다) 부드럽게 말을 걸고 케이지에 넣는다. 햄스터가 케이지 안으로 들어가면 문을 닫거나 윗부분을 제자리에 놓고, 잠시 시간을 내어 햄스터에게 새 케이지와 새 주인, 새 삶 등에 대해 이야기하며 말을 건넨다. 햄스터가 새로운 케이지에 적응할 수 있도록 반나절 정도의 시간을 주도록 한다(적응 시간은 햄스터에 따라 훨씬 적게 걸릴 수도 있다).

케이지를 지나갈 때마다 햄스터가 자고 있더라도 잠시 멈춰서 말을 걸어주도록 한다. 이렇게 하면 햄스터가 당신의 목소리에 익숙해지고, 정기적으로 당신을 만나는 일에 잘 적응할 것이다. 당신이 햄스터를 데려온 첫날 밤, 녀석이 케이지 옆면을 통해 당신을 진지하게 바라보는 모습을 확인할 수 있을 것이다. 다음날 햄스터를 밖으로 꺼내 몇 분 동안 핸들링하고, 이후로는 매일 15분 단위로 핸들링하도록 한다. 핸들링에 익숙해지면 햄스터는 쓰다듬어지는 것, 좋은 먹이를 먹는 것, 케이지에서 나오는 것, 일반적으로 즐거운 시간을 보내는 것과 당신을 연관시키게 된다.

햄스터를 케이지에 넣어둔 지 하루나 이틀이 지나면, 녀석이 화장실로 선택한 구역을 발견할 수 있을 것이다. 그곳에 이동 가능한 화장실을 설치하면 햄스터를 방해하지 않고 해당 공간을 쉽게 청소할 수 있다.

케이지 풍부화

케이지 풍부화(cage enrichment)는 좁은 케이지라는 제한된 사육환경에서 신체적·사회적 자극의 수준을 향상시키기 위해 은신처, 먹이, 물 이외에 케이지에 추가된 장난감이나 '케이지 액세서리'를 제공하는 의미의 용어라고 할 수 있다. 아무런 할 일도 없이 방 하나만 있는 공간에 하루 종일 갇혀 있다고 상상해 보자. 이러한 환경이라면 금세 지루해질 것이고, 햄스터는 집에 가만히 머무르는 타입이 아니다.

햄스터에 있어서 과연 '케이지 풍부화가 가치가 있는 것인지' 의문을 품는 사육자도 있을 것인데, 답은 '그렇다'라고 하겠다. 최근까지도 과학저널에서 햄스터 케이지의 풍부화와 그 이점에 관해 언급한 기사들을 10여 건 발견했다. 기사에서 소개한 이점에는 공격성 감소, 문제해결 테스트 점수 향상, 두려움 감소 등이 포함된다.

연구자들은 케이지 풍부화를 위해 과연 무엇을 고려해야 하는지 매우 신중하게 생각하고 있다. 한 연구원은 투명한 메이슨 병(Mason jar; 입구가 넓은 식품보존용 유리병의 상품명)과 PVC 파이프 조각을 사용해 반응을 더 정확하게 판단하기 위해 케이지에 한 번에 하나씩 제공했다(이에 더해 필자는 햄스터들이 새로운 케이지 구조물에 너무 흥분하지 않도록 해야 한다고 생각한다). 연구결과에 따르면, 햄스터는 제공한 풍부화 물품을 적극적으로 사용했는데, 항아리와 파이프 위에 서서 갉아보고 그 안에 소변을 보고 먹이를 저장했다. 어린 개체들은 안에서 함께 잠을 잤다.

쉽게 제공할 수 있는 풍부화 아이템
신선한 코코넛 조각 / 무염 팝콘 / 키친타월이나 화장지로 만든 골판지 튜브 / 자투리 목재 조각(화학 처리되지 않은 목재만 해당; 일부는 바닐라 또는 페퍼민트 추출물로 향을 내고 일부는 식용색소로 점을 찍는다) / 개껌(개가 씹어서 너무 작은 덩어리로 된 건 재활용할 수 있다. 먼저 10% 표백제용액-표백제 1/4컵에서 수돗물 2와 1/2컵-에 담가서 소독한 다음 철저히 헹군다) / 과일나무의 가지

연구원들은 풍부화 시설 없이 통제된 케이지에 있는 햄스터가, 풍부화 용품이 제공된 케이지에 있는 햄스터보다 잠을 자고 먹는 데 더 많은 시간을 보냈다고 보고했다. 케이지 풍부화는 냄새 마킹, 갉기, 먹이 저장하기 및 굴 파기와 같은 종별 행동을 증가시키는 것으로 보였다. 나이가 많은 햄스터는 어린 햄스터보다 풍부화 물품과 상호작용을 덜 했으며, 풍부화 물품은 나이 많은 햄스터의 경우보다 어린 햄스터의 경우 공격성을 더 많이 감소시켰다. 참고로, 햄스터들은 PVC 파이프보다 항아리를 더 좋아했는데, 연구에서 사용된 것을 똑같이 사용하지 않아도 된다.

여러분은 마음대로 사용할 수 있는 많은 자원들을 가지고 있다. 동네 반려동물 숍의 햄스터 코너나 조류 코너를 지나다 보면 레버가 달린 먹이용 용기, 내부에 징글벨이 달린 플라스틱 공, 씹는 블록, 씹는 튜브, 당근꽂이, 염색된 나무장난감(식물성 염료로 염색된), 공, 종, 나무못으로 조각을 결합해 부착한 체인 등 다양한 장치를 볼 수 있고, 그 종류는 무한하다. 물론 햄스터가 좋아할 것이라고 생각되는 물품은 무엇이든 구입할 수 있다. 이러한 것들은 그다지 비싸지도 않으므로 부담이 없다.

특별히 기성품을 구입하지 않고 집 안에서 찾을 수 있는 물건으로도 햄스터에게 많은 자극을 줄 수 있다. 예를 들면, 모래상자를 사용할 수 있다. 필자는 처음 모래를 사용했을 때 병원균을 죽이기 위해 오븐에서 170°C 온도로 한 시간 동안 가열했다. 모래가 식은 후, 그것을 빈 티슈상자에 절반까지 차도록 붓고 케이지에 넣어줬다.

케이지 풍부화는 냄새 마킹, 갉기, 먹이 저장하기 및 굴 파기와 같은 종별 행동을 증가시킨다.

필자의 햄스터들은 좋아하는 것 같았다. 녀석들이 위에서 구르거나 모래를 파는 것을 본 적은 없지만, 하루 안에 대부분의 모래를 상자 밖으로 밀어내고 베딩을 옮겨 넣었다.

이후 캠벨 드워프 햄스터인 훔볼트를 위해서도 모래를 사용해 봤다. 훔볼트는 놀이용 모래를 넣어주니 앞발로 열심히 퍼냈고, 모래는 플라스틱 창문 가리개를 통해 개 먹이그릇으로 떨어졌다. 훔볼트는 모래를 정말 좋아했고, 가슴과 앞발로 모래를 파서 퍼부었다.

필자는 매주 신선한 모래로 바꿔줬다. 회색의 놀이용 모래를 이전에 기르던 파충류의 사육장에서 사용했던 붉은 모래로 교체해 줬더니 그릇에서 절반 이상을 옮겼다. 훔볼트는 모래를 자신이 원치 않는 물건을 쌓아두는 구석으로 옮기고, 대부분의 모래를 케이지 밖으로 밀어냈으며, 발로 집을 수 없는 것은 쉐이빙으로 덮었다. 그릇에 남은 모래는 잘게 찢은 티슈로 덮어버렸다.

집에서 찾을 수 있는 작은 빈 통을 이용해도 좋다. 빈 통을 준비해 가장자리에 거친 부분이 없는지 확인한 다음 케이지에 추가한다. 종이클립이나 사용하지 않는 집 열쇠를 장난감으로 제공하면 아연독성과 관련한 문제가 생길 수 있으므로 사용하지 않도록 한다. 갉아 먹을 수 있는 사과나무 가지나 오렌지나무 가지를 제공해도 괜찮다. 종잇조각을 자르고 풀을 사용해 작은 종이체인을 만들어도 좋다. 인터넷을 검색해 보면 상상할 수 있는 모든 장난감이 들어 있는 케이지를 찾을 수 있다.

어떤 것을 택하든, 다양성을 제공하기 위해 격주로 햄스터 케이지의 물품들을 바꿔주는 것을 잊지 말도록 하자. 하지만 케이지를 꽉 채우지는 말아야 한다. 햄스터에게 산책할 수 있는 공간과 탐색할 수 있는 공간을 제공하기 위해서는 케이지 액세서리의 수를 제한하는 것이 바람직하다는 점을 기억하자.

Chapter 04

햄스터의 일반적인 관리

햄스터를 기르는 데 있어서 기본적으로 관리해야 할 사항에 대해 살펴보고, 먹이의 종류와 급여량 및 급여방법 등에 대해 알아본다.

01
section

케이지 및
케이지 환경 관리

햄스터가 손이 덜 가고 관리가 쉬운 반려동물이지만, 그렇다고 해서 아예 신경을 안 써도 된다는 의미는 아니다. 햄스터를 건강하게 관리하기 위해서는 주기적으로 사육환경을 점검해 쾌적하게 유지해 줘야 한다. 이번 섹션에서는 햄스터를 기를 때 기본적으로 점검해야 할 몇 가지 관리사항에 대해 알아본다.

온도 관리
양질의 먹이와 깨끗한 물을 제공하는 것만큼이나 케이지의 온도를 적절하게 유지하는 것도 매우 중요하다. 사육온도가 너무 낮아지면 여러 가지 건강문제가 발생할 수 있다. 사육환경에 있는 반려햄스터는 더 이상 동면에 들지는 않지만, 저온에 노출되면 휴면상태에 빠질 수 있다. 현재 반려동물로 기르는 햄스터의 조상은 건조한 지역에서 서식했다. 오늘날에도 야생의 햄스터는 생존을 위해 굴을 파고 사는데, 이 굴의 공기는 서식지인 사막의 밤 기온이 떨어져도 15.5℃를 유지한다. 또한, 햄스터는 주변 온도를 조절하는 데 도움이 되도록 단열재를 모아 굴을 채운다.

햄스터 종마다 요구사항이 조금씩 다르기는 하지만, 서식지의 환경을 감안해 일반적으로 케이지 온도를 약 18.5℃에서 24℃ 사이로 유지하는 것이 좋다.

■겨울철 온도 관리 : 야생햄스터와는 달리 반려햄스터는 체온을 적정하게 유지하는 데 필요한 것을 전적으로 보호자에게 의존하므로 겨울철이 다가오면 햄스터를 추위로부터 보호하기 위해 주의를 기울여야 한다. 다음에 소개하는 몇 가지 간단한 방법을 이용하면 햄스터가 따뜻하게 보내도록 하는 데 도움이 될 것이다.

히터, 히팅 패드 사용하기 실내온도를 보통 18.5℃ 이하로 유지(집에 아무도 없는 낮 시간이나 밤에 잠잘 때 등)하는 집이라면 햄스터 케이지가 있는 방에 난방장치를 설치하는 것도 좋다. 히터를 케이지에 너무 가까이 두지 말고, 사람이 없을 때는 꺼둔다. 또한, 안전 테스트를 거쳐 인증된 실내난방장치를 사용하고 자동 차단, 넘어짐 방지, 타이머, 온도조절장치 등의 기능을 갖춘 제품을 사용한다. 햄스터가 너무 높은 온도, 특히 32℃ 이상의 온도에 노출되면 위험하므로 케이지를 따뜻하게 유지하되, 직사광선이 내리쬐는 곳에 둔다거나 열원에 너무 가까이 두는 것은 피해야 한다.
소형동물용 히팅 패드를 사용해 보자. 히팅 패드는 햄스터를 따뜻하게 유지하는 데 도움이 될 뿐만 아니라 필요할 때만 작동하도록 사용할 수 있으므로 에너지 효율이 좋다. 안전성이 높으며, 환기가 적절하게 이뤄지면 화재 위험도 없다. 히팅 패드를 설치할 때는 햄스터 케이지를 들어 올려 바닥 면에 깐다. 이때 케이지의 중앙이 아닌 왼쪽이나 오른쪽에 위치하도록 자리를 잡는다. 햄스터의 체온이 올라갈 경우 패드를 피해 체온을 조절할 수 있어야 하므로 바닥 전체를 차지하지 않도록 한다.

푹신한 베딩, 은신처 제공하기 우리 인간이 추운 날 따뜻한 담요를 덮으면 포근함을 느끼듯이, 반려햄스터는 고품질의 베딩을 통해 이와 같은 효과를 누릴 수 있다. 베딩을 아주 두껍게 깔아주면 햄스터를 따뜻하게 유지하는 데 도움이 될 것이다. 또한, 햄스터의 주거 공간은 작은 둥지나 은신처 공간이 포함될 수 있으며, 반려햄스터는 이러한 공간에서 체온을 더 효과적으로 유지하므로 꼭 제공하도록 하자.

베딩을 두껍게 깔아주면 파고들어 가 포근하게 지낼 수 있고, 햄스터의 체온을 적절하게 유지하는 데 도움이 된다.

케이지 옮기기 케이지를 환기구 근처, 창문, 방문에서 멀리 옮긴다. 차가운 공기를 차단하면 케이지는 즉시 따뜻해질 것이다. 방에 외풍이 너무 심한 경우 단순히 케이지를 창에서 멀리 옮기는 것만으로는 큰 변화를 기대할 수 없다. 이 경우는 단열이 좀 더 잘되고 공기 흐름이 적은 다른 방으로 옮기는 것이 효과적이다. 환기가 잘되는 공간에 케이지를 두는 것이 좋지만, 난방을 생각한다면 단열이 더 잘되고 공기 흐름이 적은 작은 방에 두는 것이 좋다. 단, 적절하게 환기를 시켜야 한다.

■**여름철 온도 관리** : 햄스터는 약 18.5℃에서 24℃의 온도에서 가장 편안하게 지낸다. 햄스터는 사람처럼 땀을 흘릴 수 없고, 이보다 온도가 높으면 열사병 등 문제가 발생할 수 있으므로 시원하게 보낼 수 있도록 보호자가 조절해 줘야 한다.

시원한 물 제공하기 무더운 여름 날씨에 햄스터를 시원하게 보낼 수 있도록 유지하는 가장 쉬운 방법은 시원한 물을 제공하는 것이다. 햄스터는 빠르게 탈수가 이뤄질 수 있으므로 항상 신선하고 깨끗한 물을 공급하는 것이 매우 중요하다.

에어컨, 선풍기 사용하기 햄스터에게 스트레스를 주거나 너무 추워질 수도 있으므로 햄스터 몸에 직접 에어컨 바람이 가지 않도록 해야 한다. 또 통풍이 잘되는 방에 케이지를 두고 선풍기를 사용하면 공기 순환이 원활하고 방이 시원하게 유지된다.

놀이 제한하기 햄스터는 땀을 흘릴 수 없으므로 포유류보다 더 빨리 탈수될 위험이 있다. 과열을 방지하기 위해 더운 날씨에는 햄스터와 놀지 않도록 하는 것이 좋다. 핸들링이 필요한 경우 기온이 떨어지는 이른 아침이나 밤에 시도하도록 하자.

용품 냉동해 제공하기 햄스터가 사용하는 물병, 은신처, 목욕 모래 등을 냉동해서 제공하는 것도 시원하게 지낼 수 있도록 하는 좋은 방법이다. 물병에 물을 반쯤 채워 얼린 다음 수건이나 천에 싸서 케이지에 넣어두면 된다. 햄스터의 피부를 손상시킬 수 있으므로 꼭 수건에 싸서 제공해야 한다. 병을 옆으로 눕혀 냉동하면 케이지에 넣을 때 햄스터가 닿을 곳이 더 많아진다. 냉동 아이스팩을 사용할 수도 있다.
목욕 모래를 얼려서 시원한 목욕을 할 수 있도록 제공하는 것도 좋다. 모래 한 컵을 지퍼백에 넣어 냉동고에 몇 시간 둔 다음 봉지에서 모래를 꺼내 목욕통에 넣어준다. 세라믹으로 된 은신처를 사용하는 경우 얼려서 제공하면 시원한 공간을 만들어 줄 수 있다. 세라믹은 온도를 잘 유지하며, 과열된 햄스터에게 시원한 은신처를 제공할 수 있다. 또는 얼린 세라믹 타일이나 대리석을 케이지에 넣어줄 수도 있다.

케이지 옮기기 햄스터는 열에 매우 민감해 쉽게 과열될 수 있으므로 주의해야 한다. 헐떡거림, 침흘림, 우울증, 쇠약, 운동감소 등 열사병 증상이 나타나면 즉시 조치를 취하는 것이 좋다. 일단 케이지를 욕실이나 주방 등 좀 더 시원한 곳으로 옮기고, 케이지에 환기가 잘 이뤄지도록 한다. 이런 이유로 수조 케이지보다 철장 케이지를 사용하는 것이 좋은데, 수조 케이지에 기르는 경우 특히 환기가 잘되는 방에 두는 것이 중요하다. 또한, 케이지를 직사광선이 내리쬐는 곳에 두지 않도록 해야 한다. 햄스터 같은 작은 동물에게 열사병을 일으키기 쉬우므로 더운 날에는 창문을 통해 스며드는 햇빛에 닿지 않는 곳에 케이지를 두는 것이 바람직하다.

청소 관리

햄스터는 등에 향선(香腺, scent gland; 취선)을 가지고 있으며, 이곳에서 식별 가능한 냄새가 나는 물질을 분비한다. 햄스터는 물체에 몸을 문지르는데, 이는 냄새와 기억할 장소를 연관시키는 데 도움이 된다. 따라서 케이지 청소를 너무 자주 하면 묻혀둔 냄새가 사라지고, 햄스터가 불편함을 느낄 수도 있다. 동시에 부주의하게 처리하면 집 안에 악취가 많이 날 수 있으며, 케이지에 진드기와 벌레가 침입해 햄스터에게 해를 끼칠 수도 있다.

일주일에 한 번씩 오염된 베딩을 교체한다. 이때 햄스터를 이동용 케이지에 넣어두면 편리하다. 햄스터를 잠시 놔둘 곳이 없다면, 케

한 달에 한 번씩 베딩을 전체적으로 교체해 준다.

이지를 청소하는 동안 욕조에서 뛰어다니도록 풀어주거나(배수구는 막아야 한다), 키가 큰 쓰레기통 또는 양동이에 넣어둘 수 있다. 햄스터를 옮긴 후 오염된 베딩을 버린다. 케이지에서 여전히 냄새가 나면 케이지 바닥을 비눗물로 씻은 후 헹군다. 먹이그릇과 물병을 씻고 물병의 물을 갈아준다. 물병과 빨대가 달린 마개를 10% 표백제 용액(표백제 1/4컵에 수돗물 2와 1/2컵)에 담그고 소독한 후 완전히 헹귀 다시 채운다.

키친타월로 닦아 빠르게 건조시킨 후 깨끗한 베딩을 추가하고, 새로 채워진 먹이그릇과 물병을 교체해 주면 청소작업이 완료된다. 케이지가 매우 큰 경우 오염된 부분을 퍼내고 케이지 바닥을 부분적으로 청소한 다음 베딩을 보충할 수 있다. 햄스터를 다시 케이지에 넣는다. 원한다면 약간의 당근을 보상으로 줄 수도 있다.

케이지 청소와 관련해 몇몇 연구자들이 '케이지 청소가 햄스터에게 미치는 고통스러운 영향에 대해 연구한 것이 있다. 실험실의 햄스터 케이지(실험실 케이지는 최소 25cm 짜리 정사각형이다)는 미적·기능적 가치에 대해 언급할 수 없을 정도로 지극히 단순했기 때문에 필자는 연구자들이 주장하는 내용에 대해 동의하기 어렵다. 필자는 햄스

터가 청소된 케이지에 다시 들어갈 때 괴로워하는 기색을 보이는 것을 전혀 본 적이 없다(한 번만 제외하고, 그 한 번도 케이지를 청소하는 동안 햄스터를 어디에 뒀는지가 화의 원인이 됐다). 그럼에도 불구하고 이 부분에 대해 걱정된다면, 케이지 전체를 청소하는 것보다 오염된 베딩이나 화장실 모래를 교체하는 부분 청소를 더 자주 하면 된다.

참고로, 케이지를 청소하는 동안 햄스터를 어디에 둘지 항상 주의를 기울이는 것이 좋다. 필자의 경우 한 번은 케이지를 청소할 때 노란색과 검은색이 섞인 햄스터인 모디(Maudie)를 아스펜 쉐이빙이 담긴 키 큰 양동이에 넣어뒀다. 늘 그래왔듯이 모디는 몸을 웅크리고 다시 잠들었다. 필자는 개들이 양동이에 모여들어 얼굴을 들이밀고 헐떡거리는 것을 막기 위해 식탁 위에 양동이를 올려놨다. 케이지를 청소하는 동안 모디가 양동이 안에서 뛰어오르는 소리가 요란하게 들렸고, 모디를 들어 올려 청소를 마친 케이지에 넣었을 때 녀석이 상당히 불안해하는 모습을 보였다.

> **햄스터의 주기별 관리사항**
>
> • **매일 점검하기**
> 사료 바꿔주기, 물병의 물 교체하기, 운동시키기, 화장실 주변 청소하기
>
> • **격일 점검하기**
> 신선한 과일과 채소 급여하기. 일반 사료에 작은 조각의 신선한 과일과 채소를 보충하는 것은 햄스터가 균형 잡힌 영양을 섭취하면서 음식을 즐길 수 있도록 돕는 좋은 방법이다. 단, 신선한 먹이가 식단의 약 20%를 초과하지 않도록 한다. 과일과 채소는 전용 사료만큼 완전한 식단이 아니다.
>
> • **매주 점검하기**
> 케이지 청소하기, 먹이그릇/물병 세척하기, 베딩 일부 교체하기(오염됐거나 젖은 부분)
>
> • **매월 점검하기**
> 베딩 전체 교체하기. 케이지의 유형에 따라 매주 베딩의 얼룩을 제거(배설물 제거)하고, 한 달에 한 번 베딩 전체를 교체하는 것이 좋다.
>
> • **연간 점검하기**
> 건강관리

필자는 남편 딕(Dick)에게 모디의 동요에 관해 이야기했다. 딕은 "음, 그건 내가 어제 우리 마당에서 뾰족뒤쥐(Shrewmouse)를 잡았을 때 사용한 양동이야!"라고 말했다. 양동이에 남아 있던 뾰족뒤쥐의 냄새가 문제의 원인이었다. 모디는 여러 세대에 걸쳐 야생으로부터 떨어져 있었으며, 지금까지 한 번도 뾰족뒤쥐에 노출된 적이 없다. 모디가 살면서 한 번도 만난 적이 없는 적의 냄새에 예민하게 반응했다는 것을 쉽게 추론할 수 있었다.

안전관리

햄스터는 가족 모두의 반려동물이 될 수 있으며, 보호자가 집에 있을 때 집 안을 자유롭게 돌아다니도록 허용할 수도 있

다. 이때 안전을 위해 몇 가지 제한을 둬야 한다. 햄스터에게 특정 방을 돌아다닐 수 있는 자유를 주고 싶다면, 해당 방에 햄스터를 보호하기 위한 안전장치를 준비해야 한다.

개나 고양이를 기르고 있다면 이들을 다른 방에 넣어두고 방문을 닫는다. 햄스터가 빠져나갈 만한 구멍을 막고, 전기 코드는 모두 덮개를 씌운다. 바닥에 떨어져 있는 물건은 다른 곳으로 옮겨놓는다. 햄스터는 입에 닿는 것을 식별하기 위해 맛을 보는 습성이 있다. 음식이라면 다행이지만, 그렇지 않다면 계속 탐색하기 때문에 문제가 될 소지가 있다.

필자는 사무실로 사용하는 방에 햄스터를 위한 안전장치를 설치했다. 안전장치라고 해봐야 별것은 없고, 단순히 바닥에 있는 물건들

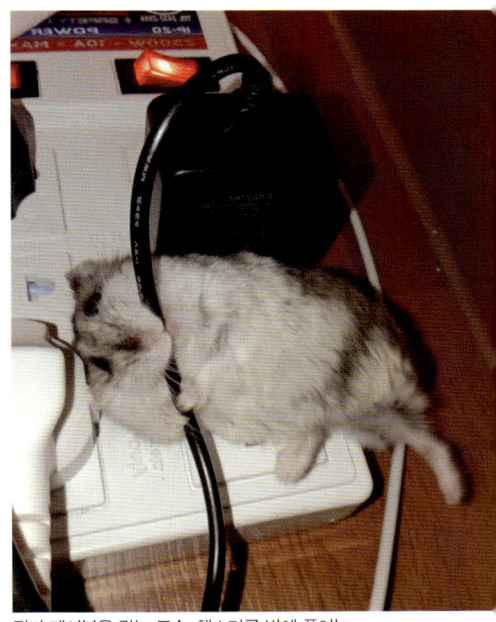

전기 케이블을 갉는 모습. 햄스터를 방에 풀어놓을 때는 반드시 안전장치를 고려해야 한다.

을 선반 위에 올려놓는 정도였다. 주위를 둘러보며 녀석을 관찰할 수 있도록 모든 가구(파일 캐비닛, 컴퓨터 책상, 테이블)를 벽에서 약 10cm 정도 떨어지게 옮겼다. 가구를 옮긴 후, 햄스터가 돌아다닐 때 먼지가 들러붙지 않도록 서둘러 진공청소기로 먼지를 빨아들였다. 방에는 음식물(즉시 먹을 수 있는)이 없었기 때문에, 음식물 용기를 보호할 장치는 필요 없었다. 또한, 무거운 책을 프린터 스탠드 맨 아래 선반에서 좀 더 높은 선반으로 옮겨 햄스터가 큰 책에 짓눌리는 일이 생기지 않도록 했다.

필자는 전기 코드 일부를 지름 1.3cm의 전선 덮개로 덮고, 나머지 코드에는 비터애플(Bitter Apple; 행동교정에 사용되는 쓴맛의 스프레이 상품명)을 뿌려서 햄스터가 갉지 못하도록 했다. 마지막으로, 가족 모두에게 햄스터가 필자의 방에서 맘대로 돌아다니도록 풀어놨으니 방에 들어올 때 발을 조심하라고 일러줬다. 방에 안전장치를 설치하고 준비를 마친 다음 저녁까지 기다렸다. 햄스터 케이지를 바닥에 내려놓고, 여러 가지 장난감으로 출입구 앞을 둘러싼 다음 케이지 문을 열었다. 햄스터가 몸 전체를

방 안을 자유롭게 탐색하고 있는 모습

케이지 입구에서 꺼내는 데는 시간이 조금 걸렸다(케이지 철장에 익숙한 생명체에게 방이 매우 커 보였을 것이다). 녀석은 용기를 내어 케이지에서 나왔고, 파일 캐비닛 뒤로 달려갔다. 필자가 케이지 문을 열었을 때 녀석이 밖으로 나와 탐색하고 싶어 하는 모습을 보이기까지, 일주일간 노력했다. 녀석을 다시 케이지 안으로 집어넣는 데는 시간이 걸렸고, 약간의 뇌물(케이지로 이어지는 해바라기씨 길을 만들었다)이 필요했다.

필자가 집에 있는 동안에만 자유롭게 돌아다니도록 허용해 줬는데, 밖에 있을 때는 바쁘게 움직였다. 녀석이 방 한구석에 깔아놓은 카펫에 지나치게 관심을 보였기 때문에 필자는 카펫을 파헤치려는 것을 막기 위해 그 자리를 책으로 덮었다. 일주일에 한 번씩 프린터 스탠드 아래에 숨겨둔 씨앗과 견과류를 치운다. 햄스터는 케이지 밖에서 보내는 시간을 꽤 즐기는 것 같았고, 필자가 일하는 동안 구석에서 필자를 빤히 지켜봤다.

탈출한 햄스터 다루기

햄스터는 탈출예술가로 불릴 정도로 탈출기술이 좋은 동물이다. 녀석들이 아주 작은 공간에 어떻게 들어갈 수 있는지, 보호자가 존재하는지조차도 몰랐던 집 안의 틈새에 어떻게 비집고 들어갈 수 있는지 알면 깜짝 놀랄 것이다. 햄스터가 탈출했을 경우 찾는 데 어려운 점은, 녀석이 대개 어두울 때만 활동한다는 것이다. 즉 움직이는 소리를 듣고 잡아야 하는데, 그러려면 어두워질 때까지 기다려야 한다.

탈출한 햄스터를 찾기 전에 해야 할 중요한 일 중 하나는 우선 다른 반려동물이 햄스터를 발견하지 못하도록 막는 것이다. 집 안에 햄스터보다 큰 반려동물이 있다면 햄스터가 위험에 빠질 수 있으므로 빨리 찾아야 한다. 햄스터가 탈출했다는 사실을 인지한 즉시 가장 먼저 해야 할 일은 다른 반려동물을 일시적으로 햄스터와 떨어뜨려 놓는 것이다. 휴대용 케이지에 각각 넣어 한 방에 격리하는 것이 가장 좋은 방법이다. 이때 격리에 이용하려는 방을 구석구석 꼼꼼하게 살펴 탈출한 햄스터가 있는지 점검해야 한다. 햄스터가 방에 없다는 것이 확인되면 다른 반려동물을 이동 케이지에서 꺼낼 수 있다(서로에게 위험하지 않다는 전제하에). 햄스터에게 심각한 해를 끼칠 수 있으므로 녀석을 찾을 때까지 다른 반려동물을 이 방에 가두는 것이 좋다.

필자는 필자의 햄스터에게 제공한 케이지가 탈출문제에서 자유로울 것이라고 안심하고 있었는데, 실제로는 전혀 그렇지 않았다(매번 이스라엘 아하로니의 교훈을 떠올렸다). 햄스터 한 마리는 물병 위로 기어 올라가 뚜껑이 없는 케이지 꼭대기를 빠져나왔고, 다른 녀석은 개조한 새장 문을 밀어 열었다. 둘 다 탈출에는 성공하지 못했다. 첫 번째 햄스터는 필자가 케이지를 청소할 때 사용한 양동이에 곧바로 떨어졌다. 다행히 양동이 안에는 10cm 두께의 깨끗한 아스펜 쉐이빙이 담겨 있었고, 다음 날 아침에 발견했을 때 조금 실망스러운 눈치를 보였지만 몸 상태는 괜찮았다.

다른 녀석은 필자가 기르던 사냥개 앞을 쏜살같이 지나갔고, 그 개는 깜짝 놀라 공중으로 튀어 올랐다. 필자는 필자의 어깨에 매달려 떨고 있는 20kg의 사냥개를 조심스럽게 떼어내고, 머리를 부드럽게 쓰다듬으며 진정시켰다. 결국 탈출한 햄스터를 찾았는데, 녀석은 자유를 지키는 것보다 개를 지켜보는 데 더 관심이 많았다. 필자는 녀석을 다시 케이지에 집어넣고, 안전을 위해 출입문에 클립을 달았다.

탈출한 햄스터를 잡을 때, 동물애호단체 및 동물보호소에서 사용하는 하바하트 트랩[1]의 원리를 이용해 빈 깡통이나 철망 조각 등으로 자신만의 덫을 만들어 사용할 수도 있다. 가장 쉬운 방법은 낡은 양동이와 먹이를 이용해 포획하는 것이다. 키가 큰 양동이(또는 쓰레기통)를 바닥 중앙에 세우고, 바닥에 충격완화용 베딩과 맛있고 냄새나는 먹이를 넣는다. 혼합사료, 사과 조각, 약간의 땅콩버터 등을 선택할 수 있다. 양동이 꼭대기 한쪽을 책으로 덮은 다음, 불을 끄고 방을 나가서 잠자리에 든다. 운이 좋으면 다음날 아침 양동이 안에 들어가 있는 햄스터를 발견하게 될 것이다.

---

1 직사각형의 철제 박스로, 내부 트레이에 넣어둔 먹이를 동물이 건드리면 양쪽 끝에 트립 도어가 닫히는 방식으로 작동한다.

먹이의 급여와 영양관리

햄스터는 여러 반려동물들 중에서도 먹이를 급여하기 매우 쉬운 동물에 속한다. 가장 쉬운 먹이급여방법은 현재 시중에서 판매되고 있는 양질의 햄스터용 사료를 구입해 제공하고, 여기에 가끔 신선한 과일과 채소 그리고 밀웜과 귀뚜라미 한두 마리를 보충해 주는 것이다. 시판되는 사료는 햄스터의 다양한 영양요구사항을 충족하도록 설계됐다. 햄스터는 식단이 변화되는 것에 거부감을 느끼기 때문에 사료를 구입할 때는 입양처에서 햄스터에게 급여하던 제품을 선택하는 것이 좋다. 몇 주 정도 급여하다가 천천히 양을 줄여가며 선호하는 다른 사료로 바꿔도 된다.

혼합사료를 먹이는 경우 햄스터가 해바라기씨만 골라 먹는 것은 아닌지 확인하자. 햄스터는 해바라기씨를 상당히 좋아하지만, 햄스터의 영양요구사항을 모두 충족시켜 주지는 못한다. 유의해야 할 것은, 제공하는 식단에 단백질 12~15%와 지방 3~6%를 포함해야 한다는 점이다. 인간과 마찬가지로 햄스터도 건강을 유지하려면 단백질이 필요하다. 혼합사료는 햄스터의 필요에 맞는 적절한 단백질을 제공하도록 제조됐지만, 그렇지 않은 경우 식단에 단백질과 지방을 약간씩 보충해 줘야 한다.

많은 전문가들이 단백질 보충을 위해 권장하는 방법은 삶은 계란이나 스크램블드 에그를 소량 급여하는 것이다. 햄스터는 먹이가 많이 필요하지 않은 작은 생물이기 때문에 일주일에 한 번 정도 아주 적은 양만 제공하는 것이 좋다. 더욱이 먹다 남은 계란을 숨겨둘 경우 매우 빨리 상할 수 있고, 상한 계란을 섭취하면 질병 발생의 위험이 있다. 따라서 소량만 급여하고, 숨겨둔 것을 발견하면 즉시 제거한다.

햄스터 먹이의 종류

햄스터를 최상의 상태로 유지하기 위한 첫 번째 단계는 무엇을 먹여야 할지, 무엇을 먹이지 말아야 할지 아는 것이다. 우리가 먹는 음식이 인간에게 안전하다고 해서 햄스터에게도 안전한 것은 아니다. 아몬드[1]처럼 일반적으로 건강에 유익하다고 여겨지는 일부 식품이 햄스터에게는 해로울 수도 있다는 사실을 기억하자.

햄스터를 포함한 작은 설치류는 수명이 매우 짧다. 그러나 비록 수명이 짧더라도 가능한 한 오랫동안 가족들과 함께 지낼 수 있도록 하기 위해서는 적절하게 먹이를 급여하는 것이 무엇보다 중요하다. 잘 모르는 상태에서 실수로 햄스터에게 건강에 해로운 음식을 먹이면 심장병, 당뇨병 또는 기타 영양 관련 질병으로 인해 제 수명을 다하지 못하고 폐사할 가능성이 커질 수 있다는 점을 명심하도록 한다.

영구치가 계속 자라지 않는 인간과 달리 햄스터의 이빨은 평생 동안 자라기 때문에, 이빨의 길이를 허용 가능한 수준으로 유지하고 날카롭게 만들기 위해서는 무언가를 갉아 마모시켜야 한다. 견과류, 곡물, 씨앗으로 구성된 기본 식단이 이러한 목적에 부합한다. 딱딱한 반려견용 비스킷, 화학 처리되지 않은 나무 조각, 사과나 배나무 작은 가지 등은 모두 햄스터의 이빨을 마모시키기에 좋은 재료들이다.

햄스터에게 '부드러운 음식'을 너무 많이 제공하면 이빨이 마모되지 않아서 결국 과도하게 자라게 되고, 이 경우 이빨과 관련한 여러 가지 건강문제를 유발할 수 있다. 어떤 종의 햄스터를 선택하든 기본적으로 제공되는 식단은 거의 동일하다고 생각하면 된다. 햄스터에게 급여하는 먹이의 종류에 대해 간단하게 살펴보자.

---

[1] 굽지 않은 아몬드에는 독성이 강한 시안화물이 함유돼 있으며, 모든 아몬드는 지방함량이 높다. 가끔 아몬드 조각을 먹어도 괜찮지만, 일주일에 1개를 초과하지 않도록 한다.

펠릿사료는 다양한 형태로 제조되며, 영양학적으로 햄스터에게 완전한 먹이라고 할 수 있다.

■**펠릿사료** : 펠릿사료는 모든 재료를 갈아서 한데 섞은 다음 압축해 단단하게 제조한 건조사료다. 여러 가지 다양한 형태로 만들 수 있지만, 일반적으로 작은 비스킷이나 쿠키 또는 시리얼 같은 모양으로 제조된다. 펠릿사료는 햄스터에게 완전한 먹이이며, 단단해서 갉는 운동도 할 수 있다. 혼합사료의 경우 자신이 좋아하는 것만 골라 먹게 됨으로써 영양적으로 불균형을 초래할 수 있지만, 펠릿사료는 이것이 불가능하므로 균형 잡힌 식단을 섭취할 수 있다는 점에서 최선의 선택이 된다.

많은 동물이 단지 자신에게 좋은 먹이뿐만 아니라 좋아하는 먹이를 먹고 싶어 한다는 사실은 여러분에게 그리 놀라운 일이 아닐 것이다. 펠릿사료는 앞서 언급한 장점도 있지만, 먹기에 그다지 끌리지 않을 수도 있어서 일부 햄스터는 이를 거부하기도 한다. 이 경우 혼합사료나 신선한 농산물과 같은 다양한 품목으로 보충해 줄 수 있다. 일주일에 한 번씩 밀웜이나 약간의 삶은 계란을 선택해 맛있는 단백질 식단을 급여하는 것을 고려해 볼 수도 있다. 이것들은 대부분의 햄스터가 좋아하는 식품으로, 소량을 섭취하면 건강에도 좋다. 햄스터가 먹지 않고 남은 음식은 썩지 않도록 케이지에서 바로 제거해 줘야 한다는 점을 항상 기억하도록 하자.

1. 펠릿사료 2. 혼합사료

■**혼합사료** : 혼합사료는 여러 가지 씨앗과 곡물로 구성돼 있는 사료로 대표적인 햄스터 먹이라고 할 수 있다. 혼합사료 제조업체들은 햄스터가 먹이그릇에 담긴 혼합사료를 파헤치는 활동을 제공하기 때문에 펠릿사료보다 햄스터에게 더 나은 식단이라고 주장한다. 이렇게 자신이 원하는 먹이를 골라내기 위해 파헤치는 움직임은 사실상 야생에서 수렵활동을 하는 것과 동일한 효과를 낸다고도 볼 수 있다.

어떤 혼합사료에는 일반적인 품목 외에도 아몬드, 말린 사과, 말린 당근, 바나나, 파파야 등이 포함돼 있는 것을 확인할 수 있다. 이런 내용물을 보면 대부분의 햄스터 보호자가 혼합사료를 좋아하는 것도 당연한 일이라고 하겠다.

혼합사료를 급여할 때 한 가지 유의해야 할 점은, 혼합사료에 포함된 일부 품목이 햄스터의 건강에 그다지 좋지 않다는 것이다. 해바라기씨를 기본으로 한 식단은 비만과 칼슘결핍을 초래해 뼈가 약해지게 만든다. 따라서 해바라기씨는 어린 햄스터에게 거의 필요하지 않은 씨앗이다. 땅콩은 단백질함량이 매우 높지만, 식이장애와 털의 변화로 이어질 수도 있다. 말린 과일이나 당밀이 섞인 과자는 당함량이 높아 충치가 생길 수도 있고, 이로 인해 이빨 손실과 이빨뿌리 농양(타액 분비, 얼굴 부기, 식욕부진으로 입증됨)을 유발할 수 있다. 햄스터에게는 이빨이 매우 중요하다는 점을 잊지 말자. 혼합사료를 급여할 때는 이러한 점들을 감안해 적절한 것을 선택하되, 항상 주의를 기울여 제공하도록 한다.

■**익스트루전 사료** : 익스트루전(extrusion) 공법, 즉 곡물과 견과류를 갈거나 가루를 내어 미네랄 등과 함께 섞어서 압축 및 '팽창과정'을 거쳐 제조된 사료다. 펠릿사료와 혼동될 수 있지만 공법에 약간 차이점이 있다. 펠릿사료는 고온, 고압, 스팀을 가

해 일정한 모양의 틀을 통과시켜 단단하게 만든 사료이고, 익스트루전 사료는 고온, 고압을 가했다가 감압함으로써 팽창시켜 만든 사료를 말한다. 공극이 많아서 기호성이 증진되며, 입자가 매우 단단해서 이빨갈이에 크게 도움이 된다. 또한, 사료만으로 부족한 단백질과 비타민/미네랄 보충에도 도움이 된다.

■**신선한 채소와 과일** : 식단에 비타민을 추가하기 위해서는 때때로 신선한 과일과 채소를 공급하는 것이 도움이 된다. 집에서 기르는 반려햄스터의 경우 건조사료가 식단의 대부분을 차지하지만, 야생에서는 다양한 종류의 먹이를 섭취한다. 스트레스를 최소화하고 즐겁게 지낼 수 있도록 하기 위해서는 햄스터에게 야생 식단의 다양성을 재현해 주는 것이 좋다.

사료를 급여하는 것처럼 채소와 과일을 매일 제공할 필요는 없지만, 일주일에 2~3회 정도 조금씩 급여하면 부족한 영양도 보충되고 씹는 것을 즐길 수 있다. 무엇을 먹일지 고민하고 있다면 다음 페이지 표의 내용을 참고하자.

1. 혼합사료를 먹고 있는 모습 **2.** 브로콜리를 먹고 있는 모습 **3.** 사과를 먹고 있는 모습

정원에서 수확한 것이나 마트에서 구입한 채소와 과일을 급여하면, 햄스터의 식단을 보충하고 맛있는 별식을 제공하는 좋은 방법이 될 수 있다. 채소의 종류를 주의 깊게 선택하고 철저하게 세척한다면 식단에 다양성을 제공하는 환상적인 방법이 된다. 과일과 채소를 제공할 때 주의해야 할 것은 급여량이다. 햄스터에게 채소와 과일을 너무 많이 주면 세 가지 문제가 발생할 수 있다. 첫째, 과다하게 섭취하면 배탈과 설사를 유발할 수 있다. 둘째, 과일의 경

> ### 급여 가능한 먹이와 피해야 할 먹이
>
> 햄스터는 과일과 채소부터 씨앗, 비스킷까지 다양한 음식을 먹을 수 있지만, 이 중에는 문제를 일으킬 수 있는 해로운 음식도 있다는 점을 유념해야 한다. 햄스터에게 안전하고 식단에 풍미를 더할 수 있는 것들이 많다. 따라서 이와 같은 먹이를 선택해 급여하고, 안전 여부를 확신할 수 없다면 굳이 위험을 감수하지 않는 것이 좋겠다. 햄스터는 우리와 매우 다른 소화시스템을 가지고 있으며, 햄스터가 행복하게 먹을 수 없는 음식도 많기 때문에 항상 급여에 주의해야 한다. 다음에 소개하는 목록을 참고해서 안전한 것을 선택하되, 급여 시에는 완두콩이나 콩 크기 정도 되는 양을 제공하도록 한다.
>
> • **급여 가능한 먹이** : 브로콜리 / 당근 / 치커리 / 클로버 / 민들레 / 계란(스크램블드에그 작은 조각) / 햄스터 건조먹이 / 햄스터 간식 / 건초 / 양상추(아주 소량만) / 완두콩 / 스위트콘 / 물냉이 / 통밀 크래커, 건강에 좋은 빵과 롤, 귀리 및 시리얼과 같은 시리얼 및 곡물 / 콜리플라워 / 셀러리 / 옥수수 / 오이 / 민들레(농약 살포하지 않은 잎과 꽃) / 케일 / 완두콩 / 시금치 / 고구마 / 순무 / 물냉이 / 애호박 / 로메인 상추 / 딸기 / 사과 조각(씨 제거) / 바나나 / 체리(씨 제거) / 서양배
>
> • **피해야 할 먹이** : 가지 / 도토리 / 미나리아재비 / 블루베리 / 메꽃 무리 / 감귤류 / 딱총나무 / 마늘 / 양파 / 부추 / 프리벳(쥐똥나무 일종) / 대황(잎 포함) / 파슬리 / 덜 익거나 지나치게 익은 신선식품 / 아몬드 / 사과씨(기타 과일의 씨) / 쪽파 / 초콜릿(햄스터용이 아닌 경우) / 우유 / 달거나 짠 음식 / 토마토잎 / 피클 / 돼지고기 제품 / 생콩 / 생감자 / 아보카도 / 양배추 / 포도, 건포도

우 너무 많이 섭취하면 이빨 질환이 발생할 수 있다. 셋째, 햄스터는 당장 먹을 수 없는 먹이를 덩어리째 저장하는 습성이 있으며, 채소와 과일은 아주 빨리 부패하게 된다. 따라서 채소와 과일을 제공한 다음 날 먹지 않고 남은 것은 빨리 제거해야 한다. 이렇게 하면 부패한 음식을 먹음으로써 발생 가능한 문제를 최소화할 수 있다.

■**건초** : 대부분의 보호자가 생각하지 못하는 먹이 중 하나는 티모시(timothy)나 알팔파(alfalfa), 또는 이 둘을 혼합한 건초다. 야생의 햄스터는 풀을 먹는 동물이다. 햄스터는 들에서 풀을 먹고, 볼주머니에 넣어서 굴로 가져가 겨울이 올 때까지 저장고에 숨겨둔다. 풀은 햄스터의 이빨을 마모시키는 데도 도움이 된다. 살충제나 제초제로 처리되지 않은 것이라는 전제하에, 건초를 사거나 신선한 풀을 뽑아 햄스터의 식단에 쉽게 추가할 수 있다. 반려동물 숍에서 빵 덩어리 크기의 봉지나 브라우니 크기의 큐브로 압축된 포장 건초를 구입할 수도 있다.

■**밀웜**(mealwarm)**과 귀뚜라미** : 밀웜은 파충류, 조류, 고슴도치 등 다양한 반려동물 사

육 시에 일반적으로 애용하는 생먹이다. 거저리 애벌레로 2~3cm까지 자라며, 번식이 쉽다. 주로 밀기울 또는 보릿가루를 먹여 키우며, 급여가 간편하고 기호성이 높다. 햄스터의 경우 1주일에 한두 번, 1~2마리씩 급여하면 영양보충에 도움이 된다. 살아 있는 밀웜을 다루기 어렵다면 건조 밀웜을 구입해 급여하면 간편하다.

귀뚜라미는 밀웜과 마찬가지로 여러 반려동물을 기를 때 많이 사용된다. 그러나 너무 큰 크기의 귀뚜라미를 급여하게 되면 삼키기 어렵고, 또 삼키는 과정에서 귀뚜라미의 날카로운 뒷다리 부분에 의해 입안에 상처가 생김으로써 구내염(mouth rot)을 유발할 수 있다. 이처럼 관리 및 급여가 까다롭기 때문에 햄스터 보호자들은 그다지 선호하지 않는데, 건조된 귀뚜라미도 구할 수 있으므로 참고하도록 하자.

■**사료 구입 시 주의사항** : 펠릿사료나 혼합사료를 구매할 때는 꼭 포장지의 라벨을 확인하는 습관을 들이는 것이 좋다. 일부 사료에는 감미료가 첨가된 것도 있다. 필자는 혼합사료를 급여하면서 햄스터에게 당밀(糖蜜, molasses; 사탕수수나 사탕무를 설탕으로 가공할 때 부수적으로 나오는 찐득한 시럽)을 잔뜩 먹이고 있다는 사실에 매우 놀랐다. 또한, 냉장 보관 여부도 확인한다. 라벨에 이러한 내용이 명시된 경우 신선함을 유지하기 위해서는 반드시 냉장고에 보관해야 하며, 그렇지 않으면 나방과 벌레가 창궐할 수 있다.

냉장 보관을 할 필요가 없더라도 3개월 정도 이내에 다 먹일 수 있을 만큼만 구입하도록 하자. 일부 식단의 높은 지방함량, 냉장 보관을 하지 않는 경우의 폐해 등에 대한 참고자료를 온라인에서 확인할 수 있다. 필자의 경우 햄스터 사료를 너무 오래 보관해서 상했던 적은 한 번도 없다. 사실 사료를 3개월 이상 두고 먹여본 적도 없다. 특히 유통기한이 짧은 혼합사료는 필자가 기르는 개가 차지했

반려동물 숍에서 구할 수 있는 사료와 보충제

다. 혼합사료의 보관용기 뚜껑을 코로 열고 부지런히 내용물을 핥고 있는 개를 발견한 적이 한두 번이 아니다. 녀석들은 혼합사료를 매우 좋아하는 것 같았는데, 당밀이 강화된 점이 한 요인이었을 것으로 보인다.

참고로, 여러 가지 재료들을 섞어 자신만의 사료를 직접 만들 수도 있다. 이 경우 가장 큰 함정은 단백질, 지방, 섬유질, 미네랄, 비타민 함량을 정확하게 계산하는 것이 어렵고, 햄스터에게 필요한 성분이 부족한 사료를 먹이게 된다는 것이다. 또한, 벌레가 발생하기 전에 다 먹지 못할 정도로 많은 양이 만들어질 수 있다. 필자는 시판 사료의 성분표를 비교하면서 사는 것이 더 쉽다는 입장이다.

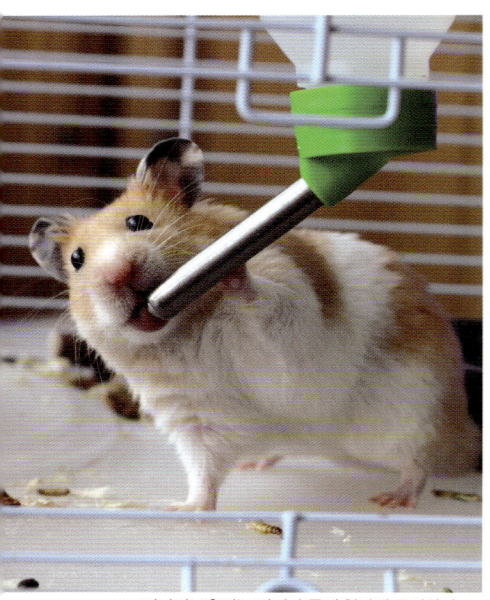

비타민보충제는 먹이나 물에 첨가해 급여한다.

신선한 먹이에는 거의 모든 종류의 과일이나 채소가 포함될 수 있다. 주의해야 할 것은 로메인(Romaine lettuce; 상추의 한 품종)이나 시금치와 같은 잎이 많은 채소뿐이다. 2.5x2.5cm보다 큰 조각을 급여하면 설사를 할 수 있으므로 주의해야 한다.

비타민/미네랄보충제

식단을 논할 때 비타민보충제에 대해 언급하지 않을 수 없다. 사람의 경우 예방 차원에서 여러 가지 비타민제를 섭취하는 이들이 많다. 상업용 햄스터 사료는 완전한 식단이라고 알려져 있지만, 동시에 동일한 사료제조업체가 비타민보충제를 생산해 판매하고 있는 것을 볼 수 있다. 사료가 완벽한데 비타민보충제를 따로 판다니, '사료제조업체가 소비자를 속이는 건가?'라는 생각이 들지도 모르겠다. 대부분의 햄스터 보호자는 다양한 식단을 준비해 제공하며, 비타민보충제를 따로 급여하지는 않는다. 그러나 식단에 대해 좀 더 깊게 고민해 보고자 하는 보호자라면 일종의 보험으로서 비타민보충제 급여를 고려해 볼 수 있다.

혼합사료를 주로 급여하는 경우, 햄스터는 자신이 먹고 싶은 것만 골라내서 섭취하는 경향을 보이기 때문에 영양적으로 불균형을 초래할 수 있다. 이렇게 햄스터의 기본 식단이 불충분할 때 비타민보충제를 추가로 급여하면 건강관리에 도움이 될 것이다. 비타민보충제는 액체 또는 분말 형태로 제조되며, 먹이나 물에 첨가해 급여하도록 고안됐다. 비타민보충제가 첨가된 물맛을 좋아하지 않아 식수를 거부하는 햄스터도 볼 수 있는데, 이런 부분이 걱정되는 보호자라면 여분의 물병을 준비하고 그 물병에만 비타민보충제를 타서 급여하는 것이 가장 좋은 방법이다.

오랜 세월이 지났음에도 불구하고 햄스터의 미네랄요구량에 대해서는 제대로 알려지지 않았지만, 시중에는 햄스터를 위한 미네랄보충제가 다양하게 판매되고 있다. 미네랄보충제의 최신 제품 중 하나는 귀뚜라미 맛을 낸 칼슘정제다. 햄스터에게 살아 있는 귀뚜라미를 급여한 적이 있다면, 여러분이 "내 생각엔 귀뚜라미는 먹지 않을 것 같아"라는 말을 꺼내기도 전에 우습게도 햄스터가 펄쩍 뛰어올라 귀뚜라미를 먹어 치우는 것을 본 경험이 있을 것이다. 이 보충제는 진짜 곤충의 감칠맛이 나도록 제조됐으며, 햄스터에게 필수미네랄인 칼슘을 제공한다. 이러한 보충제를 제공하는 경우 곤충 급여 시 생기는 번거로운 과정을 겪을 필요가 없다.

간식

햄스터에게 먹일 수 있는 '햄스터 간식'의 종류와 수는 깜짝 놀랄 정도로 많다. 많은 간식이 당을 포함하고 있고, 빨간색처럼 인간의 식욕을 자극하는 밝은 색상을 사용해 매우 매력적으로 포장돼 있기 때문에 주의해서 사용해야 한다. 이것들 중 일부는 인간의 음식과 매우 비슷해 보인다. 알록달록한 색깔에 막대 모양의 과자가 궁금해서 맛을 보니 너무 달아서 라벨을 확인해 본 적이 있다. 주재료는 밀가루와 옥수수시럽이었는데, 영양적인 측면에서 보면 많은 성분을 제공하지는 않았다.

간식은 기본적으로 혼합제품과 단일제품으로 분류된다. 혼합제품에는 땅콩, 파파야, 사과, 당근, 해바라기씨 등이 혼합돼 있으며, 일반적으로 보호자가 쉽게 취급할 수 있을 정도의 큰 덩어리로 압축돼 있다. 단일제품은 일반적으로 말린 과일이나 채소가 해당된다. 말린 옥수수는 옥수수알을 뜯는 재미와 운동의 기회를 제공할 수

> **간편하게 햄스터에게 줄 수 있는 간식**
>
> 일주일에 한두 번 제공할 수 있다.
> - **계란** - 스크램블드, 완숙(소금은 넣지 않는다)
> - **개 비스킷** - 단백질함량이 높고, 질감이 단단해서 햄스터가 갉으며 바쁘게 지낼 수 있다. 이빨 마모에도 도움이 된다.
> - **조류용 혼합사료** - 햄스터는 사랑앵무나 카나리아용 혼합사료를 좋아한다.
> - **건조 시리얼** - 치리오스(Cheerios; 미국의 시리얼 브랜드명)는 설탕함량이 가장 낮다.
> - **통밀 빵**   • **생 파스타**
> - **말린 과일**

있을 것 같다. 말린 망고, 파파야, 바나나, 파인애플 등을 제공하는 제조업체도 있다. 그렇다면 햄스터에게 간식은 꼭 필요한 것일까? 햄스터는 간식을 좋아하고 보호자 또한 간식을 먹을 때의 귀여운 모습을 좋아하지만, 반드시 급여해야 하는 것은 아니다.

간식을 제공하고자 할 때는 일주일에 한두 번, 이빨로 갉을 수 있는 단단한 것을 급여하도록 한다. 단단한 간식은 햄스터의 이빨을 좋은 상태로 유지하는 데 도움이 되며, 추가적인 영양공급원이 될 수도 있고, 심지어 오락거리가 될 수도 있다. 또한, 영양적인 면을 염두에 둬야 한다. 햄스터는 균형 잡힌 식단보다 달콤한 간식을 선호하는 경향이 있기 때문에 제공되는 간식의 양을 적절하게 제한하는 것이 좋다.

먹이급여방법

먹이는 하루에 한 번, 아침이나 저녁에 급여한다. 어느 시간대가 더 좋은지에 대해서는 전문가마다 의견이 다르다. 일부 전문가들은 햄스터가 어두울 때 활동하므로 저녁 내내 깨어 있기 때문에 야간에 급여하는 것이 좋다고 주장한다. 다른 전문가들은 하루 종일 산발적으로 먹는 것을 좋아하기 때문에 아침에 급여하는 것이 좋다고 주장하기도 한다. 그러나 아침이든 저녁이든, 규칙적으로 먹는 것이 중요하므로 일정한 시간대를 선택해 급여일정을 일관되게 유지하는 것이 바람직하다. 보호자가 자신의 햄스터를 잘 관찰해 적절한 시간대를 판단해서 급여하도록 하자.

급여 시에는 작은 도자기 그릇에 담아 제공하는 것이 좋다. 플라스틱 재질의 그릇은 흠이 생기면 그 틈새에 박테리아가 창궐할 수 있으므로 위생상 좋지 않다. 햄스터가 놀 수 있는 공간을 좀 더 확보하기 위해 큰 그릇보다는 작은 그릇이 적절하다. 먹이그릇은 화장실이 있는 곳의 반대편에 두고, 매주 케이지를 청소할 때 세제를 이용해 깨끗이 세척한다. 간식을 급여할 때는 손으로 주는 것이 좋다. 햄스터와 유대감을 형성하고 긍정적인 관계를 구축하는 데 도움이 된다. 한 손으로 간식을 주고 다른 손으로는 햄스터를 쓰다듬어 주면서 천천히 신뢰를 쌓아가도록 하자.

먹이급여량

햄스터의 먹이급여량은 크기에 따라 다르지만(체중 100g당 12g), 대략적으로 건조사료를 하루에 약 1테이블스푼 정도 섭취한다고 생각하면 급여하기 쉬울 것이다. 시리안 햄스터는 평균적으로 하루에 약 1테이블스푼(10g)의 건조사료를 급여하고, 여기에 당근, 사과, 셀러리(2.5cm) 등 몇 가지 신선한 먹이로 보충해 줄 필요가 있다. 차이니즈 햄스터, 캠벨 드워프 햄스터, 러시안 드워프 햄스터의 경우 시리안 햄스터보다 크기가 작지만 신진대사는 더 높은 것으로 알려져 있기 때문에, 적어도 그들과 같은 양을 제공하는 것이 좋다. 로보로브스키 햄스터의 경우는 이보다 적은 양을 제공한다. 익스트루전 사료를 한두 알씩 추가할 때는 건조사료의 양을 줄인다.

베딩 속에 엄청난 양의 건조사료를 저장해 두고 있는 것을 발견하게 된다면, 너무 많은 양의 먹이를 급여하고 있다는 의미이므로 급여량을 조절한다. 모든 먹이가 매우 빨리 사라지면 양을 늘리는 것이 좋으며, 임신 중이거나 병에서 회복 중인 햄스터의 경우 에너지소비량이 많으므로 평소보다 더 많은 먹이가 필요하다. 햄스터 종별로 먹이급여량을 조절하려면 상황에 따라 판단해야 한다.

체중을 모니터링해 급여량을 조절하는 방법도 있다. 햄스터는 온몸이 털로 뒤덮여 비만 여부를 눈으로 확인하기 어려울 수 있는데, 시리안 햄스터의 체중은 길이 2.54cm당 약 28g 정도 된다. 또한, 햄스터가 느리고 둔해 보인다면 식단을 수정해야 할 수도 있다.

먹이급여량은 햄스터 종과 특정 상황에 따라 적절하게 조절하도록 한다.

03 section

햄스터의
이빨 관리

햄스터는 소형 설치류이며, '설치류(rodent)'라는 단어는 '(앞니로) 갉다'를 의미하는 라틴어 '로데레(rodere)'에서 유래됐다. 햄스터의 앞니는 노란빛의 주황색 에나멜로 덮여 있고, 평생 지속적으로 자라기 때문에 앞니로 무언가를 갉아 마모시키는 행위는 햄스터에게 있어서 매우 중요한 생존활동이라고 볼 수 있다. 따라서 햄스터의 이빨을 주기적으로 관찰해 상태를 확인하고, 적절한 이빨갈이용품을 제공하는 등 이빨 관리에 세심한 주의를 기울여야 건강하게 살아갈 수 있다.

이빨과 관련한 건강상 문제
앞서도 언급했듯이, 햄스터의 앞니는 평생 지속적으로 자라기 때문에 이빨과 관련된 건강상 문제가 발생하기 쉽다. 이빨이 충분히 마모되지 않으면 너무 자라서 감염이 발생하고 통증이 생길 수 있으며, 볼주머니를 뚫고 자랄 수도 있다. 햄스터의 이빨을 건강하게 유지하려면 평소 예방을 위한 관리를 하고, 감염의 징후를 주의 깊게 살펴봐야 한다. 만약 문제가 발생했다면 수의사에게 진료를 받는 것이 좋다.

햄스터의 이빨은 평생 자라기 때문에 적절하게 마모시켜 주지 않으면 이와 관련한 질환이 발생할 수 있으므로 관리에 주의를 기울여야 한다.

■**앞니의 손상** : 앞니가 너무 자라면 먹이를 먹을 때 입을 닫는 데 방해가 된다. 또한, 과도하게 자란 앞니는 잇몸과 혀를 찔러 상처가 나고 출혈을 일으킬 수도 있으며, 감염이 유발된다. 위아래 앞니가 모두 과도하게 자라면 햄스터가 입을 다물려고 할 때 서로 부딪혀 부러지고, 이로 인해 통증을 유발할 수 있으므로 적절하게 마모시켜 줘야 한다.

앞니가 지나치게 자란 햄스터의 경우 케이지 창살을 씹다가 이빨이 부러지고, 먹이를 먹는 데 불편함을 느낄 수 있다. 앞니가 부러지면 다시 자라지 않거나 삐뚤삐뚤하게 자랄 수도 있다. 부러진 앞니는 또한 구개(口蓋; 입의 천장을 이루는 부분으로 코안과 입안을 나눈다)의 열상을 유발함으로써 입과 코가 연결되는 비정상적인 누관(瘻管; 궤양, 상처 등으로 생긴 구멍. 이곳을 통해 고름이 흘러나온다)이 형성될 수 있다. 이와 같이 구강과 비강을 잇는 누관이 생긴 햄스터는 재채기를 하고 콧물이 나오는 증상이 나타난다.

■**어금니의 손상** : 앞니에 나타나는 문제보다는 덜 일반적이지만, 어금니(볼니라고도 함)에 문제가 생길 수도 있다. 햄스터는 입이 작고 물어뜯는 경향이 있어서 보호자가 이빨을 닦아주는 것이 불가능하기 때문에 음식물이 어금니 사이에 끼어 세균 증식, 잇몸 궤양, 때로는 치근 농양(감염)을 유발할 수 있다. 어금니에 문제가 있는 햄스터는 먹이를 먹는 데 어려움을 겪고, 체중이 감소하며, 아래턱이 붓거나 눈 밑 또는 주위가 부어오르는 증상이 나타날 수 있다.

■**볼주머니 질환** : 햄스터는 입 안에 볼주머니라고 불리는, 근육질의 커다란 주머니(얼굴 양쪽에 하나씩)를 가지고 있다. 이 주머니를 사용해 먹이, 베딩 등을 옮기며, 때로는 새끼를 넣어 이동하기도 한다. 볼주머니가 채워지면 어깨까지 늘어날 수 있다.

이빨이 과도하게 자라면 이 볼주머니를 뚫고 나올 수 있으며, 이때 생긴 상처가 감염될 수 있다. 감염 부위가 커지면 농양으로 발전해 수의과 치료가 필요하다. 또한, 햄스터는 다음 먹이를 먹을 준비가 됐을 때 앞발을 사용해 주머니 밖으로 먹이를 밀어내는데, 큰 음식 조각이나 종이 베딩이 볼주머니 안쪽 벽에 달라붙어 햄스터가 밀어낼 수 없을 정도로 심각한 문제가 생길 수 있다. 이 경우 종종 농양으로 발전하기도 하며, 얼굴 한쪽 또는 양쪽이 붓는 증상이 나타난다. 때때로 햄스터는 볼주머니를 비우기 위해 너무 세게 문지르기 때문에 입 안에서 뒤집어지거나 뒤집힌 다음 입 밖으로 튀어나오게 된다. 한쪽 또는 양쪽 볼주머니가 뒤집힐 수 있으며, 뒤집힌 볼주머니는 통증이 유발되고 피가 나며 식사를 방해할 수 있다.

이빨 질환의 예방을 위한 관리

특정 먹이, 단단한 간식, 이빨갈이용 장난감 등은 햄스터의 이빨을 튼튼하고 건강하게 유지하는 데 도움이 된다. 햄스터는 적절한 식단을 섭취하는 한 이빨을 깨끗하게 유지할 수 있다. 식단에 최대한 신경을 써서 관리하면 햄스터에게 이빨 질환이 발생하는 경우는 드물지만, 가끔 이빨을 검사해 건강 여부를 확인할 수 있다. 문제가 있다고 의심되면 수의사에게 데려가 치료를 받도록 하자. 다음은 햄스터가 건강한 이빨을 유지하도록 돕기 위해 보호자가 신경 써야 하는 일들이다.

■**올바른 먹이 제공** : 이빨이 과도하게 자라는 것 외에도, 햄스터는 영양적으로 부적절한 식단을 계속해서 제공받았을 때 이빨과 관련한 질환이 발생할 수 있다. 이러한 문제를 예방하기 위해서는 시중에서 판매되는 햄스터 전용 사료를 주식으로 급여하되, 신선한 과일과 채소 등으로 식단을 보충해 주는 것이 좋다. 반려동물 숍에서 펠릿사료부터 혼합사료까지 다양한 건조사료를 선택해 구입할 수 있으며, 이러한 먹이는 햄스터의 영양적 요구를 충족시키기 위해 특별히 제조된 것들이다.

햄스터는 평소 건조사료와 함께 신선한 먹이를 먹는 것을 정말 좋아한다. 생과일, 채소 등 건강에 좋은 신선한 먹이를 추가로 급여하면 햄스터의 식단에 다양성을 제공해 줄 뿐만 아니라 단단한 질감은 이빨건강에도 도움이 된다. 햄스터에게 급여할

건조사료 위주의 식단이 이빨 관리에 좋다.

수 있는 과일과 채소의 종류는 '급여 가능한 먹이와 피해야 할 먹이(170페이지)'를 참고하도록 하자. 햄스터에게 이빨 질환이 있어 씹는 것이 어려운 상태가 아닌 한 부드러운 음식은 급여하지 않는 것이 좋다. 으깨거나 간 음식의 경우 작은 입자가 이빨 사이에 끼어 충치를 유발할 수 있으므로 급여를 피한다.

또한, 사람이 먹는 음식은 급여하지 않는 것이 좋다. 햄스터는 인간과 매우 다른 소화시스템을 가지고 있기 때문에 인간이 먹는 많은 음식이 문제를 일으킬 수 있다는 점을 잊지 말아야 한다. 일단은 반려동물에게 사람이 먹는 대부분의 음식을 주지 않는 것이 가장 좋은 방법이지만, 햄스터가 먹을 수 있는 음식과 먹을 수 없는 음식이 무엇인지 확실하지 않다면 햄스터에게 적합한 식품 목록을 확인하고 급여하는 것이 좋겠다.

■**건강한 간식 제공** : 반려동물 숍에서 다양한 간식을 구입할 수 있는데, 숍에서 판매되는 간식 중 일부에는 충치 같은 문제를 일으킬 수 있는 설탕이 포함돼 있으므로 선택에 주의해야 한다. 설탕이 첨가되지 않은 간식을 선택하고, 너무 많이 먹으면 비만을 초래하므로 일주일에 2~3회 소량을 제공하는 것이 중요하다. 햄스터마다 선호하는 간식이 다르므로 조금씩 여러 가지를 구매해서 잘 먹는 것을 선택한다.

가끔 반려견용 비스킷을 제공하면 햄스터에게 훌륭한 간식이 될 수 있다. 반려견용 비스킷은 햄스터의 이빨을 마모시키는 데 도움이 될 만큼 단단하며, 뼈를 튼튼하게 유지하는 데 도움이 되는 필수영양소인 칼슘도 많이 함유하고 있다. 반려견용 비스킷을 이빨갈이용 나무 대신 사용할 수 있는데, 지방함량이 매우 높은 제품이 많으므로 잘 선택하되 가끔 소량만 제공하는 것이 바람직하다. 반려견용 비스킷을 적당히 급여하면 햄스터의 건강을 지켜줄 수 있는 특별한 간식이 될 것이다.

■ **이빨갈이용 장난감 제공** : 햄스터는 무언가를 갉는 것을 좋아하며, 갉는 활동을 통해 이빨이 과도하게 자라는 것을 방지하고 건강한 길이로 유지할 수 있기 때문에 이빨갈이용 장난감을 꼭 제공해야 한다. 햄스터가 갉을 수 있도록 케이지 안에 몇 가지 다른 물건들을 넣어두도록 하자. 반려동물 숍에서 햄스터에게 제공할 수 있는 여러 가지 씹는 장난감을 구할 수 있다. 일부 햄스터는 반려견용 껌을 즐겨 씹기도 한다. 필요에 따라 이빨갈이용 나무 1~2개를 케이지에 넣어두면 좋다. 일반적으로 이빨갈이용 나무는 막대 형태로 제조되며, 무독성 페인트로 처리돼 있다. 종종 발사나무(balsa; 쌍떡잎식물 벽오동과의 상록교목)나 다른 경량목재로 만들어지기도 한다.

햄스터의 이빨은 지속적으로 자라기 때문에 이빨갈이용 장난감 또한 효과를 보려면 계속해서 갉을 수 있도록 주기적으로 제공해야 한다. 햄스터의 이빨을 언제 다듬어 줘야 하는지 보호자는 판단하기 어렵기 때문에 햄스터가 스스로 이빨을 처리하도록 내버려두는 것이 좋다. 햄스터에게 이빨 길이를 스스로 조절할 수 있는 방법(씹는 장난감 제공)을 제공하면 보호자가 따로 개입할 필요는 없을 것이다.

반려동물 숍에서 햄스터에게 제공할 다양한 씹을 거리를 구할 수 있지만, 나무 조각을 직접 골라 제공할 수도 있다. 이 경우 작은 포유동물에게 해로운 것, 너무 쉽게 부러지는 것, 접착제나 바니시 또는 살충제 등으로 처리된 것들은 피하도록 한다. 좀 더 효과적이고 환경친화적인 방법을 찾고 있다면 무농약 과일나무 가지를 사용할 수 있다. 두께가 2~2.5cm 되는 부분을 7~10cm 길이로 잘라 햄스터에게 제공한다. 사과나무가 가장 좋지만, 체리나무와 복숭아나무 또는 배나무도 좋다.

햄스터에게 씹는 장난감을 제공할 때는 안전한 것인지 확인해야 한다. 햄스터는 보호자가 주면 주는 대로 대부분 사용할 것이다. 따라서 독성이 있거나 소화되지 않는 것을 제공해서는 절대 안 된다. 플라스틱 재질의 씹는 장난감은 피하도록 하고, 영국 아이비나무, 수국, 진달래를 포함해 햄스터에게 해로운 종류의 식물 가지를 제공하지 않도록 한다. 어떤 종류의 나무인지 확실하지 않은 경우라면, 우연히 발견한 나무 조각을 무심코 햄스터에게 주는 일이 없도록 해야 한다.

■ **박테리아감염 예방** : 많은 보호자가 잘 모르고 있는 것이 한 가지 있는데, 사람의 입

필요에 따라 이빨갈이용 나무 1~2개를 케이지에 넣어두면 좋다. 반려동물 숍에서 다양한 이빨갈이용 장난감을 구할 수 있다.

에 있는 박테리아가 햄스터에게 문제를 일으킬 수 있다는 점이다. 인간의 입에는 많은 박테리아가 존재하며, 입을 맞추거나 음식을 공유함으로써 이러한 박테리아를 햄스터에게 옮길 수 있다. 따라서 충치와 같은 문제를 일으킬 수 있는 박테리아감염을 예방하기 위해서는 햄스터에게 입을 맞추거나 음식을 공유하지 않도록 해야 한다.

■ **1년에 한 번 치과 검진** : 햄스터의 이빨에 특정 문제가 발생하지 않았더라도 예방을 위해 매년 수의사에게 검사를 받는 것이 좋다. 수의사는 햄스터의 전반적인 건강상태를 진단하고, 혹 보호자가 식별할 수 없는 문제가 발생하지는 않았는지 꼼꼼하게 확인할 수 있다. 일부 햄스터의 경우 이빨이 잘못 정렬돼 있어서 갉는 활동이 불가능할 수 있다. 이것이 햄스터에게 문제가 된다면 수의사가 이빨이 과도하게 자라는 것을 예방하는 데 도움을 줄 수 있다.

잠재적인 이빨 질환의 식별

건강한 이빨은 매우 곧고, 피가 나지 않아야 하며, 옆에 있는 이빨과 길이가 거의 같아야 한다. 앞니가 과도하게 자랐거나 박테리아로 인해 이빨과 잇몸이 감염된 경우, 이빨이 부러진 경우 수의사의 진료를 받도록 한다. 햄스터의 이빨은 노란빛을 띤 주황색이며, 이빨이 누렇게 보이는 것은 자연스러운 현상이므로 걱정할 필요는 없다. 나이 든 햄스터의 경우 하얀색을 띠기도 하는데, 이는 실제로 질병의 증상일 수도 있으므로 이빨이 하얗게 변했다면 수의사의 조언을 받는 것이 좋겠다.

부러진 이빨이나 기타 문제로 어려움을 겪고 있다면 저작(咀嚼; 음식을 씹음)이나 소화에 무리가 가지 않도록 가능한 한 부드러운 먹이를 급여하고, 단백질 요구량을 충족하는 데 도움이 되는 먹이를 급여한다. 별 것 아닌 것처럼 보일 수도 있지만, 이와 같은 작은 노력이 햄스터의 이빨을 건강하게 유지하는 데 도움이 될 수 있다는 점을 기억하자.

■ **매주 이빨 검사하기** : 햄스터는 이빨과 관련한 질환에 취약하기 때문에 매주 상태를 검사해야 한다. 햄스터를 조심스럽게 잡고 머리 뒤쪽의 털을 살짝 잡아당겨 입을 벌리면 입 안을 살펴보기가 더 쉬워진다. 목덜미의 피부를 뒤로 잡아당길 때 너무 세게 잡으면 햄스터가 불편해할 수 있으므로 주의한다.

햄스터의 앞니는 평생 성장을 멈추지 않기 때문에 일부 햄스터의 경우 앞니의 정렬에 문

햄스터는 이빨과 관련한 질환에 취약하기 때문에 매주 상태를 검사해야 한다.

제가 생길 수 있다. 윗니와 아랫니는 서로 잘 맞물려 있어야 한다. 맞물릴 때와 씹을 때의 마찰은 햄스터의 이빨이 과도하게 자라는 것을 방지하는 데 도움이 된다. 위아래 앞니가 서로 잘 맞물려 있는지 확인하자. 앞니가 너무 많이 자란 경우 서로 맞물리거나 갈리지 않는다. 이빨이 맞물려 있기는 해도 햄스터가 턱을 크게 벌렸을 때 이빨 사이에 음식이 들어갈 수 없다면 너무 길게 자란 상태라고 할 수 있다.

부러졌거나 기형적인 앞니는 없는지도 확인해야 한다. 부러지거나 변형된 이빨은 수의사의 진찰을 받아 치료해야 한다. 햄스터의 이빨이 선천적으로 비뚤어져 있거나 그중 하나가 부러지면 너무 길게 자랄 수 있다. 이는 심한 통증을 유발하고 햄스터가 식사를 할 수 없게 만드는 심각한 상태다. 앞니가 어긋나거나 과도하게 자란 것처럼 보인다면 수의사에게 조언을 구하도록 하자. 이 상태에서는 정기적으로 이빨을 다듬어야 할 수도 있으며, 이는 동물병원에서 특수도구를 사용해 시행해야 한다. 앞니의 모양과 길이에 특히 주의해야 한다. 햄스터를 제지하지 않고도 부러지거나 어긋난 이빨을 확인할 수 있어야 한다.

이빨과 관련한 질환이 있는 경우 먹이섭취를 제대로 하지 못해 체중이 감소될 수 있다.

■**식욕의 변화 살피기** : 이빨에 문제가 있는 햄스터는 평소보다 먹이를 덜 먹을 가능성이 크다. 햄스터의 먹이그릇이 어느 날 갑자기 가득 차 있는 것이 보이면, 이빨이 너무 많이 자랐거나 다른 문제 때문에 먹이를 먹지 않은 것일 수 있다. 또한, 햄스터는 케이지 안에 먹이를 숨겨두는 습성이 있기 때문에 아무것도 먹지 않는데도 음식물을 숨기고 있을 수 있다. 매주 햄스터의 케이지를 청소할 때 숨겨둔 먹이가 있는지 주의 깊게 살펴보자.

■**체중의 변화 살피기** : 온몸이 털로 뒤덮여 있기 때문에 체중이 감소되고 있는지 여부를 알기는 어렵지만, 햄스터를 잡아보면 확인할 수 있을 것이다. 체중이 감소된다는 것은 현재 햄스터가 충분히 먹지 않고 있다는 신호이며, 이는 종종 이빨의 문제로 인해 발생한다. 햄스터의 체중을 정기적으로 측정해 건강할 때의 무게를 기록해 두자. 이렇게 하면 체중의 감소 여부를 훨씬 쉽게 확인할 수 있다. 햄스터의 무게를 측정하려면 디지털 저울을 사용하는 것이 적절하다. 용기에 햄스터를 넣고 재는 것이 수월한데, 용기를 먼저 잰 다음 전체 수치에서 용기의 무게를 빼면 된다.

■**과도한 침 흘리기 확인하기** : 입안이 건강하지 않은 상태인 햄스터는 타액이 과도하게 생성되는 경향이 있다. 만약 햄스터가 입을 다물거나 삼키는 것이 어려워지면 입안에 고인 침을 그대로 밖으로 흘리게 된다. 또한, 스트레스를 받았을 때나 심한 통증을 느끼는 상황일 때도 침을 과도하게 흘리는 증상이 나타난다. 햄스터의 입 주변과 턱에 생기는 얼룩으로 이러한 증상을 확인할 수 있다.

■**입 냄새 맡아보기** : 햄스터의 이빨에 문제가 있다고 의심되는 경우 입 냄새로 원인

을 찾을 수 있다. 입안이 감염된 햄스터의 경우 종종 악취가 나는데, 햄스터의 음식과 몸에서 나는 일반적인 냄새가 아니라 좀 더 지독한 냄새라 쉽게 구분된다.

■**수의사에게 문의하기** : 햄스터가 이빨과 관련한 특정 문제를 갖고 있다고 생각할 만한 이유가 있다면 항상 수의사에게 데려가도록 한다. 수의사는 심층적인 검사를 실시하고 햄스터의 상태를 해결하기 위해 무엇을 해야 하는지 정확히 알려줄 수 있다. 이빨과 관련한 질환의 징후로는 침 흘리기, 체중감소, 구취, 식욕변화 등을 들 수 있다. 햄스터의 이빨 색깔도 알아야 한다. 노란색은 정상적이고 건강한 상태지만, 짙은 갈색이나 검은색을 띤다면 문제가 있는 것이다.

이빨 질환의 치료

훈련을 받았고 자신감이 있다면 보호자가 직접 앞니를 다듬을 수도 있다. 손톱깎이로 자란 이빨을 다듬을 수 있는데, 주의 깊게 사용하지 않으면 이빨이 부러질 수 있으므로 각별히 조심해야 한다. 이 때문에 햄스터의 앞니를 다듬기 전에 수의사와 상담하는 것이 중요하다. 햄스터를 가만히 붙잡는 방법, 이빨을 다듬는 방법, 피해야 할 실수 등을 보여줄 것이다. 집에서 시도하는 것이 익숙하지 않다면 수의사에게 의뢰하는 것이 안전하다. 잘못 손질된 이빨은 더 큰 문제를 일으킬 수 있다.

자란 어금니는 특별한 도구를 사용해 잘라줘야 하며, 동물병원에 데려가면 진정제를 투여한 다음 초음파 치과기계를 사용해 안전하게 갈아줄 것이다. 씹는 장난감으로 이빨을 건강하게 유지하는 데 어려움이 있는 경우 수의사와 상담한다. 수의사는 이빨을 다듬고 건강하게 유지하는 데 필요한 몇 가지 정보를 제공해 줄 것이다.

수의사의 조언이 필요할 때는 설치류 치료 경험이 있는 수의사를 찾는 것이 좋다. 햄스터의 이빨이 지나치게 자라거나 기타 이빨 질환이 있는 경우 감염과 같은 근본적인 문제를 가지고 있을 수 있다. 수의사는 이러한 건강문제에 대한 치료방법을 처방할 것이며, 보호자의 임무는 수의사의 지시대로 집에서 치료를 계속하는 것이다. 과도하게 자란 이빨로 인해 감염이 발생한 경우 수의사는 햄스터에게 항생제를 처방할 수 있으며, 수의사의 지시에 따라 적절하게 투여해야 한다.

햄스터의 발톱 관리

사육환경에 있는 햄스터는 베딩, 목재 은신처, 목재 장난감 등을 사용하면서 자연스럽게 발톱이 마모되기 때문에 따로 다듬어 줄 필요는 없다. 그러나 발톱이 너무 자라 안쪽으로 접히거나 옆으로 말려 있다면 생활하기가 불편하고 건강상 문제가 발생할 수 있으므로 보호자가 직접 다듬어 줘야 한다. 가능한 상황(길들여진 정도, 햄스터의 기분 등)이라면 보호자가 다듬기를 시도해도 되지만, 자신이 없다면 수의사에게 의뢰하는 것이 안전하다. 햄스터의 발을 손가락 사이로 살짝 눌러 고정한 다음, 도구를 사용해 발톱 끝의 투명한 부분을 살짝 다듬어 주면 된다. 이때 너무 깊게 자르지 않도록 주의해야 한다.

햄스터의 발톱 다듬기 전 준비할 사항

우선 햄스터를 길들여야 한다. 보호자가 안아도 거부감을 보이지 않을 정도로 길들여지지 않았다면, 발톱을 다듬는 것은 쉽지 않다. 이 경우 동물병원에 데려가는 것이 안전하다. 둘째, 햄스터를 '발톱 다듬기' 자세로 잡는 연습을 한다. 햄스터가 길들여지고 손에 쥐는 것을 개의치 않게 되면, 매일 몇 분씩 시간을 내서 발톱을 다듬을 때와 같은 자세로 햄스터를 잡는다. 딱히 정해진 방법은 없으며, 여러분과 햄스터 모두에게 편안한 자세를 찾는 것이 중요하다. 햄스터의 발이 보호자의 손가락 위로 나오도록 똑바로 세워 잡거나, 평평하게 잡아 손가락 사이에 햄스터의 발을 잡을 수 있도록 한다. 이 자세를 연습할 때 처음에는 발을 잡지 않으며, 햄스터가 익숙해질 때까지 계속 연습한다. 햄스터가 손에 가만히 앉아 있을 때 간식으로 보상해 준다. 몇 번 연습한 후, 필요하다고 생각되면 작은 수건으로 햄스터를 감싸안아 주는 것도 좋다. 햄스터가 손에 가만히 앉아 있다면 수건으로 감싸지 않아도 된다.

셋째, 햄스터가 발톱 다듬는 자세에 익숙해지면 매일 손가락 사이에 발을 하나씩 잡는 시간을 가진다. 처음에는 아주 부드럽게 잡고, 햄스터가 편안해하면 조금 더 단단히 잡기 시작한다. 발톱을 다듬을 때는 단단하면서도 부드럽게 잡아야 한다. 매번 훈련 후에는 햄스터에게 보상을 주는 것을 잊지 않도록 한다. 넷째, 햄스터가 발을 잡아도 반항하지 않고 가만히 있으면, 어디를 다듬어야 하는지 자세히 살펴본다. 투명한 발톱 안쪽으로 발가락 끝부분에서 이어지는 불그스름한 부분이 보일 것이다. 혈액공급이 끝나는 부위로 신경과 혈관이 분포돼 있으므로 건드리지 않도록 주의해야 한다. 잘못해서 이 부분을 다듬으면 피가 나고 매우 고통스러워하며, 향후 햄스터가 발톱 다듬는 것을 피하게 된다.

햄스터 발톱 직접 다듬어 주는 방법

햄스터가 아직 길들여지지 않았다면 시도하지 않는 것이 좋다. 처음이라 자신이 없다면 수의사에게 의뢰하는 것이 안전하며, 수의사가 발톱을 다듬는 과정을 직접 보면서 배울 수 있을 것이다. 직접 시도할 때는 밝은 조명(작은 책상 램프가 좋다), 작은 반려동물용 발톱깎이 또는 사람용 손톱깎이(발톱가위를 사용해도 된다), 발톱을 너무 짧게 깎았을 경우를 대비해 가루 지혈제, 햄스터 간식을 준비한다. 햄스터를 잡을 때는 너무 세게 쥐지 않도록 주의하고, 손에서 빠져나가지 않을 정도로만 꼭 쥔다. 몸 아랫부분을 수건으로 감싸주면, 햄스터가 안정감을 느낄 수 있다. 햄스터를 잡는 손의 엄지와 검지로 발을 단단히 잡아 그 발의 발톱을 다듬을 수 있다. 밝은 조명(또는 햇빛이 비치는 곳에 앉는다)이 중요한 이유다. 햄스터의 발톱은 보통 반투명하기 때문에 밝은 조명 아래에서는 다듬어야 할 부분이 잘 보인다.

햄스터가 겁을 먹으면 이 단계에서 몸을 꿈틀거릴 수 있는데, 필요하면 간식을 줘서 진정시키도록 한다. 햄스터가 너무 꿈틀거려서 더 이상 다듬기가 힘들 때는 억지로 시도하지 않는 것이 좋다. 가장 긴 발톱부터 다듬어 주고, 다음 날 다시 시도해 보자. 첫 번째 발톱을 다듬었는데 햄스터가 아직 차분하고 손 안에 가만히 있다면 다음 발톱으로 넘어가도 된다. 햄스터가 가만히 앉아 있는 동안만 다듬기를 계속할 수 있다. 햄스터가 초조해하거나 몸부림치면 몇 시간 동안 휴식을 취하거나 다음 날 다시 시도해 보자. 햄스터가 가장 활동이 적은 시간대에 시도하면 좋다. 발톱 다듬기가 끝나면 햄스터에게 간식을 줘서 보상하도록 한다. 발톱을 다듬는 과정은 보통 햄스터와 보호자 모두에게 즐거운 경험이 아니지만, 꾸준히 간식을 주면 햄스터는 발톱 다듬기를 좋은 일과 연관 짓게 될 것이다.

Chapter 05

햄스터의 건강과 질병

햄스터에게 잘 걸리는 질병의 종류와 진단방법, 질병발생 시 보호자가 시행할 수 있는 응급처치법과 치료 및 예방에 대해 알아본다.

01
section

질병의 징후와 예방 조치

적절한 사육환경과 양질의 영양을 제공받은 햄스터는 건강문제와 질병에 거의 영향을 받지 않는다. 이는 햄스터가 좋은 반려동물이 되는 많은 이유 중 하나다. 그러나 다른 모든 동물과 마찬가지로, 햄스터도 때때로 질병에 걸릴 수 있다는 점을 염두에 둬야 한다. 질병이 발생해 치료하는 것보다 질병에 걸리지 않도록 예방(더 정확하게 말하면 '건강관리')에 힘쓰는 것이 관리 면에서나 비용 면에서 합리적이다.

질병을 예방하기 위해서는 우선 햄스터에 대해 잘 아는 수의사를 찾는 것이 중요하다. 햄스터를 진료하는 수의사가 늘어나는 추세기는 하지만, 모든 수의사가 햄스터에 대해 잘 아는 것은 아니며, 가까운 곳에 있고 또 좋은 수의사가 필요하다. 햄스터는 '희귀동물'로 간주하기 때문에 전문 수의사의 진찰을 받아야 한다. 많은 보호자가 이를 모르고 햄스터가 아플 때 적절한 수의사를 찾지 못해 치료를 미루는 경우를 볼 수 있으며, 결국 제대로 된 보살핌을 받지 못하는 상황이 발생한다.

모든 반려동물과 마찬가지로, 햄스터에게 문제가 있다고 생각되면 일단 수의사의 조언을 구하는 것이 좋다. 집에서 치료할 수 있는지 또는 올바른 진단을 내렸는지

확실하지 않은 경우 일반적으로 수의사가 도움을 주고 효과적인 조언을 해줄 수 있다. 지역 동물병원 몇 군데에 연락해서 햄스터를 잘 다루는 수의사에 대해 물어보거나, 다른 반려동물을 취급하는 수의사에게 햄스터를 다룰 수 있는지 물어본다. 지역 반려동물 숍에서 도움을 받고 있는 수의사가 누구인지 알아보는 것도 괜찮다.
(우리나라의 경우 햄스터 관련 인터넷 카페에 동물병원 목록이 잘 정리돼 있으니 참고하도록 하자).

질병의 징후

햄스터는 강건한 동물이므로 건강한 모습으로 삶의 모든 순간을 당신과 함께 즐길 수 있다. 그러나 이렇게 튼튼한 동물이라 해도 갑자기 아플 수도 있다는 점을 기억해야 한다. 어느 날 케이지 안을 들여다봤을 때 털이 헝클어지고, 반짝반짝 빛나던 눈이 흐려진 채 구석에 웅크리고 있는 햄스터를 발견하게 될 수도 있다. 햄스터는 크기가 너무 작아서 비축된 에너지를 빨리 소모한다. 따라서 질병 증상이 나타날 경우 바로 조치를 취해야 하며, 그렇지 않으면 치명적 결과를 초래할 수 있다.

■**자극에 대한 반응** : 햄스터가 병에 걸렸을 때 나타나는 징후 중 하나는 반응이다. 케이지 문을 열었을 때 녀석의 반응은 어떤지 살펴보자. 기분이 좋은 상태인 햄스터는 케이지 문이 열리는 것을 좋은 신호, 즉 먹이를 의미하는 것으로 여기는 경향이 있다. 코가 공중을 향해 올라가고, 신호를 집어 해석하기 위해 수염이 떨리며 윗입술이 들리는 것을 볼 수 있다. 이러한 반응이 보이지 않는다면 무언가 문제가 생긴 것일 수 있다.

> **질병의 징후**
> - **식욕감소** : 먹이에 대한 관심이 적거나 전혀 없는 모습을 보인다.
> - **체중감소** : 체중이 감소된다.
> - **생활패턴** : 기상 및 수면주기의 변화
> - **눈의 상태** : 결막이 붉어지고, 분비물이 나오고, 눈꺼풀이 붙는다.
> - **행동** : 공격성 증가, 우울증, 움직임 감소
> - **자세** : 깨어 있어도 구부정한 자세, 경직된 자세, 뻣뻣한 보행을 보인다.
> - **외관** : 웻 테일이나 탈모 증상이 나타나고, 건조하거나 벗겨진 피부 또는 상처 나 긁힌 자국이 보인다.

■**전체적인 외관의 상태** : 당신의 햄스터가 평소 윤기 나는 털을 가지고 있다면, 털의 상태가 부드럽고 매끄러운지 살펴보자. 건강한 햄스터는 털이 매끄럽지만, 아플 때는 주름지고 건조해 보인다. 햄스터의 눈이 맑고 기

놀이에 대한 관심 부족을 포함한 정상적인 행동의 변화는 질병의 발생을 의미할 수 있다.

민해 보이는지도 살핀다. 건강한 햄스터는 눈이 반짝이고, 눈가에 분비물이 없다. 눈동자가 칙칙하고 눈물이 나며 움푹 들어간 것처럼 보이는 경우 질병이 진행되고 있기 때문이기도 하고, 부분적으로는 체수분의 손실이나 탈수 때문이기도 하다. 이와 같은 증상이 보인다면 즉시 조치를 취해야 한다. 또한, 코의 상태를 확인해 보자. 코는 건조하고 콧물이 흐르지 않아야 한다. 마지막으로, 햄스터를 들어 올려 항문 부위를 확인한다. 항문 부위가 젖었거나, 케이지 안의 건조한 곳으로 이동하지 않고 자신의 배설물 속에 그대로 앉아 있는 모습을 보이는 경우는 모든 나쁜 징후의 근원이 된다. 이때는 수의사의 도움을 받아야 한다.

■**기분 및 태도의 변화** : 기분이 좋지 않은 햄스터는 주위에 관심을 보이지 않는 경향이 있다. 아픈 햄스터는 일반적으로 물도 마시지 않고 먹이를 먹지도 않는다. 마치 "나를 내버려둬!"라고 말하는 듯한 무기력한 태도를 보이며, 보호자가 귀찮게 하면 잠시 쌀쌀한 행동을 나타낸다. 또한, 몸을 보호하려는 듯 웅크리고 앉는 것을 볼 수 있다.

질병의 예방

앞서도 언급했듯이, 햄스터는 적절한 사육환경을 제공하고 양질의 먹이를 급여하면 질병에 걸리지 않고 건강하게 지낼 수 있다. 햄스터에게서 볼 수 있는 건강문제는 대부분 부적절한 사육환경과 먹이급여에서 비롯된 것들이다. 따라서 이러한 점을 염두에 두고 잘 관리해 주면 질병을 예방할 수 있을 것이다.

■ **좋은 식단 제공** : 질병의 예방은 좋은 식단에서 시작된다. 좋은 식단은 뼈가 약해지거나 비타민결핍 질환이 발생하는 것을 예방할 수 있다. 양질의 햄스터 사료는 모든 종류의 질병에 대한 최선의 방어책이라고 할 수 있다. 그러나 상업용 햄스터 먹이가 모두 동일하게 만들어지는 것은 아니다. 게다가 어떤 햄스터는 A브랜드의 사료를 잘 먹을 수 있고, 어떤 햄스터는 B브랜드의 사료를 더 선호할 수도 있다.

햄스터가 마치 숨겨놓은 것을 찾기라도 하듯 먹이그릇을 샅샅이 헤집으며 먹는 모습을 볼 수도 있는데, 바로 이 점이 혼합사료가 아닌 펠릿 형태의 사료를 사용하는 것이 더 나을 수 있는 이유다. 혼합사료를 견과류를 섞어놓은 요리라고 생각해 보자. 실제로 햄스터가 잡는 것은 한 줌도 되지 않으며, 아무렇지도 않게 자신이 가장 좋아하는 견과류를 골라낸다. 녀석들은 지방이 풍부하고 칼슘은 부족한 해바라기씨를 게걸스럽게 먹어 치우고, 새로운 먹이를 기대하며 마냥 기다릴 것이다.

반려동물 사료계에서 무슨 일이 일어나고 있는지 계속 지켜봐 주길 바란다. 몇 년 전 개 간식에서 멜라민(melamine)[1]이 발견된 문제와 최근 개 육포 간식에 발생한 심각한 문제를 기억할 것이다. 이러한 유의 오류는 자주 발생하지는 않지만, 특히 규제가 느슨하거나 법률의 시행이 불확실할 때 발생한다. 제조공장을 철저하게 점검하는 나라에서 만들어진 사료를 구입하는 것이 더 편할 수도 있다.

■ **건조한 환경 제공** : 습기가 많고 밀폐된 공간에 햄스터를 두지 않도록 해야 한다. 햄스터는 사막과 초원에서 진화해 온 동물이며, 습도가 낮은 환경에 적응됐다. 햄스터

---

[1] 트리아미드 트리아진(triamide triazine)으로 불리는 공업용 화학물질로 암모니아와 탄산가스로 합성된 요소비료를 가열해 생산된다. 포름알데히드 등과 함께 플라스틱이나, 비료, 염료, 접착제, 전자제품 회로기판 등의 원료로 이용된다.

> **질병 예방에 대한 자체 평가**
>
> **다음 중 '예'라고 대답할 수 있는 모든 질문에 대해 5점을 부여한다.**
>
> - 햄스터의 식단이 내가 찾을 수 있는 것 중 최상이고, 단백질함량이 약 15% 이상인가?
> - 먹이는 신선한 것으로 제공하고 있는가?
> - 식수는 항상 깨끗하고, 햄스터가 식수관에 쉽게 닿을 수 있도록 설치됐는가?
> - 매주 케이지를 청소하고 베딩도 갈아주는가?
> - 햄스터의 케이지는 너무 습하지 않은 장소에 설치돼 있고, 햄스터가 주변 세상을 바라볼 수 있는 곳에 자리 잡고 있는가?
> - 햄스터가 나를 두려워하지 않도록 충분히 교감하고, 매주 간단한 건강검진을 하는가?
> - 햄스터에게 혹이 있는지 검사하고, 햄스터의 이빨이 마모됐는지 검사했는가?
> - 햄스터에게 안전한 이빨갈이용 장난감과 운동용 쳇바퀴를 제공하는가?
> - 햄스터를 위해서 케이지가 단단히 닫혀 있는지 확인하고, 케이지에 날카로운 모서리가 있는지 정기적으로 검사했는가?
>
> **평가**
> - 30~35점 : 당신은 자신이 무엇을 해야 하는지 잘 알고 있다.
> - 20~25점 : 햄스터 관리에 좀 더 열심히 노력해야 한다.
> - 20점 미만 : 햄스터를 별로 원하지 않는 상태일 수도 있다.

의 배설물을 통해 약간의 습기가 발생되는데, 축축한 케이지는 건조한 케이지보다 더 많은 냄새를 풍긴다는 점을 기억하자. 따라서 매주 오염된 베딩을 교체해 주는 것이 좋다. 건조한 환경을 좋아하지만, 항상 깨끗하고 신선한 식수를 공급해야 한다.

■**은신처 제공** : 햄스터는, 심지어 사회성을 띠는 종이라 할지라도 은신처가 필요하다. 은신처는 햄스터가 케이지 안에서 생활하는 데 따른 스트레스를 피할 수 있는 공간이다. 반려동물 숍처럼 여러 마리를 관리하는 경우 다수의 은신처 또는 키친타월 심지를 케이지에 넣어 필요한 햄스터들에게 개별 공간을 제공하는 것이 좋다. 화장지나 각티슈를 사용하면 베딩을 보송보송하게 만들어 재미를 더해줄 것이다.

■**운동용 쳇바퀴 제공** : 여러분은 운동이 인간에게 가져다주는 이점에 대해 잘 알고 있을 것이다. 햄스터의 경우도 예외는 아니다. 운동용 쳇바퀴는 규칙적인 운동과 스트레스를 해소할 기회를 제공한다. 쳇바퀴에 비해 케이지가 너무 작다면 더 큰

쳇바퀴는 규칙적인 운동과 스트레스를 해소할 기회를 제공하므로 햄스터의 건강을 관리하기 위해 꼭 제공해야 한다.

케이지를 구입하도록 하자. 실험결과에 따르면, 작은 케이지에서 큰 케이지로 옮긴 햄스터의 경우 쳇바퀴에서 보내는 시간이 줄어든다(그래도 여전히 사용은 한다).

■ **안전사고 주의** : 항상 구조물에서 떨어지지 않도록 주의해야 한다. 핸들링할 때는 햄스터가 손에서 빠져나와 아래 바닥으로 뛰어내리는 일이 발생하지 않도록 단단히 붙잡아야 한다(햄스터를 잡는 세 가지 방법 모두 햄스터가 돌아서서 여러분을 물려고 할 때 피해를 예방한다). 또한, 케이지 내 구조물에 긁히거나 찔린 경우 상처가 날 수 있으며, 이 경우 상처가 치유되지 않고 농양이 발생할 수 있으므로 거칠거나 튀어나온 구조물은 없는지 철저하게 점검하도록 한다. 이빨갈이용 장난감의 경우 안전한 것으로 제공하면 햄스터가 갉아 먹을 때 장이 막히는 것을 방지할 수 있다.

질병 발생 시 응급조치

질병이 발생했을 때 원인이 무엇인지 알아내서 보호자가 직접 치료를 진행하거나, 햄스터를 수의사에게 데려가기 전까지 응급조치를 취해야 한다. 우선 집 안에서 햄스터 외에 다른 반려동물을 기르고 있는 경우라면 햄스터를 이들로부터 철저하게 격리한다. 그런 다음 케이지를 21~29℃ 온도범위에 있는 영역이나 틈새 공간에 둔다. 햄스터 케이지가 철장이나 철망이 있는 제품인 경우 방에 외풍이 있는지 확인해 옮기거나 케이지의 한쪽 끝을 덮어 외풍이 없는 공간으로 만든다. 아픈 햄스터의 케이지를 원래 사용하던 방이 아닌 다른 방에 두고 관리하는 것이 가장 좋은데, 이 경우 잘 보살펴야 한다는 점을 잊지 말고 햄스터의 상태를 수시로 확인한다.

햄스터가 설사를 해서 케이지가 더러워지면 철저히 청소하되, 가능한 한 녀석을 방해하지 않도록 주의한다. 청소를 시작하기 전에 손을 씻고, 마친 후에 다시 손을 깨끗하게 씻는 것이 좋다. 만약 햄스터가 은신처 안에 있다면, 햄스터와 함께 은신처를 들어 올리고 새 베딩을 넣은 다음 상자를 케이지에 다시 넣을 수 있다. 햄스터는 본능적으로 맹장변을 섭취하려는 식분증이 있기 때문에, 설사를 하는 경우 치명적인 결과를 초래할 수 있으므로 케이지 청소 및 관리에 주의를 기울여야 한다.

아픈 햄스터의 배설물과 접촉할 때는 특히 조심해야 한다. 마른 대변가루는 말 그대로 여기저기 공중에 떠다닐 수 있으며, 여러분이나 다른 생물체가 흡입할 수 있다. 이는 햄스터가 아플 때는 좋지 못한 영향을 미친다.

케이지에 장난감이나 운동용 쳇바퀴가 있는 경우 비눗물로 씻은 다음, 10% 표백제용액(10% 또는 표백제 1/4컵과 물 2와 1/2컵)에 담그도록 한다. 그런 다음 표백제 냄새가 나지 않도록 모든 것을 철저하게 헹군다. 물기를 잘 말리고 케이지 안에 다시 넣는다. 폐기할 베딩을 쓰레기통에 버리고, 신선한 먹이와 깨끗한 물을 넣어준다. 작업이 끝나면 손을 씻어서 다른 반려동물, 가족 또는 자신에게 '세균'을 퍼뜨리는 일이 없도록 주의한다.

햄스터에게 질병이 발생했을 때는 케이지와 구조물들을 깨끗이 세척하도록 한다.

흔히 걸리는 질병 및 대책

앞서도 언급했듯이, 햄스터는 보호자가 적절하게 관리만 잘해주면 별 탈 없이 건강하게 살 수 있다. 그러나 여러 가지 질병이나 건강문제가 발생할 가능성은 늘 존재하므로 이와 관련된 사항을 숙지하고 관리에 주의를 기울이도록 하자. 이번 섹션에서는 햄스터에게 발생할 가능성이 있는 질병과 처치에 대해 알아본다.

골절

물리적인 원인으로 발생하는 골절은 비교적 간단하고 치료도 쉬운 편이다. 실제 치유되는 데는 다소 시간이 걸릴 수 있지만, 적어도 원인을 파악하고 교정하는 것은 쉽다. 햄스터는 크기가 매우 작은 동물이므로 높은 테이블이나 핸들링 시 보호자의 손에서 떨어졌을 경우 골절이 발생할 수 있다. 떨어진 후 보호자가 잡아 올릴 때 앞다리에 체중을 싣지 못하고 고통스러워하는 모습을 보인다면 다리가 부러진 것일 수 있다. 이러한 증상이 보이면 일단 햄스터를 케이지에 넣고 주위에 아무것도 없는 조용한 곳에 둔다. 그런 다음 케이지에서 쳇바퀴와 장난감을 모두 꺼낸다.

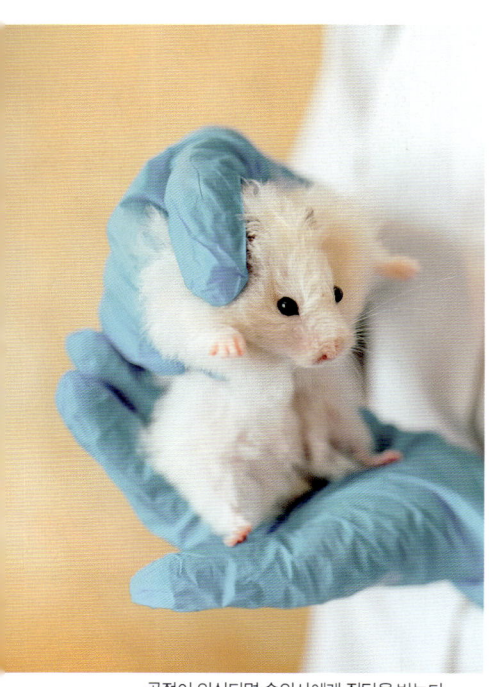

골절이 의심되면 수의사에게 진단을 받는다.

다리가 부러졌다고 의심되면 수의사에게 선택할 수 있는 방법에 대해 조언을 구한다. 수의사는 골절에 대한 진단과 다른 문제의 발생 유무를 확인하는 데 도움을 줄 것이다. 골절이 발생했을 때는 무엇보다 통증을 완화시키는 것이 중요하다. 대부분 수의사는 햄스터가 아주 작고 붕대를 씹는 경향이 있기 때문에 부목을 대거나 깁스를 하지는 않는다.

희귀동물 수의사에 따르면, 사지골절의 경우 치료가 완료되는 데 걸리는 시간은 거의 6주에 가깝다고 한다. 일단 햄스터를 단단한 벽으로 둘러싸인 케이지에 혼자 넣어두는데, 이때 운동용 쳇바퀴를 케이지에서 제거하는 것이 좋다. 6주 동안 핸들링을 삼가고, 식단에 칼슘보충제를 포함해 제공하도록 한다.

교상(물림)

햄스터는 서로 싸우는 경향이 있으며, 그러다 보면 물리기도 하고 상대를 물기도 한다. 누가 먼저 싸움을 시작하는지, 심지어 녀석들의 성별이 무엇인지는 중요하지 않은 것 같다. 케이지는 햄스터들이 상대로부터 멀리 도망갈 수 있을 만큼 충분히 크지 않기 때문에 짧은 휴식시간만 빼고 싸움과 경계로 인한 스트레스가 계속되는 경향이 있다. 사람이 나서서 개입하지 않는 한 늘 승자와 패자가 발생한다.

물린 자국이 있는지 검사하려면 햄스터를 손으로 잡고 손가락 끝으로 몸 전체를 부드럽게 쓰다듬어 본다. 거칠거칠한 부분(물리고 나온 자국일 수 있다), 부어오른 곳, 연약한 부분(상처가 아물지 않은 자국일 수 있다)을 느낄 수 있을 것이다. 대부분의 경우 물린 상처는 별다른 조치를 취하지 않아도 잘 낫지만, 벌어진 상처를 발견하면 비누와 물로 깨끗이 씻고 상처를 잘 헹구도록 한다. 햄스터는 그루밍을 하는 동물이므로 피부에 바르는 것은 무엇이든 핥기 때문에 국소 항생제는 바를 수 없다. 진통제, 경구 항염증제에 대해서는 수의사와 상담할 수 있다. 약물을 처방하기 전에 내원을 요청할 것이므로 주의해서 동물병원을 방문하도록 한다.

농양

때로는 감염이 치료되기도 전에 외부의 상처가 낫기도 한다. 이 경우 조직이 손상되고, 고름(세균과 결과적으로 박테리아를 삼켜 죽은 백혈구의 사체가 합쳐진 것)이 들어 있는 주머니인 농양이 발생한다. 농양은 일반적으로 전염성이 없지만, 농양에 포함된 박테리아가 상처가 있는 다른 햄스터에게 농양을 일으킬 수도 있다.

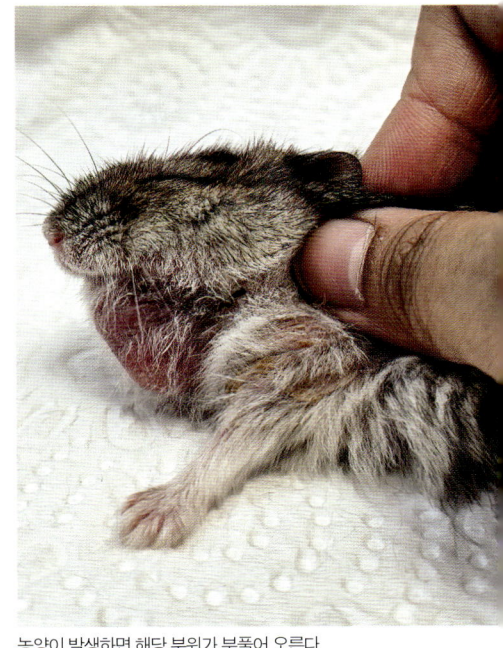

농양이 발생하면 해당 부위가 부풀어 오른다.

농양이 발생하면 햄스터의 몸이나 사지가 부어오른 것처럼 보인다. 농양 부위는 또한 인접한 건강한 조직에 압력을 가해 그 조직 내부를 파괴하고, 박테리아 내용물에서 분비되는 독소로 인해 접촉하면 매우 아파한다. 농양 내부의 압력에 따라 만지기가 어려울 정도로 심한 통증이 있다.

농양 주변의 피부가 빨갛게 달아올랐는지 살펴보도록 하자. 피부의 색깔을 확인하려면 털을 옆으로 불어서 날리면 된다. 손에 살짝만 닿아도 고통스러울 것이므로 조심해서 살펴야 한다. 햄스터는 농양 부위를 만지는 것에 상당히 조심스러워하고, 해당 부위 또는 주변을 긁거나, 계속해서 부위 주변의 털을 그루밍할 수도 있다. 농양이 얼굴에 있으면 침을 흘리고, 얼굴이 붓고, 구취가 날 수도 있다(가까이 다가가야 알 수 있다). 식욕부진, 우울증, 활동부족, 체중감소 등이 농양의 전형적인 증상이며, 농양이 유발할 수 있는 불편함에 대해 알면 그 이유를 확실히 이해할 수 있다.

수의사는 주사기와 가는 바늘을 사용해 농양 내부의 고름 일부를 뽑아내는 것으로 치료를 진행한다. 바늘에 찔린 상처에서 고름의 일부가 흘러나오더라도 놀라지 말기를 바란다. 그러나 대부분 고름의 입자가 두꺼워서 바늘에 찔린 상처로는 흘러나오지 않는다. 수의사는 농양의 크기를 파악하기 위해 초음파나 방사선 사진을 사용할 수 있다. 때로는 멸균 메스로 작은 홈집을 내서 농양의 고름을 빼내기도 한다. 일반적으로 이 과정에서 유발되는 고통을 완화하기 위해 국소마취제 또는 전신마취제가 투여된다. 고통스러운 절차처럼 보이지는 않지만, 햄스터는 마취제 없이 사람에 의해 '상처'를 입으면 쇼크로 사망할 수 있으므로 각별히 주의해야 한다. 햄스터는 다른 햄스터가 입힌 상처보다 인간에 의해 입은 상처에 훨씬 취약하다.

농양을 절개하고 세척한 후 보통 이전 농양 부위에 항생제를 주사한다. 그런 다음 박테리아를 제거하기 위해 며칠 동안 경구 투여한다. 농양이 치료되면 햄스터는 식욕을 되찾고 감소한 체중도 회복해야 한다. 진통제에 대한 고려가 필요하다.

눈 질환

부상이나 감염으로 인해 눈과 관련한 질환을 겪을 수 있으며, 사람과 마찬가지로 백내장을 앓기도 한다. 햄스터가 상처를 입은 것처럼 눈을 감고 있다면, 일단 케이지를 어두운 곳에 두도록 한다. 또한, 케이지에 소나무 쉐이빙처럼 잠재적으로 긁힐 수 있는 소재의 베딩을 깔아준 경우는 다른 베딩으로 바꿔주도록 한다. 그런 다음 동물병원을 방문해 증상에 대해 수의사와 상담한다. 수의사는 문제가 있는 부위를 깨끗하게 청소할 수 있도록 안약과 세안제를 처방할 수도 있다.

햄스터를 죽이는 항생제

항생제 중 일부는 좋은 박테리아를 죽이고 나쁜 종류의 박테리아를 남기기 때문에, 햄스터에게 항생제를 처방할 때는 사용에 주의해야 한다. 여기서 언급하는 항생제 목록을 기록해 두고, 아픈 햄스터를 수의사에게 데려갈 때 잊지 않도록 하자. 물론 수의사는 보호자보다 지식이 풍부하지만, 모든 항생제에 대해 완벽하게 아는 것은 아니므로 보호자가 기본적인 항목을 인지하고 있는 것이 좋겠다.
사용하지 말아야 할 것은 페니실린(penicillin; 푸른곰팡이를 배양해 얻은 항생물질), 암피실린(ampicillin; 세균감염증 따위에 쓰는 합성 페니실린), 에리트로마이신(erythromycin; 마크롤라이드-macrolide-계 항균제), 린코마이신(lincomycin; 방선균의 배양여액에서 발견된 항생물질), 반코마이신(vancomycin; Streptomyces orientalis에 의해 생산되는 항생물질) 및 세팔로스포린계(cephalosporins; 세균의 세포벽 합성을 억제해 항균작용을 나타내는 약물) 등이다. 이러한 항생제를 사용하면 식욕부진(산소결핍증)과 설사가 유발되며 사망에 이를 수 있다.

볼주머니 부상

햄스터끼리 싸우는 와중에 볼주머니를 물려 상처를 입을 수도 있고, 케이지 안의 날카로운 물체에 접촉함으로써 볼주머니가 손상되는 경우도 있다. 햄스터는 다음 먹이를 먹을 때 앞발로 볼주머니를 밀어내면서 비우는데, 볼주머니를 비우는 것이 어렵고 부자연스러워 보인다면 무언가 문제가 생긴 상태다. 이러한 증상이 나타나면 햄스터의 목덜미를 잡아 손바닥에 등을 대고 눕도록 안은 후 문제가 무엇인지 자세하게 살펴보도록 하자.

볼주머니에서 이물질을 제거하려면 수의사의 도움이 필요할 수 있는데, 지체하지 말고 즉시 조치를 취해야 한다. 볼주머니는 면역학적으로 활성화돼 있지 않기 때문에 부상이나 감염을 퇴치하는 기능이 떨어진다. 게다가 볼주머니에 문제가 있는 햄스터는 먹이를 먹지 않을 가능성이 크다. 수의사와 통증 관리에 대해서도 상의하도록 한다.

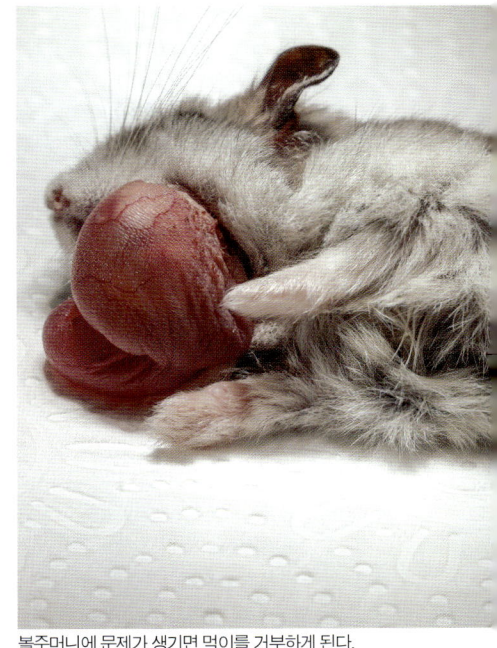

볼주머니에 문제가 생기면 먹이를 거부하게 된다.

이빨 질환

햄스터의 앞니는 무언가를 갉을 때 서로 마찰하도록 설계돼 있으며, 이 과정을 통해 균일하게 마모돼야 한다. 그러나 항상 그런 것은 아니다. 햄스터가 먹이를 먹기 위해서는 앞니가 완벽하게 정렬돼 있어야 하며, 균일하게 마모되지 않을 경우 짝이 맞지 않는 이빨이 입천장이나 볼주머니를 뚫고 나와 감염을 일으킬 수 있다.

햄스터에게 있어서 이빨은 매우 중요한 구조이므로 정기적으로 이빨의 정렬 여부를 확인하는 습관을 들이는 것이 좋다. 한쪽 이빨이 이웃한 이빨보다 긴 경우 손톱깎이를 사용해 문제가 있는 이빨을 부드럽게 다듬어 줄 수 있는데, 숙련돼 있지 않은 보호자라면 위험할 수 있으므로 수의사의 도움을 받는 것이 안전하다.

> **햄스터를 병원에 데려갈 때**
>
> 햄스터를 병원에 데려갈 때는 우선 수의사에게 연락해 햄스터에게 나타난 증상과 그 기간에 관해 이야기한다. 대부분의 수의사는 소동물 치료 시 합리적인 비용을 제시하겠지만, 나중에 당황하지 않도록 비용에 대한 문의도 잊지 말고 해보자. 때로는 문제가 아주 사소하거나 이전에 진료를 받은 기록이 있는 경우 수의사가 전화로 조언을 해줄 수도 있다. 하지만 진료받은 적이 없거나 햄스터가 식음을 거부한다면 병원으로 데려가야 한다. 진료 예약은 햄스터가 자연스럽게 깨어나는 저녁 시간으로 잡는 것이 좋다. 햄스터를 병원으로 옮길 때는 여행용 케이지를 사용하고, 이동 가능한 케이지라면 케이지에 있는 그대로 옮겨도 된다. 필자는 깊은 플라스틱 양동이를 준비하고 바닥에 베딩을 깔아 사용했다. 양동이의 깊이는 약 45cm이므로 외풍이나 햄스터가 튀어나오는 것에 대해 걱정하지 않아도 됐다. 추운 날씨에 외출할 경우 양동이나 케이지를 수건으로 덮는 것이 좋다.
>
> 햄스터의 종, 나이, 먹이의 종류, 사육기간, 집에 새로운 햄스터를 들였는지, 햄스터가 얼마 동안이나 아팠는지 등 필요한 내용을 정리하고 가면 좋다. 수의사는 새로 설치된 에어컨과 같이 집 안에 스트레스 요인이나 변화가 있었는지 또는 집 주변에서 화학물질을 사용한 적이 있는지 물어볼 것이다(집에 페인트를 칠하는 것 등이 화학물질 사용에 해당한다). 햄스터를 케이지에서 조심스럽게 꺼내 수의사에게 미리 말을 건네고 햄스터를 넘겨준다. 참고로, 많은 동물이 케이지 안에 자신의 영역을 갖고 있기 때문에 수의사는 물리지 않으려고 애쓰는 모습을 보일 것이다. 일반적으로 수의사가 다루는 동물은 물려는 행동을 자주 보이기 때문에 수의사가 이러한 경계심을 보이는 것은 자연스러운 일이다.

한 달에 한 번씩 이빨을 점검하고, 문제가 재발할 경우 교정을 받을 수 있다. 이빨 밑 부분에 염증이 있거나 얼굴 또는 잇몸이 부어오르면 수의사에게 데려간다. 감염된 이빨을 뽑고 잇몸이 나을 때까지 항생제와 적절한 약물을 처방해 줄 것이다.

때때로 어금니가 문제의 원인이 되기도 한다. 토끼의 경우 어금니가 지속적으로 자라고 치주질환 및 농양에 걸리기 쉬운데, 햄스터(그리고 쥐, 랫, 저빌)는 짧고 뿌리가 깊은 어금니를 가지고 있어 충치 및 치주질환이 발생하기 쉽다. 이러한 이유로 설탕이 많이 함유된 간식은 피해야 질병 예방에 도움이 된다. 어금니에 문제가 생긴 경우 또한 수의사는 이빨을 뽑고 항생제와 적절한 약물로 치료를 진행한다.

귀 질환

귀에 문제가 있는 경우 머리가 한쪽으로 기울어지고, 머리를 흔들며, 귀 주변을 발로 긁는 등의 증상이 나타난다. 검이경(檢耳鏡, otoscope; 귀 내부를 검진하는 기구) 없이는 햄스터의 귀 내부를 볼 수 없으므로 발생 가능한 귀 문제에 대한 도움을 받으려면 수의사에게 문의해야 한다. 가려움증을 완화하고 싶다면 물과 식초를 각각 1티스푼씩 섞어 햄스터의 귀에 한 방울씩 떨어뜨려 준다. 햄스터가 귀를 털어내면 원하는 대로 하도록 놔둔다. 그래도 가려움증이 멈추지 않으면 수의사에게 문의한다.

열사병

햄스터는 사막 출신의 동물로서 더위를 피하기 위해 굴을 파고 들어가며, 일부 굴은 깊이가 2.5m 정도 되기도 한다. 사막에 사는 햄스터에게 더운 날씨는 크게 문제가 되지 않지만, 햄스터 케이지가 햇볕이 잘 드는 창문 근처, 차 안, 환기가 되지 않는 방에 있으면 위험을 초래할 수 있다. 더위를 피하기 위해 심호흡으로 대처할 수 있고, 배를 깔고 누워 몸을 더 많이 노출하는 방법으로 더위를 식히기도 한다.

더위가 심한 경우 의식이 혼미해질 수도 있는데, 즉시 조치를 취하지 않으면 매우 빠르고 고통스럽게 죽을 것이다. 케이지를 시원한 곳으로 옮긴 다음 햄스터를 밖으로 꺼내고, 정신을 차리고 빨라진 호흡속도가 느려질 때까지 몸 전체에 시원한(차갑지 않은) 물을 흘려준다. 그런 다음 몸의 물기를 천천히 말리고, 열기가 닿지 않는 깨끗하고 건조한 케이지에 넣어 쉬도록 해준다. 케이지 안에는 깨끗한 물이 비치돼 있어야 한다.

플라스틱 스포이트를 사용해 햄스터에게 물이나 균형 잡힌 전해질용액인 페디아라이트(Pedialyte; 식료품점의 이유식 매장에서 구입할 수 있는 전해질용액)를 제공하고, 수의사에게 데려가도록 한다. 열사병은 자가치료로 완치시키기 어려우므로 수의사의 도움을 받아야 한다.

페트병에 물을 담아 얼려 제공하는 것도 더위를 식힐 수 있는 좋은 방법이다. 수건으로 감싸는 것이 좋다.

호흡기질환

케이지 내 더러운 베딩에서 나오는 미세먼지

오염된 베딩에서 나오는 미세먼지에 반응해 호흡기질환이 발생할 수 있으므로 안전하고 깨끗한 베딩을 제공해야 한다.

또는 암모니아 가스에 반응하거나, 소나무 혹은 삼나무 쉐이빙을 사용한 경우에는 아로마 오일(aroma oil; 사람에게 특별한 효능이 있는, 식물에서 채취한 정유)에 반응해 호흡곤란을 겪을 수 있다. 세균성 폐렴이나 드물게 센다이바이러스(Sendai virus=HVJ-virus)[1]에 의한 바이러스성 폐렴도 발생할 수 있다. 호흡기질환의 징후를 잘 지켜봐야 하는데, 코와 눈에서 분비물이 보이고, 식욕부진 및 체중감소를 동반하기도 한다. 이러한 징후가 나타나면 케이지 상태를 잘 확인해 적절한 조치를 취해줘야 한다.

석고에서 발생되는 미세한 먼지는 햄스터에게 치명적이므로 실내공사를 할 계획이 있다면 모든 공사가 완료될 때까지 다른 사람에게 돌봐달라고 부탁하는 것이 안전하다. 베딩에 문제가 있는 경우 베딩을 교체하도록 한다. 햄스터가 나무 섬유질, 심지어 쉐이빙/펠릿 냄새에 알레르기가 있다고 생각되면 밀 싹이나 히비스커스 펠

---

[1] 센다이바이러스 또는 HVJ-virus는 세포 융합을 일으키기 쉬운 바이러스로 돼지 폐렴을 일으킨다. 파라믹스바이러스군에 속한 RNA바이러스이고, 파라인플루엔자(parainfluenza virus)다. 일본의 도호쿠(東北)대학에서 신생아폐렴으로부터 처음으로 분리돼 센다이바이러스(Sendai virus)라는 이름이 붙었다. HVJ는 hemmagglutinating virus of Japan의 약어다.

릿을 사용하도록 한다. 여러 가지 이유로 베딩이 축축해졌는데도 문제를 빨리 파악하지 못했을 수 있다. 축축한 케이지와 베딩으로 인해 햄스터의 저항력이 떨어졌을 때, 피할 방법이 없는 장기간의 외풍으로 인해 스트레스를 받았을 때 폐렴이 발생한다. 햄스터처럼 작은 동물의 경우 폐렴은 심각한 심장 고통을 유발한다. 햄스터는 폐의 표면 전체에 걸쳐 충분한 산소를 흡수하는 데 어려움을 겪을 뿐만 아니라 염증이 생긴 폐를 통해 혈액을 밀어내기 위해 심장이 더 열심히 일하게 된다.

심부전이나 폐로 유입된 혈전은 치명적인 결과를 초래하는 경우가 많다. 햄스터 스스로 회복할 수 없을 정도로 병이 진전되므로 수의사에게 데려가 항생제 치료를 받아야 한다. 파라믹소바이러스(Paramyxovirus)[2]라는 바이러스에 의해 발생하는 센다이병(Sendai disease)은 햄스터 집단에 치명적인, 전염성이 매우 높은 바이러스성 질병이다. 또한, 쥐와 랫에서 높은 사망률을 초래한다. 만일 당신이 현재 애완쥐 또는 애완랫을 기르고 있다면, 이들을 다른 햄스터와 가까이 있지 않도록 격리해야 하며, 다른 반려설치류로부터도 멀리 떨어지게 해야 한다.

장 질환

장 질환(enteropathy)은 반려햄스터에게 매우 흔하게 발생하는 질병이다. 장 질환은 직접적인 '분변-구강 접촉(자신의 맹장변을 섭취하는 생물체에서는 피하기 어려운 유형)'과 '매개물 오염'[3]에 의해 전염된다. 수의학적으로 손을 쓰지 못할 정도로 치명적일 수도 있는 질병인데, 사육방

햄스터의 부검

특정 질병에 걸렸을 때 최악의 경우 햄스터가 죽을 수도 있다. 자신의 햄스터에게 무슨 일이 일어났는지 꼭 알고 싶은 보호자도 있을 수 있는데, 이때는 부검을 실시해 원인을 파악할 수 있다.
부검을 원하면 일단 수의사에게 조직표본을 고정해 달라고 요청해야 한다. 그런 다음 햄스터 사체를 아이스박스에 넣고 얼음을 약간 채운 후 수의사에게 데려가도록 한다. 수의사는 대변 표본과 폐, 심장, 뇌, 간, 비장 및 기타 조직표본을 채취해 포르말린 용액이 담긴 작은 병에 담근다. 그런 다음 부검연구소에 전화해 필요한 배송 준비를 할 것이다. 연구실에서는 부검결과를 수의사에게 통보하고, 수의사는 보호자에게 전화해 결과를 알려줄 것이다. 이 과정은 보통 일주일 정도 걸린다.

---

[2] 믹소바이러스(myxovirus)의 아군(亞群)으로 사람과 동물의 파라인플루엔자, 유행성 이하선염, 뉴캐슬병(Newcastle disease; 설사·호흡 곤란이 주로 나타나는 바이러스성 가금병)의 바이러스를 포함한다.   [3] 재채기, 타액, 대변, 소변, 구토로 인해 나타나는 점액 스프레이와 같이, 아픈 사람이나 생물이 방출하거나 흘리는 모든 것을 매개물이라 한다.

> **햄스터의 암**
>
> 햄스터에게 암이 발생하는 경우도 간혹 볼 수 있다. 그러나 암에 대해 크게 걱정하지 않아도 되는 이유는, 햄스터의 암 발병률이 모든 반려설치류 중에서 가장 낮으며, 일반적으로 노년기와 관련이 있기 때문이다. 또 햄스터의 몸에서 혹이나 아물지 않는 곳을 발견했을 때 '혹시 암은 아닐까'라는 생각이 들 수도 있는데, 해당 부위가 각 엉덩이 위에 하나씩 두 지점에 나타나는 경우라면 긴장을 풀어도 된다. 이는 햄스터 신체활동에 있어서 매우 정상적인 기관인 측선(flank gland)이며, 암과 전혀 관련이 없다.
>
> 외부 종양은 일반적으로 내부 종양이 의심되기 훨씬 전에 진단/인식되며, 성공적으로 제거될 수 있다. 종양이 내부에 발생한 경우 증상은 일반적으로 체중감소와 전신 무기력증으로 제한된다. 어느 날 햄스터가 잠에 빠져 깨지 않을 것이고, 부검을 하지 않는 이상 사망의 원인이 암인지 노령으로 인한 것인지 알 수 없을 것이다.

법과 의학기술이 점점 향상됨에 따라 나아질 수 있는 수준으로 바뀌었다. 가장 흔한 장 질환은 라우소니아 인트라켈룰라리스(Lawsonia intracellularis) 박테리아에 의해 발생하는 전염성 장염으로, 증상 때문에 '웻 테일(wet-tail)' 증후군이라고도 한다. 1950년대 햄스터 사육에 심각한 영향을 미친 세균성 질병이며, 웻 테일은 치명적인 만성 설사를 총칭하는 용어로 사용되고 있다.

끊임없는 설사로 엉덩이가 젖어 있고, 부드럽고 점액이 섞인 배설물이 발, 케이지 바닥, 베딩, 손(안을 경우)에 묻는다. 냄새는 매우 강하다. 햄스터가 불편해할 뿐만 아니라 병증이 너무 심해서 돌보기가 힘들 수도 있다. 햄스터 간 전염성이 매우 높으며, 특히 생후 12주 미만의 개체에게는 전염성이 더욱 강하다. 따라서 예방을 위해서는 햄스터를 만지기 전과 후에 반드시 손을 씻어야 한다. 깨끗하지 않은 손으로 만지면 햄스터에게 박테리아를 옮기게 되며, 또한 그 박테리아가 사람의 손에 묻게 된다.

얼룩진 꼬리와 설사 외에 나타나는 증상으로는 무기력증, 식음 거부, 과민성, 헝클어진 털 등이 있다. 증상을 신속하게 완화해 주지 않으면 대장이 꼬이거나(장중첩) 직장이 밖으로 튀어나올(직장탈출) 수 있다. 어린 햄스터에서 나타나는 경우 조기 발견에도 불구하고 예후는 매우 나쁘며, 성체의 예후는 상대적으로 좋은 편이다.

치료는 일반적으로 항생제를 사용해 이뤄진다. 대부분의 반려동물 숍에는 웻 테일에 대한 항생제가 구비돼 있지만(우리나라의 경우 영양보조제만 구비돼 있다), 수의사에게 약물을 처방받는 것이 여러모로 더 나을 것이다. 수의사는 대변 도말을 통해 박테리아의 유형을 식별할 수 있고, 이를 바탕으로 처방약의 종류와 투여량을 결정할 수 있다. 약을 처방할 때는 크기와 체중에 따라 차이를 둬야 하며, 따라서 시리안 햄스터에게 투여하는 것과 동일한 용량을 캠벨 드워프 햄스터에 투여해서는 안 된다. 가장 흔히 발생하는 원인은 라우소니아 인트라켈룰라리스지만, 대장균(E. coli, Escherichia coli; 포유류의 장내에 기생하고 있는 세균) 같은 박테리아도 원인일 수 있다.

또 다른 장 질환은 항생제와 관련한 장독혈증(腸毒血症, enterotoxaemia; 장내 병원성 미생물의 작용으로 생긴 독성물질이 혈중으로 흡수돼 일어나는 증상)으로 급성 설사를 유발한다. 일반적으로 햄스터의 장에는 다양한 미생물이 있으며, 모두 서로 어느 정도 조화롭게 살아간다. 그러나 항생제로 인해 그 균형이 깨지면 장내 컨디션이 바뀔 수 있으며, 힘에 큰 변화가 따른다. 일단 병원성 유기체가 번성한다. 대부분의 햄스터 내장에서는 적어도 세 종류의 클로스트리디움(clostridium) 박테리아가 발견될 수 있으며, 햄스터를 죽이는 것은 박테리아 자체가 아니라 혐기성 박테리아가 정상적으로 분비하는 독소다.[4]

롱헤어 시리안 햄스터는 특히 스트레스로 인한 웻 테일이 발생하기 쉬우며, 입양 후 며칠 만에 징후가 나타날 수 있다.

증상은 항생제를 투여한 후 6~48시간이 지나면 시작되고, 설사와 부종 및 내부출혈이 포함된다. 간단하게 말하자면, 해로운 박테리아는 햄스터가 다른 질병으로 인해 약해진 상태거나 장기간 항생제 치료를 받았을 때 장에 침입한다. 정상적인 장내 세균총은 항생제나 잘못된 식단으로 인해 불균형에 빠진다.

보호자가 할 수 있는 일에 대해 수의사와 상의한다. 치료와 관리는 스트레스를 주는 요인을 제거하고(햄스터에게 위협이 되는 다른 반려동물을 기르고 있는 경우 햄스터 케이지를 다른 방, 테이블 위로 옮긴다), 유익한 장내 세균이 회복되도록 돕는다. 요구르트를 투여해 볼 수도 있다. 어떤 보호

---

4 혐기성(산소가 없는 조건에서 생육하는 성질) 박테리아는 공기가 없어도 비교적 잘 살아간다. 밀봉이 제대로 되지 않은 캔이 부풀어 오르고 캔 끝부분이 부풀어 오르는 것도 혐기성 박테리아의 영향이다. 전체적으로 혐기성 박테리아는 해로운 박테리아다.

자들은 장내 세균총을 회복시키기 위해 스포이트로 요구르트 한 방울을 투여하기도 한다. 다른 건강한 햄스터의 대변을 먹이는 보호자도 있다. 참고로, 햄스터가 아프고 먹이를 거부하는 경우 스포이트를 이용해 채소이유식을 먹일 수 있다. 이때 1/4 티스푼 이상 투여하지 않도록 해야 한다. 햄스터의 위가 매우 작다는 점을 기억하자. 요구르트의 경우 향이 첨가된 제품은 더 쉽게 받아들여질 수 있으며, 설탕함량이 높으면 아픈 햄스터에게 활력을 줄 수 있다.

살모넬라증

살모넬라균(Salmonella)은 물, 토양, 곤충, 동물의 분변, 날고기, 가금류, 해산물 등과 분변이나 하수 속에서도 발견되며, 환경이 적절한 경우 토양에서 수개월간 생존할 수 있다. 일반적으로는 인간이 동물의 분변으로 오염된 식품을 섭취함으로써 전달된다. 건강한 사람들에 있어서는 그다지 위험하지 않지만, 임신한 여성이나 면역력이 약한 노인, 만성질환자, 5세 이하의 유아들은 체내 면역력이 약하기 때문에 일반인보다 발병률이 20배 이상 높고, 발병빈도 또한 높기 때문에 조심해야 한다.

살모넬라균은 인간뿐만 아니라 햄스터에게도 영향을 미칠 수 있으며, 인간의 경우와 마찬가지로 햄스터도 살모넬라균이 포함된 음식을 먹었을 때 발병된다. 햄스터에게 급여하는 과일과 채소는 사람이 먹을 때와 같은 방식으로 씻고, 햄스터를 만지기 전에 손을 깨끗하게 씻으면 살모넬라에 감염되는 것을 예방할 수 있다.

살모넬라증에 걸려도 관찰 가능한 증상이 나타나지 않을 수도 있는데, 병이 진전되면 햄스터는 죽는다. 대표적인 증상으로는 평소와 다른 약간 '이상한' 행동, 점진적인 체중감소를 들 수 있다. 동물병원에 데려가면 수의사가 대변 표본을 배양할 것이다. 항생제를 사용해 치료할 수도 있는데(항생제 사용에 대한 주의사항, 56페이지 참고), 보호자나 수의사는 안락사가 더 나은 답이라고 결정하게 될 수도 있다.

곰팡이와 기생충

우리는 흔히 생각하고 있는 것보다 곰팡이와 더욱 밀접하게 연관돼 살고 있다. 곰팡이에 의해 발생하는 무좀이 대표적인 사례라고 할 수 있겠다. 링웜(ringworm; 백선

깨끗하고 쾌적한 환경에서는 마이트가 발생하지 않는다. 만약 마이트에 감염됐다면 사육환경에 대한 점검이 필요하다.

증[5]을 일으키는 곰팡이는 개, 토끼, 인간, 햄스터를 숙주로 삼아 살아간다. 링웜은 일반적으로 축축하고 더러우며 스트레스가 많은 환경과 부적절한 식단으로 인해 감염되기 쉽다. 링웜이 발생했을 때 나타나는 증상은 피부 벗겨짐, 탈모, 가려움증으로 마이트(mite; 응애라고도 하는 진드기. 진드기목 후기문아목에 속하는 절지동물을 통틀어 이르는 말)에 감염됐을 때와 거의 같은 증상이다. 수의사의 진단과 치료가 필요하다.

탈모, 피부 벗겨짐, 건조한 피부, 비듬, 딱지, 거칠어진 털, 몸을 자주 긁는 증상이 나타난다면 마이트가 발생한 것일 수 있다. 마이트는 집에서 기르는 햄스터에게서는 드물게 나타나지만, 실제로 발생하기도 하며 좋지 않은 상황이다. 햄스터는 다른 문제가 없는 한 마이트에 감염되지 않는데, 감염이 됐다면 마이트에 노출되는 부적절한 환경이 조성됐다는 의미다. 이는 '햄스터 피부에 피를 빨아먹는(그래서 너무 가렵고 불편하다) 마이트가 살고 있다'라고 단순하게 생각해서는 안 되는 대목이다.

---

[5] 사람이나 가축에서 피부사상균에 의해 발생하는 피부질환을 말한다. 사람의 감염경로는 사람, 동물, 토양으로부터의 3가지 직접감염 외에 병소에서 슬리퍼, 양말, 욕실 매트 등에 탈락한 균을 포함하는 병적 재료(비늘조각, 털, 손톱)의 부착에 의한 간접감염이 있다. 일반적으로 여름철에 빈발하고 스포츠맨, 군인, 고열작업원에 높은 빈도로 발생한다. 백선, 버짐, 윤선, 도장부스럼이라고도 한다.

마이트를 예방하려면 베딩이나 장난감 등을 비롯해 케이지를 항상 깨끗하게 관리하는 것이 매우 중요하다.

마이트에 대한 진단은 처음에는 햄스터의 피부와 털의 상태로 이뤄지며, 피부 긁힘을 현미경으로 검사해 확인한다. 마이트는 곤충 친척으로 크기가 매우 작고, 뚱뚱하고 뭉툭하며 다리에는 억센 털이 나 있다. 척추동물, 주로 포유류와 새에 기생하는 진드기의 주요 그룹으로, 특수한 구기(口器-입틀)를 사용해 흡혈한다. 치료는 경구 투여 또는 이버멕틴(Ivermectin: 구충제) 주사를 통해 이뤄질 수 있다. 매번 주사하고 난 후에는 케이지를 철저하게 청소해 재감염을 방지해야 한다.

쇼크

햄스터는 높은 곳에서 심하게 떨어지거나 크게 다쳤을 경우 쇼크 상태에 빠질 수 있다. 추락하거나 다치는 현장을 직접 보지는 못했더라도 햄스터에게 무언가 문제가 생겼다는 것을 쉽게 알 수 있다. 쇼크 증상이 보이면 보호자가 집에서 할 수 있는 응급처치와 수의사의 치료를 병행해야 한다. 햄스터가 쇼크 상태인 것을 발견하면 재빨리 응급처치를 시도해서 회복을 돕고 정상으로 돌아갈 수 있도록 해줘야 한다. 쇼크 상태의 햄스터에게 취할 수 있는 응급처치의 단계는 다음과 같다.

일단 쇼크의 징후를 파악한다. 쇼크는 신체기관에 혈액이나 산소가 충분히 공급되지 않을 때 발생하며, 쇼크 상태에 빠지면 기력이 떨어지고 눈이 멍해진다. 혈액순환이 원활하지 않으면 곧 체온이 떨어지는데, 햄스터를 만져보면 몸이 차갑고 떨고 있는 것을 확인할 수 있다. 쇼크의 다른 징후는 빠른 맥박과 옅은 호흡이다.

쇼크임이 확인되면 우선 햄스터의 몸을 따뜻하게 해줘야 한다. 수의사에게 데려가기 전에 집에서 보호자가 취할 수 있는 최선의 응급처치법은 혈액순환을 증가시켜 몸을 따뜻하게 만들어주는 것이다. 햄스터를 조심스럽게 들어 올려 천천히 부드럽게 몸을 문질러서 체온을 올려주는데, 이때 격렬하거나 너무 힘차게 문지르지 않도록 주의해야 한다. 몸을 문질러 주면 따뜻해지는 것을 느낄 수 있어야 한다.

그런 다음 햄스터를 옮긴다. 햄스터의 몸이 따뜻해지기 시작하면 다시 케이지에 넣고, 따뜻하고 어두우며 조용한 곳으로 옮겨 회복을 돕는다. 주위가 조용하면 큰 소리나 다른 방해요소에 놀라는 일 없이 회복하는 데 도움이 된다. 30~60분 후에 상태가 호전됐는지 확인하고, 그렇지 않은 경우 추가 치료를 위해 수의사에게 데려간다.

햄스터가 호전되는 징후를 보이더라도 수의사에게 진찰을 받는 것이 좋다. 또한, 햄스터가 심각하게 다쳐서 쇼크 상태에 빠진 것이라면 그 부상을 치료해야 하므로 수의사에게 데려가도록 하자. 햄스터의 기저 부상 정도에 따라 회복을 돕기 위해 진통제를 투여해야 할 수도 있다. 수의사는 햄스터에게 필요한 치료방법과 약물의 종류를 알려줄 것이다.

쇼크를 예방하기 위해서는, 사육환경을 좀 더 안전하게 관리함으로써 햄스터가 다칠 가능성을 줄여주는 방법이 선행돼야 한다. 첫째, 햄스터의 케이지를 더욱 안전하게 조성한다. 햄스터가 뛰어다니고 여기저기 탐색하기를

높은 곳에서 추락하거나 심하게 다쳤을 경우 쇼크 상태에 빠질 수 있으며, 이때는 즉시 응급조치를 취해야 한다.

어린아이가 햄스터를 핸들링할 때는 꼭 어른이 옆에서 감독하도록 한다.

좋아하는 만큼 케이지에서 너무 열심히 놀다가 상처를 입을 수도 있다. 따라서 낙상이나 부상의 위험을 방지하기 위해 케이지에 '부상 방지' 조치를 취한다. 예를 들어, 케이지가 여러 단으로 돼 있는 경우 햄스터가 넘어지지 않고 한 단에서 다른 단으로 이동할 수 있도록 튼튼한 사다리나 안전한 경사로를 설치해야 한다. 사다리나 경사로에 골판지, 실리콘 바닥재 등과 같은 단단한 재료로 표면을 덮어주면 더욱 안전하게 사용할 수 있다.

둘째, 놀이시간 동안 햄스터를 주의 깊게 살펴본다. 케이지 밖에서 노는 시간은 햄스터에게 중요하다. 그러나 케이지 밖에 있을 때 심각한 부상을 당할 수도 있다. 햄스터가 방에서 자유롭게 뛰어다닐 수 있도록 풀어줄 경우 가구 위로 올라가지 못하게끔 조치를 취해야 한다. 가구에서 뛰어내리거나 떨어지면 심각한 부상을 당할 수 있다.

셋째, 어린아이가 햄스터를 다룰 때는 어른이 감독해야 한다. 종종 어린아이는 실제로 동물을 다치게 한다는 것을 인지하지 못한 채 햄스터 같은 작은 동물을 거칠게 다룰 수 있다. 어린 자녀가 있는 경우 햄스터를 다루는 모습을 지켜보자. 너무 거칠게 다루면 부모가 개입해 햄스터를 안전하게 케이지에 다시 넣을 수 있다. 이 시간을 '햄스터를 올바르게 잡는 방법'에 대해 교육하는 기회로 삼아도 좋다.

햄스터의 노화

햄스터는 2년 반 이상 사는 경우가 거의 없으며, 노화의 징후는 매우 분명하다. 일반적으로 털이 가늘어지고 전반적인 반응속도가 저하되며, 무기력증과 식욕감퇴 등의 증상이 나타난다. 일부 햄스터 계통은 간낭종(liver cysts; 간 실질 내에 얇은 막으로 이뤄진 공간이 생겨 그 속에 액체가 차는 물혹의 형태)에 매우 취약하다. 이 낭종은 매우 커서 복부가 불룩

나이 든 햄스터의 관리

다른 모든 생명체와 마찬가지로, 햄스터도 결국 늙게 된다. 나이 든 햄스터의 경우 젊은 햄스터에 비해 특별한 보살핌이 필요하며, 가능한 한 즐거운 삶을 살 수 있도록 더욱 세심하게 관리해 줘야 한다.

- **안전한 케이지 환경 제공하기** : 첫째, 케이지는 1층으로 된 것을 제공해서 햄스터가 큰 노력을 들이지 않고 불편함 없이 케이지 안의 모든 것에 쉽게 닿을 수 있도록 해준다. 둘째, 베딩은 매일 오염된 부분을 제거해야 한다. 햄스터의 배설물이 쌓인 상태로 너무 오래 두면 비위생적이고 냄새가 나므로 더러워진 베딩은 즉시 버리고 깨끗한 베딩으로 교체한다. 셋째, 케이지 전체를 정기적으로 청소함으로써 깨끗하게 유지하는 것이 중요하다. 특히 노령일 때는 더욱 그렇다. 2주에 한 번씩 케이지 내용물을 꺼내고 모든 구조물을 철저히 청소해야 한다. 반려동물에게 해를 끼칠 수 있는 강한 청소용 화학물질이 들어간 제품보다는 순한 비누와 물을 이용해 세척한다. 케이지를 청소할 때는 햄스터를 빈 쓰레기통이나 배수구가 막힌 욕조 같은 안전한 곳에 둬야 한다. 넷째, 나이 든 햄스터는 어린 햄스터보다 덜 움직이므로 모든 장난감은 케이지 내에서 햄스터가 쉽게 닿을 수 있는 곳으로 옮겨준다.

- **양질의 사료와 깨끗한 물 제공하기** : 첫째, 물은 항상 떨어지지 않도록 공급한다. 물그릇에 담아주면 그릇이 베딩과 다른 물건으로 채워질 것이다. 따라서 물병을 달아주는 것이 중요하다. 둘째, 사료를 충분히 급여해 균형 잡힌 식단을 제공함으로써 전반적인 건강증진을 돕는다. 완벽하게 균형 잡힌 식단을 제공하려면 펠릿과 혼합사료 외에 가끔 신선한 과일과 채소를 제공한다. 당근, 셀러리 등이 좋다. 남는 경우 먹이를 쌓아둘 것이고, 썩은 먹이를 먹어서는 안 되므로 소량만 급여해야 한다. 셋째, 햄스터의 나이를 고려해 특별한 먹이를 준비해야 한다. 예를 들어, 노령으로 인해 이빨이 빠졌다면 먹기 쉽도록 음식을 으깨서 급여한다. 넷째, 먹이와 물에 쉽게 접근할 수 있도록 해준다. 장난감과 마찬가지로, 햄스터가 모든 먹이와 물에 쉽게 닿을 수 있도록 해야 한다. 먹이를 먹는 것이 힘들어서 먹지 못하는 일이 없도록 해주되, 햄스터가 규칙적으로 먹고 마시는지 관찰해 문제 유무를 확인한다.

- **운동과 놀아주기** : 나이 든 햄스터에게도 운동이 필요하다. 운동은 햄스터가 수명이 다할 때까지 강하고 건강하게 지내는 데 도움이 되는 수단이다. 햄스터에 있어서 노령의 첫 징후 중 하나는 운동수준이 감소하는 것이다. 햄스터가 움직이고 활동할 수 있도록 부드럽게 놀아준다. 또한, 햄스터가 원할 때 언제든지 쳇바퀴를 사용할 수 있도록 제공해 주는 것이 좋다. 이는 반려햄스터가 노령이 돼도 활동적으로 지낼 수 있는 쉽고도 중요한 방법이다.

- **부드럽게 핸들링하기** : 햄스터를 잡을 때는 조심스럽게 시도한다. 모든 햄스터는 조심해서 다뤄야 하지만, 노령의 햄스터는 특히 유의해야 한다. 노인의 경우 상처가 나기 쉬운 것처럼 노령의 햄스터도 마찬가지다. 햄스터를 들어 올릴 때는 부드럽게 다루고, 이동하거나 케이지에 다시 넣을 때는 특히 주의를 기울여야 한다. 한편, 말을 건넬 때는 부드러운 어조로 한다. 햄스터는 일반적으로 소리에 민감하지만, 노령의 햄스터는 더욱 민감해서 더 쉽게 놀랄 수 있다. 햄스터 주변에서 큰 소리를 내지 않도록 하자. 상호교감할 때 부드럽고 차분한 목소리로 말하면 햄스터가 진정되고 더 편안해질 것이다.

- **행동의 변화 이해하기** : 나이가 들면서 햄스터의 행동이 약간 바뀔 수 있다. 이는 대부분의 생명체에서 흔하게 나타나는 자연스러운 현상이다. 노령의 햄스터는 어렸을 때보다 더 심술궂거나 사교성이 떨어지는 것처럼 보일 수 있다. 이는 당신을 더 이상 좋아하지 않는다는 것이 아니라 노화의 신호라는 것을 이해하도록 하자. 또한, 질병의 징후를 살펴본다. 햄스터가 나이가 먹으면 건강에 더 많은 관심을 기울이는 것이 중요하며, 만약 무슨 일이 생겨 의학적인 조치가 필요할 때 대비할 수 있다. 행동이나 신체적 증상의 변화도 살펴보자. 일반적으로 햄스터는 2~3년 정도 살므로 약 2살이 되면 문제가 없는지 관찰을 시작해야 한다. 우려사항이 있는 경우 햄스터를 수의사에게 데려간다.

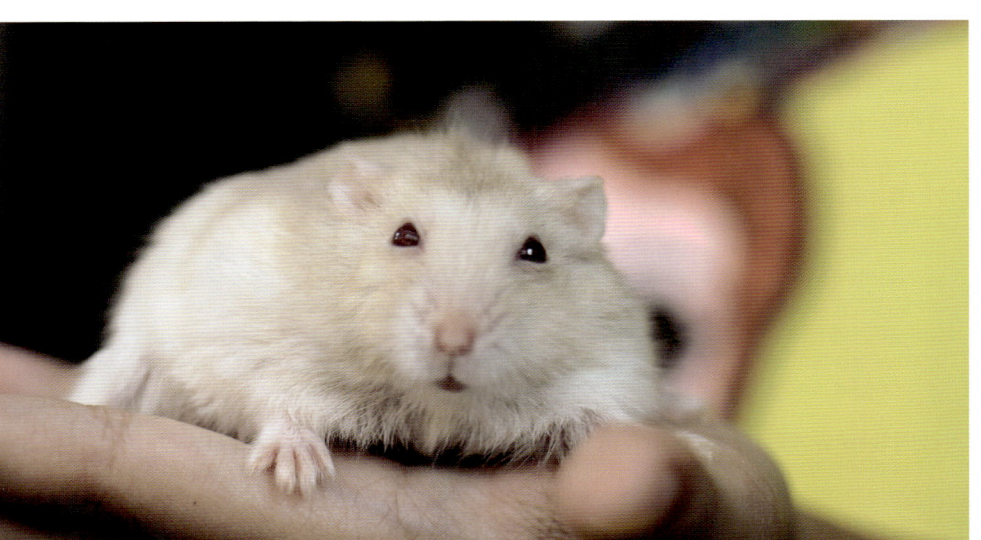
노화가 진행되면 털이 가늘어지고 전반적인 반응속도가 저하되며, 무기력증과 식욕감퇴 등의 증상이 나타난다.

튀어나올 수도 있다. 간경변과 아밀로이드증(amyloidosis; 신체의 각종 조직에 흰색 단백질물질인 아밀로이드가 축적되는 것)으로 인한 간부전은 1년 이상 된 햄스터에게 흔히 발생하는 문제다. 햄스터가 나이가 들면서 고통스러워하는 것이 걱정되거나, 배가 부풀어 오르고 불편해 보이며 식사를 하지 않는 노령의 햄스터라면 안락사에 대해 수의사와 상의한다. 반려동물이 죽을 때까지 계속해서 심각한 고통을 겪는 것은 피해야 한다.

유전적 문제

시리안 햄스터는 생후 6개월 정도의 어린 나이 때 심부전의 임상적 징후를 보이는 유전성 심근병증(hereditary cardiomyopathy)에 걸리기 쉽다. 증상으로는 무기력증, 호흡곤란, 부종, 사지냉증 등이 있으며, 이는 심부전이 있는 인간의 경우 나타나는 것과 거의 동일한 증상이다. 진단은 임상징후와 방사선사진(비용을 지불할 의향이 있는 경우)을 기반으로 하며, 비용이 많이 들기 때문에 보호자로서는 부담스러울 수 있다. 수의사는 사람의 경우 심부전 치료에 사용되는 것과 거의 동일한 약물을 사용해 치료를 시작한다. 치료가 어려운 경우 안락사를 선택할 수도 있다.

햄스터에게 나타나는 이상행동의 원인과 대책

햄스터가 평소와 다른 행동을 보이는 경우 원인이 무엇인지 살펴봐야 한다. 햄스터가 나타내는 행동에는 대부분 특정 원인이 있으며, 이는 환경적인 요인이나 건강과 관련된 요인 등이 포함된다. 해당 원인을 찾아 제거해 주면 문제를 해결할 수 있을 것이다.

- **보호자를 무는 경우** : 햄스터는 겁을 먹었을 때, 스트레스를 받을 때, 혼란스러울 때 상대를 물 수 있다. 햄스터에게 물린 경우 보호자는 두려움과 좌절감을 느끼게 될 수도 있지만, 그럴 필요는 없다. 햄스터가 보호자를 물 때는 대부분 다음과 같은 이유가 있다. 겁을 먹었거나, 고통을 느끼거나, 단순히 보호자에게 어떻게 반응해야 할지 확신이 없을 때 문다. 햄스터가 편안하고 안정감을 느낄 수 있도록 사육환경을 재점검하고 수정해 주면 무는 문제는 해결될 것이다.

- **케이지 철장을 갉는 경우** : 케이지 철장을 갉는 경우를 종종 볼 수 있는데, 금속 막대는 햄스터의 이빨 건강에 좋지 않다. 너무 단단해서 갉기가 어렵고, 이빨을 부러지게 하고 배열을 흐트러지게 함으로써 심각한 문제를 일으킬 수 있다. 햄스터가 정기적으로 케이지 철장을 씹으면 이빨이 부러지고 어긋나며, 입이나 얼굴에 부상을 당할 수 있다. 계속해서 케이지 철장을 물어뜯는다면, 몇 가지 조치를 취해 햄스터의 삶을 개선해 줘야 한다. 케이지 철장을 갉는 행동은 지루함, 공간 부족, 과도하게 자란 이빨 등 여러 가지 원인으로 인해 나타날 수 있다. 대부분의 경우 햄스터는 스스로 즐겁게 지낼 것이다. 그러나 많은 보호자는 최소한 하루에 한 번씩 햄스터를 케이지에서 꺼내 데리고 놀 것을 권장한다. 철장을 씹고 있다면 보호자가 가장 먼저 해야 할 일은 햄스터를 케이지에서 꺼내 잠시 놀아주는 것이다. 햄스터와 함께 노는 빈도를 늘려서 철장을 씹는 행동이 감소하는지 확인한다.

철장을 갉는 것을 막는 또 다른 방법은 햄스터에게 씹을 거리를 제공하는 것이다. 햄스터는 끊임없이 자라는 매우 긴 이빨을 가지고 있으며, 씹을 수 있는 단단한 먹이가 충분하지 않으면 발에 닿는 모든 것을 갉는다. 따라서 적절한 것이 없으면 케이지 철장을 갉을 수도 있다. 이러한 행동을 보일 경우 가능한 해결책은 씹거나 갉을 수 있는 물품을 제공하는 것이다. 햄스터가 먹어도 안전한 이빨갈이용 나무 조각을 제공할 수 있으며, 이빨을 더욱 편안하고 안전하게 마모시킬 수 있게 도와줄 것이다.

마지막으로, 며칠 동안 위의 두 가지 방법을 시도했는데도 변화가 없다면 케이지 자체에 문제가 있는지 확인해야 한다. 케이지가 너무 작을 경우 탈출을 시도하기 위해 철장을 물어뜯는 것일 수도 있다. 햄스터가 원하지 않는 곳에 있고 탈출구가 없다면, 녀석이 시도할 만한 확실한 방법은 탈출구를 물어뜯는 것이다. 위에서 언급한 방법들 중 어느 것도 효과가 없다면 철장이 없는 대형 유리 케이지를 구입하는 것이 좋다. 대형 유리 케이지는 수조를 개조한 것이 대부분이므로 크기가 크고 좋지만, 햄스터를 위해 새집을 구입하기 전에 치수를 측정해 적절한 것을 선택하도록 한다.

- **계속 넘어지는 경우** : 특별한 이유 없이 계속 넘어지는 증상을 보이는 햄스터는 전정기관(前庭器官, vestibular organ; 몸의 운동감각이나 위치감각을 감지해 뇌에 전달하는 기관)에 문제가 있는 경우가 많다. 전정기관은 균형을 잡는 데 도움이 되는 표유류의 내부조직이다. 햄스터가 머리를 한쪽으로 기울이고 걸을 때 몸이 흔들린다면 감염이나 종양 등 귀 내부의 어딘가에 문제가 있을 가능성이 크다. 귀 감염은 종

햄스터에게 나타나는 이상행동의 원인과 대책

종 항생제를 이용해 치료할 수 있지만, 종양처럼 좀 더 심각한 문제인 경우 치료하기가 어려워진다. 진단과 치료를 위해 햄스터를 수의사에게 데려가는 것이 좋다. 걸음이 약간 불안정한 또 다른 이유는 최근 뇌졸중을 앓았기 때문일 수 있다. 햄스터가 걸을 때 몸을 흔들거나 머리를 많이 기울이거나 원을 그리며 걷는다면 최근에 뇌졸중을 앓았을 수도 있다.

• **계속해서 긁는 경우** : 햄스터가 반복적으로 몸을 긁는다면 건조한 피부, 흠윤개선(mange; 기생충으로 인해 생기는 포유동물의 피부병), 마이트(mite; 진드기) 또는 알레르기 반응 등이 원인일 가능성이 크다. 햄스터의 귀가 매우 건조하고 벗겨져 있는 상태라면, 이는 많은 사람들이 흔히 겪는 것처럼 건조한 피부 문제일 수 있다. 하루에 한 번씩 귀 뒤쪽에 바셀린을 살짝 발라주면 이 문제를 해결할 수 있다. 바셀린을 발라주면 진정되는 효과도 있고, 피부를 건강하고 촉촉하게 유지하는 데 도움이 된다.

또 다른 원인은 개선(Sarcoptic mange; 머리나 얼굴의 피부에 구멍을 파고 사는 개선진드기에 의한 가축의 피부병)이다. 개선은 마이트에 의해 발생하며, 피부를 건조하게 하고 자극을 주며 딱지가 생긴다. 마이트는 아주 미세해 사람의 눈에는 잘 보이지 않지만, 햄스터의 피부 속으로 파고들기 때문에 불편함과 통증을 유발한다. 매우 고통스러운 상태이므로 신속하게 치료하는 것이 햄스터의 건강에 중요하다.

햄스터의 몸 전체에 건조하고 자극에 약한 피부가 보이는 경우 원인은 마이트일 수 있다. 마이트는 햄스터의 피부에 기생하는 아주 작은 무척추동물이다. 개체 수가 적은 경우라면 문제가 되지 않지만, 수가 많으면 햄스터에게 불편함을 초래할 수 있다. 햄스터의 피부는 매우 두꺼워지고 탈모로 고통받을 수도 있는데, 이는 수의사가 제공하는 약으로 치료할 수 있다. 또 다른 원인은 케이지 안의 무언가에 알레르기가 있는 것이다. 햄스터가 특정한 무언가에 좋지 않은 반응을 보인다면 이것이 가려움증의 원인일 수 있다. 알레르기는 치료하거나 해결하지 않으면 위험하다. 긁는 데 쌕쌕거림, 재채기, 호흡곤란, 코나 눈의 분비물 등이 동반된다면 알레르기로 인한 가려움증일 수 있다.

햄스터가 동시에 여러 가지 건강문제를 겪을 수 있다는 사실을 잊지 않도록 하자. 예를 들어, 피부를 긁는 것과 더불어 콧물을 흘리고 호흡곤란을 겪고 있다면 호흡기감염과 진드기감염을 동시에 앓고 있는 것일 수 있다. 햄스터가 긁는 원인을 알 수 없다면 일반적으로 수의사가 진단을 내릴 수 있다.

• **움직임을 멈추는 경우** : 햄스터가 일시적으로 움직이지 않는 상태를 소위 '얼어붙었다'고 표현하는데, 이 경우 많은 잠재적인 이유가 있다. 두려움과 놀라움 때문에 얼어붙을 수도 있고, 확실하지 않은 것에 더 주의를 기울이기 위해 움직임을 멈출 수도 있다. 스트레스를 덜 받도록 해주기 위해 햄스터의 환경을 바꾸고 싶을 수도 있지만, 일반적으로 햄스터의 건강에는 문제가 없으므로 걱정하지 않아도 된다. 그러나 햄스터가 지나치게 얼어붙는 행동을 보인다면 수의사에게 검사를 받는 것이 좋다. 햄스터가 가만히 멈추는 행동의 일반적인 원인은 두려움이다. 햄스터를 새로 입양한 경우 녀석은 아주 낯선 환경에 있는 것이고, 새로운 광경과 냄새부터 낯선 소음과 사람까지 겁을 줄 수 있는 것들이 많이 존재할 것이다. 최근에 햄스터를 집에 데려오지 않았더라도 여전히 긴장하게 만드는 것들이 있다. 예를 들어, TV를 켜면 햄스터가 자주 얼어붙는 모습을 보이기도 한다. 햄스터는 청력이 좋기 때문에 TV에서 흘러나오는 개 짖는 소리, 큰 소리, 심지어 이상한 소리조차도 두려움을 줄 수 있다.

Chapter 06

햄스터의 커뮤니케이션

햄스터를 이해할 수 있는 신체언어와 소리에 대해 살펴보고, 햄스터와 햄스터 간에 소통할 때 사용하는 여러 가지 방식에 대해 알아본다.

01 section

햄스터의 신체언어와 소리에 대한 이해

햄스터는 냄새, 신체언어, 소리를 사용해 의사를 소통할 수 있다. 인간에게는 몇 가지 자세와 소리를 해석할 수 있는 것으로 제한(다행스럽게도 인간은 햄스터가 분출하는 냄새는 인지할 수 없다)돼 있지만, 신체언어와 소리에 대한 부분적인 지식이라도 햄스터의 세계에서 무슨 일이 일어나고 있는지 이해하는 데 도움이 된다. 햄스터를 관찰할 수 있는 곳에 케이지를 놓으면 더 많은 것을 배울 수 있다. 필자는 녀석들의 행동을 계속 지켜볼 수 있도록 필자가 사용하는 책상 옆 테이블에 케이지를 설치했다.

햄스터의 신체언어(body language)

먼저 신체언어에 대해 알아본다. 메시지를 완성하는 데 어떤 말도 필요하지 않을 때가 종종 있다. 부모의 통제하에 있는 어린 자녀의 예를 들어보자. 어느 날 밤 허락된 시간보다 늦게 집에 돌아왔는데, 어머니가 소파에서 굳은 표정으로 엉덩이에 손을 얹고 기다리고 계신다. 어머니는 아무 말도 하지 않았지만, 자녀는 자신이 곤경에 처했다는 것을 알고 있으며, 이후의 처벌은 이러한 초기 해석을 강화할 뿐이다.

햄스터가 자신의 감정이나 생각을 알려주기 위해 사용하는 신체언어는 다음과 같은 것들을 볼 수 있다. 많은 경우 햄스터의 신체언어는 높은 스트레스 수준에 대한 단서를 제공한다. 차분하고 편안한 상태인지 또는 스트레스를 받는 상태인지 확인할 수 있으며, 이에 따라 여러분의 행동을 조정할 수 있다.

■**귀를 쫑긋 세우고 보호자를 지켜보는 경우** : 호기심이 많지만 꽤 차분한 상태다. 필자는 책상에서 일하다가 고개를 들었을 때 시리안 햄스터인 아멜리아(Amelia)가 귀를 꼿꼿이 세우고 앉아 필자를 바라보고 있는 것을 봤다. 필자는 약간의 당근으로 반응해 줬다.

최근에 다른 햄스터가 주변에 있었는지 알아보기 위해 몸을 땅에 밀착한 채 정보를 수집하고 있는 모습. 사진은 로보로브스키 햄스터

■**귀가 뒤로 젖혀져 있는 경우** : 햄스터가 무언가 의심스러워하는 상태로 보호자를 주의 깊게 관찰하고 있거나, 아니면 함께 사는 개가 호기심에 찬 코를 케이지 근처에 너무 자주 갖다 대는 바람에 나타나는 행동일 수도 있다. 이 경우 햄스터의 다음 반응은 상대를 빠르게 무는 것이다.

■**귀가 앞으로 나오고 볼주머니가 부풀어 오른 경우** : 햄스터가 겁을 먹고 있는 상태다. 반려동물 숍에서 햄스터를 입양하는 경우 그 과정은 녀석들에게 매우 큰 스트레스를 안겨준다. 행동이 빠른 녀석이라면 귀를 앞으로 내밀고 숍 케이지 안에서 이리저리 뛰어다니는 모습을 볼 수 있는데, 도망칠 곳이 없어서 불안할 것이다.

■**열심히 그루밍을 하는 경우** : 햄스터는 보호자가 케이지 청소를 마치고 나면 주위의 모든 상황이 괜찮다는 것을 확인하려는 습성이 있다. 막 잠에서 깨어났다면 천천히

몸단장을 하면서 쳇바퀴를 돌릴 준비를 하거나 먹이그릇에 새롭고 맛있는 것이 있는지 재빠르게 확인하는 모습을 볼 수 있다.

■**기지개 켜는 동작을 하는 경우** : 상황에 따라 두 가지 의미가 내포돼 있으며, 기지개를 켤 때 머리의 위치를 확인하면 그 의미를 파악할 수 있다. 우선 햄스터는 편안함을 느낄 때 기지개를 켠다. 보호자가 햄스터를 안고 있는데 머리를 위아래로 쭉 뻗고 귀에서 힘을 빼고 있다면, 햄스터가 보호자를 좋아하고 안겨 있는 손을 편하게 생각한다는 의미다.

반면에 몸을 쭉 뻗고 자세를 유지하지만, 귀를 얼굴과 수평이 되도록 둔다면 경계 모드임을 나타낸다. 이 햄스터는 새로운 상황이나 냄새 범위 내에 다른 햄스터가 있는지 확인하고 있는 것이다. 위험도 평가를 하면서 자신이 어떤 종류의 문제에 처해 있는지 알아내고 있다. 화를 내지 않고 단지 조심하고 있는 것이다. 기지개를 켜면 햄스터가 더 크게 보이는데, 크기는 햄스터 간 의사소통에 중요한 요소가 된다.

햄스터가 기지개를 켜는 것은 두 가지 의미가 있으며, 머리가 어디에 위치하는지 확인하면 그 의미를 파악할 수 있다.

■**볼주머니를 급하게 비우는 경우** : 햄스터가 마치 빨리 도망쳐야 할 것처럼 불안감을 느끼는 상태일 수 있다. 예전에 방금 입양한 캠벨 드워프 햄스터를 반려동물 숍에서 집으로 데려와 새 케이지에 넣었을 때, 녀석이 뒷발을 사용해 서둘러 볼주머니를 비우던 모습을 본 적이 있다. 필자는 그 당시에 햄스터가 자신의 새집을 '마킹'하고 있는 것이라고 생각했다. 그러나 이제는 이러한 행동이 녀석이 스트레스를 받고 있는 상태라는 것, 어떤 침입자(여기서는 필자)에 대해 가능한 조치를 취할 준비가 돼 있다는 것을 의미한다는 점을 잘 알고 있다.

마치 권투를 하는 듯한 동작은 상대에게 공격적으로 대응하고 있다는 것을 의미한다.

■ **마치 권투를 하는 것처럼 뒷발로 서서 앞발을 동시에 움직이는 경우** : 햄스터가 위협을 느끼고 공격적으로 대응하고 있는 것이다. 필자가 캠벨 드워프 햄스터를 집에 데려온 직후 케이지의 큰 문을 열었을 때, 녀석은 용감하게 일어서서 볼을 부풀린(비어 있었기 때문에 부풀리기 쉬웠다) 채 작은 앞발을 쥐고 치켜세웠다.

■ **이빨을 딱딱거리는 경우** : 아주 짧게 고음을 내고 있는 것이다. 여러분의 햄스터는 "당장 내 앞에서 물러서!"라고 말하면서 침입자(보호자)의 공격을 막으려 하고 있는 상태다.

■ **케이지에 접근하면 놀라서 도망가는 경우** : 말 그대로 매우 빠르게 움직이고 있는 상태다. 햄스터는 지금 안전하다고 느끼지 않으며, 보호자가 다시 접근하기 전에 혼자 시간을 보낼 수도 있다. 이러한 모습을 보일 때 핸들링을 하려면 주의해야 한다. 필자가 반려동물 숍에서 햄스터를 두 손으로 안고 있을 때, 그 햄스터는 마치 날다람쥐처럼 손에서 튀어나왔다. 쿵 하는 소리를 내며 떨어졌지만, 다행히 별다른 피해 없이 착지했다. 이런 경우 큰 부상을 당할 위험이 있기 때문에 각별히 주의해야 한다.

■ **등을 대고 누워 이빨을 드러내는 경우** : 이러한 행동은 햄스터 싸움에서 패자가 상대에게 자신의 패배를 알리는 한 가지 방법이다. 여러분의 햄스터는 여러분이 승자라고 말하고 있는 것이다. 물러서서 녀석의 행동을 존중해 주도록 하자.

■ **케이지 바닥, 특히 벽 근처를 기어다니는 경우** : 자신감이 없고 약간 겁을 먹은 상태다. 새 케이지에 들어간 햄스터에게서 나타나는 전형적인 행동이다. 녀석은 그 지역을

정찰하고 있는 것이다. 일단 주변이 안전하다고 생각되면 케이지 중앙을 탐색할 것이다.

■**케이지 안의 깨끗한 베딩을 파헤치는 경우** : 햄스터는 행복감을 느끼고 있는 상태이며, 맛있는 먹이가 숨겨져 있는지 확인하고 있는 것이다.

햄스터의 소리

햄스터가 케이지 안을 돌아다니면서 찍찍거리는 소리를 들은 적이 있을 것이다. 또 같은 케이지에 시리안 햄스터가 여러 마리 있을 때 싸우기 직전에 소리를 지르는 것을 들어본 적이 있을지도 모르겠다. 처음 햄스터를 잡으려고 할 때 찍찍거리는 소리를 낼 수도 있다.

베딩을 파헤치는 동작은 지극히 자연스러운 것이며, 햄스터가 현재 행복감을 느낀다는 의미다.

새끼 햄스터는 주변 환경이 너무 추운 경우 성체의 모성애를 일으키기 위해 특별한 발성을 내는데, 이 소리는 초음파일 수 있고 부분적으로 음파가 섞였을 수도 있다. 우리가 지금 알고 있는 것은 많은 햄스터의 울음소리나 발성이 초음파라는 점이다. 성체는 초당 백분의 6초에서 17초 동안 지속되는 짧은 울음소리를 내는데, 너무 짧아서 인간은 알아채지 못한다.

한 연구실에서 울음소리를 녹음해 음조와 변조를 분석한 적이 있다. 울음소리에 대한 햄스터의 후속 반응은, 울음소리가 성적 지향성을 띠며 짝을 유인하고 짝짓기 행동을 부추긴다는 것을 나타낸다. 울음소리는 성적인 행동을 유도하는 화학적 메시지와 밀접하게 연결돼 있다. 암컷은 짝짓기를 받아들일 때 소리를 지르는데, 이 소리는 먼 거리에서도 들을 수 있다. 암수 모두 이성의 햄스터를 보거나 냄새를 맡으면 소리를 지르지만, 이러한 소리는 초음파다. 미국의 박쥐보존협회(Bat Conservation Society), 영국의 야생동물기록협회(Wildlife Recording Society), 야생동물음향회사(Wildlife Acoustics Company)에서 초음파 녹음 및 변환에 대한 더 많은 정보를 얻을 수 있다.

02 section

햄스터 간의
커뮤니케이션

햄스터와 햄스터 사이에 이뤄지는 상호작용은 대부분 공격성이나 성적인 메시지를 다룬다. 햄스터에게 있어서 가장 중요한 것은 생존이며, 다른 햄스터를 적으로 또는 잠재적인 짝으로 대할 방법을 찾는 것이 최우선 생존전략이라고 할 수 있다. 코넬대학(Cornell University)의 로버트 E. 존슨(Robert E. Johnson)은 햄스터의 자세, 청각적·화학적 의사소통에 대해 관찰한 내용을 공유한 연구자 중 한 명이다. 비록 메시지가 제한적일지라도 꽤 정교한 시스템이라고 할 수 있다. 존슨과 그의 연구실 직원은 햄스터의 움직임을 관찰하고, 비디오를 찍고, 이를 분석하는 데 많은 시간을 보냈다. 이들이 관찰한, 햄스터가 보여주는 동작과 그 의미는 다음과 같다.

가까이 접근하기
햄스터는 서로에게 접근해 몸을 기울이고 냄새를 맡는다. 코끝에서 귀밑(귀 아래쪽 가장자리에 향선이 있음)까지 그리고 주둥이를 냄새로 검사한다. 이러한 행동은 마치 두 명의 여성이 서로의 얼굴 옆 허공에 입맞춤하면서(사회적 상황에 의한) 혐오감에 코를

찡그리는 걸 참으려고 노력하는 모습을 떠올리게 한다. 햄스터는 이 같은 행동을 통해 다른 햄스터의 성별과 정체성을 확인할 수 있다는 것을 배운다. 뒤따르는 행동이 그 정보에 맞아떨어지기 때문이다. 혈연관계인 경우 그렇지 않은 경우에 비해 냄새를 탐색하는 시간이 짧다. "오, 너구나!"라고 서로를 알아보는 것이다.

싸움에서 다른 수컷에게 공격받은 수컷은 상대 수컷의 냄새를 맡고 귀를 곧게 세우며, 입을 살짝 벌리고 몸은 뒤로 젖힌 채 자세를 유지하면서 긴장감을 나타낸다. 그러고 나서 열세의 수컷이 돌아서 떠난다. 발정기의 암컷은 냄새를 맡고 몸을 돌려 척추옆굽음증(척추측만증에서 변경됨)을 앓는 환자처럼 몸을 앞으로 굽히는 자세를 취하는데, 이는 수컷에게 짝짓기에 관심이 있음을 알리는 자세다.

코를 킁킁거리며 주위 빙빙 돌기

두 마리의 햄스터가 만나면 마치 낯선 개가 상대를 살펴보며 서로의 주위를 맴도는 것처럼 행동하는데, 이때 'T'자 배열로 번갈아 가며 위치를 잡는다. T자에서 위에 있는 햄스터는 상대방 몸통 중심 부위의 냄새를 맡는다(드워프 햄스터는 배꼽 바로 위에 또 다른 향선이 있다). 냄새를 맡고 있는 햄스터는 상대의 몸 아래에 머리를 집어넣는다. 아마도 자신의 발 위로 넘어뜨리거나 몸 아랫부분을 물기 위한 것으로 보인다.

햄스터는 위치를 바꾸고 계속해서 원을 그리며 누가 서열이 높은지 결정한다. 첫 번째 햄스터의 몸 아래에 머리를 두고 있는, T자 배열에서 위쪽에 있는 햄스터가 서열이 높다. 서열이 낮은 햄스터는 균형을 잃지 않기 위해 다소 꼿꼿한 자세로 엉덩이를 대고 웅크리고 앉을 수 있으며, 이는 또 다른 고전적인 자세인 '대면 스파링(face-to-face sparring)'으로 이어진다.

대면 스파링(face-to-face sparring)

공세를 취하는 햄스터는 방어적인 햄스터의 배를 물고, 방어적인 햄스터는 꼿꼿하게 서서 공격하는 햄스터를 밀어내려고 한다. 이러한 위치는 빠르게 바뀌는 경향이 있기 때문에 누가 서열이 높은 햄스터이고 누가 서열이 낮은 햄스터인지 확실하게 파악할 수는 없지만, 앞발과 뒷발을 뻗고 발가락을 벌리며 입을 벌린 채 좀 더 똑바

시리안 햄스터가 다른 시리안 햄스터의 냄새를 맡는 것은 일반적으로 싸움이 시작될 것임을 나타내는 징후다.

로 앉아 있는 녀석이 서열이 낮은 햄스터다. 약간의 삐걱거리는 소리 외에는 어떠한 신호도 들리지 않는다. 서열이 낮은 햄스터는 동작마다 딱딱 끊어 움직이는 반면, 서열이 높은 햄스터는 빠르고 부드럽게 움직이는 것을 확인할 수 있다.

유화동작(appeasement)
침팬지와 고릴라는 눈을 피한 채 한 발을 뻗는 유화동작(상대의 강경한 태도에 양보함으로써 직접적인 충돌을 피하고 긴장을 완화해 해결을 도모하려는 태도를 이른다)을 사용한다. 인간은 싸움이나 의견충돌을 피하려고 할 때 한 손을 어깨높이로 들고 팔꿈치를 구부린 채 손바닥을 바깥쪽으로 향하게 하고 상대의 눈을 피한다. 햄스터는 특히 다른 햄스터가 옆에서 접근할 때 이와 거의 동일한 동작을 사용한다. 한쪽 발을 내밀고 발가락을 벌리며, 앞발바닥은 아래로 내리면서 대결을 피하려고 하는 모습이다.

싸움에서 졌거나 싸우고 싶지 않은 햄스터는 두 번째 유화동작인 꼬리치기(tail flick)를 사용한다. 이 햄스터는 제자리에 얼어붙어 등은 위쪽으로 아치형을 이루고 꼬리는 곧게 세운다. 싸움의 승자가 수컷이라면 잠시 패자를 올라탄다. 승자가 암컷이

시리안 햄스터 두 마리가 앞발로 서로를 밀치며 싸움을 시작하고 있는 모습

라면 신경 쓰지 않을 것이다. 어쨌든 꼬리를 흔드는 것은 햄스터가 더 이상 싸우고 싶어 하지 않는다는 것을 나타낸다. 때로는 유화책이 통하지 않을 때가 있고, 싸움은 존슨이 롤링 파이팅(rolling fighting)이라고 부르는 일련의 동작으로 확대된다.

롤링 파이팅(rolling fighting)

공세적인 햄스터는 방어적인 햄스터를 향해 공격을 시작할 때 몸을 똑바로 세우고 두 발로 서 있거나 네 발을 바닥에 딛고 서 있을 수 있다. 공격하는 햄스터는 방어하는 햄스터의 몸통 중심, 즉 밝은색의 배털과 등 쪽의 어두운 털이 만나는 부위를 물려고 할 것이다.

녀석들은 서로 이 부위를 중심으로 몸을 구부리고 구르며 물어뜯는 모습을 보인다. 두 마리 중 한 마리가 항복신호인 배를 위로 향한 자세로 몸을 움츠리면 행동이 중단되고 싸움이 끝날 수 있다. 패자는 떠나려는 시도를 하고, 케이지 주위를 돌며 탈출구를 찾게 된다. 야생에서 싸움에 진 햄스터는 공격자로부터 탈출할 테지만, 좁은 케이지 안에서는 도망갈 곳이 없다.

때로는 우위를 차지하는 햄스터가 공격을 끝내지 않고 끝까지 따라와 패자를 심하게 다치게 하거나 죽일 수도 있다. 물병에서 물을 조금 내뿜어 두 마리 중 한 마리를 케이지에서 꺼내는 형태로 사람의 개입이 이뤄져야 할 때가 있다. 그리고 적어도 패자에게는 사회적 패배로 인한 지속적인 영향이 나타난다. 시리안 햄스터는 먹이 섭취량을 늘리고 동시에 체지방량을 증가시켜 사회적 패배에 대처한다.

냄새 마킹(marking)

햄스터는 종에 따라 위치와 수가 다른 향선을 통해 화학적 메시지를 남긴다. 시리안 햄스터와 로보로브스키 햄스터는 양쪽 엉덩이 높이에 하나씩 쌍을 이루는 향선, 즉 측선(flank gland; 옆구리에 있는 향선)을 가지고 있다. 이 측선은 털 없는 새끼의 경우 육안으로 확인할 수 있지만, 곧 자라나는 털에 가려진다. 수컷의 측선은 암컷의 거의 두 배 크기이며, 페로몬(pheromone)을 분비한다.

측선은 영역을 마킹(marking)하는 데 사용된다. 햄스터는 마치 개가 진흙 속에서 구른 후 벽을 따라 몸을 문지르며 질주하는 것처럼 케이지 안에 있는 수직면에 옆구리를 문지른다. 뒷발로 옆구리를 긁기 때문에 측선에서 나는 냄새도 케이지 바닥에 축적된다.

옆구리 마킹은 비사회적 배경과 사회적 배경 모두에서 발생한다. 햄스터가 둥지 영역에

호기심 많은 시리안 햄스터가 귀를 앞으로 기울이며 조심스럽게 움직이고 있는 모습

들어오거나 나갈 때, 털 손질 전이나 후에 나타나는 마킹은 비사회적 배경의 마킹, 같은 종의 다른 햄스터의 냄새를 맡거나 접촉할 때 나타나는 마킹은 사회적 배경의 마킹이다. 여느 동물들처럼 수컷 햄스터도 다른 수컷 햄스터의 마킹을 발견하면 자극을 받아 자신의 영역을 마킹한다. 시리안 햄스터는 형제자매나 동료가 남긴 냄새 마킹을 감지할 수 있다. 비록 그 형제자매가 다른 부모에게서 자랐더라도 이러한 마킹에 반응하지 않는다. 그러나 관련 없는 햄스터가 마킹을 하면 시리안 햄스터는 즉시 반응하기 시작해 그 마킹과 주변 지역의 냄새를 적극적으로 탐색한다.

옆구리 마킹은 지위 및 투쟁성(적대적인)의 마킹이기도 하다. 서열이 높은 햄스터는 동성으로 2마리가 함께 있는 그룹이나 4마리가 함께 있는 그룹에서도 서열이 낮은 햄스터보다 더 자주 마킹을 한다. 수컷 2마리를 대상으로 진행한 연구를 보면, 서열이 낮은 수컷은 매우 드물게 마킹을 했고, 마치 상대의 침입과 공격으로부터 자신과 영역을 보호하려는 것처럼 둥지 안이나 근처에 마킹이 이뤄졌다.

수컷이 번식할 준비가 된 암컷에게 노출되면 그 수컷은 자신의 영역에 냄새를 마킹하는 것을 중단한다. 번식할 준비가 된 암컷은 수컷의 냄새를 만나면 마킹 주기를 멈춘다. 교미가 임박해 보일 때 암수 모두 마킹이 감소하는 것은 마킹이 공격적인 행동임을 나타내는 현상이다. 전쟁이 아닌 자손을 번식시키는 것이 우선순위이기 때문이다. 연구원들은 실제로 수컷 시리안 햄스터가 암컷에게 매력을 느끼는 냄새를 정확하게 찾아냈다. 그 냄새는 이황화메틸(dimethyl disulfide)[1]이라고 불리는 화합물에서 비롯되는 것이다. 이황화메틸은 타이탄 아룸(Titan arum)[2]에서 특유의 마늘처럼 썩은 고기냄새를 풍기는 것과 동일한 화합물이다. 물론 타이탄 아룸의 농도가 훨씬 더 높다. 이 냄새를 맡지 못하는 수컷의 경우 암컷에게 무관심하다.

캠벨 드워프 햄스터, 러시안 드워프 햄스터는 귀, 배, 생식기에 6쌍의 향선을 가지고 있다. 캠벨 드워프 햄스터는 배꼽 바로 앞쪽에 특수한 향선을 가지고 있다. 수컷은 마킹을 하는 것처럼 케이지 바닥에 배를 문지르고 있는 것을 볼 수 있고, 암컷은 꼬리를 위로 올린 채 생식기를 케이지 바닥에 눌러 자신의 영역을 마킹한다. 러시안 드워프 햄스터 수컷의 복부에 있는 향선에는 48가지의 서로 다른 화합물이 포함돼 있는 것으로 밝혀졌다. 암컷의 동일한 향선은 분석하기에 충분한 분비물을 포함하고 있지 않다. 이는 그 향선이 확실히 성적 식별 기능을 가지고 있음을 나타낸다.

햄스터의 귀 향선은 외이의 아래쪽에 있으며, 암컷의 귀 향선은 수컷보다 작다. 수컷은 수컷의 귀 향선에서 나는 냄새보다 암컷의 귀 향선에서 나는 냄새를 맡는 데 더 많은 시간을 보낸다. 눈 뒤에 있는 하르더샘(Harderian gland)은 누관(淚管, tear duct)을 통해 액체를 분비한다. 이 하르더샘은 눈의 윤활, 광수용(빛 감지), 털 유지 및 체온 조절을 돕는다. 또한, 햄스터의 밤낮 주기를 조절하는 데 관여한다. 저빌의 경우 하르더샘의 분비물이 몸단장을 하는 동안 얼굴 전체로 퍼진다. 햄스터에서도 이와 같은 현상이 나타날 가능성이 크며, 햄스터가 다른 햄스터를 식별하기 위해 얼굴의 냄새를 맡는 것은 부분적으로 하르더샘과 귀샘에서 나는 냄새를 확인하는 것이다.

---

[1] CH₃SSCH₃. 휘발성 유기황화합물의 하나. 홍합, 발효 콩 제품, 치즈, 위스키 브로콜리 따위의 특징적인 향미와 방향 성분이다. 탈지우유의 이취화합물이기도 하다.　[2] *Amorphophallus titanum*; 세계에서 가장 큰 초대형 꽃으로 시체꽃이라고도 불린다. 지독한 냄새를 풍긴다.

Chapter 07

햄스터 종의 소개

현재 반려동물로 흔히 길러지는 햄스터의 종류와 그 특징에 대해 살펴보고, 각 종에서 볼 수 있는 색상과 털의 패턴 등에 대해 알아본다.

01
section

반려동물로 기르는 햄스터 5종

햄스터는 현재 20여 종이 존재하지만, 반려동물로 많이 기르는 종은 시리안 햄스터, 캠벨 드워프 햄스터, 러시안 드워프 햄스터, 로보로브스키 햄스터, 차이니즈 햄스터 등 5종이다. 이 중 전 세계적으로 가장 인기가 많은 반려햄스터는 크기가 큰 종인 시리안 햄스터(Syrian hamster or Golden hamster, *Mesocricetus auratus*)다. 시리안 햄스터는 최초의 반려용 햄스터였으며, 인간이 제공하는 사육환경에 놀라울 정도로 적응력이 뛰어난 것으로 밝혀졌기 때문에 햄스터 중에서 가장 잘 알려져 있다. 대부분의 사람들이 햄스터를 생각할 때 떠올리는 종이 바로 시리안 햄스터다.

반려햄스터 5종 중 다른 세 종은 시리안 햄스터에 비해 크기가 훨씬 작으며, 드워프 햄스터(Dwarf hamster, *Phodopus*속)라고 불린다. 캠벨 드워프 햄스터(Campbell's dwarf hamster, *Phodopus campbelli*), 러시안 드워프 햄스터(Russian dwarf hamster or Winter white dwarf hamster or Djungarian hamster, *Phodopus sungorus*), 로보로브스키 햄스터(Roborovski hamster or Robo dwarf hamster, *Phodopus roborovskii*, 한때는 *Cricetulus*속으로 분류됐다가 재분류됨)가 이에 해당한다. 세 종은 모두 포도푸스속(*Podophus*)에 속하며, 캠

벨 드워프 햄스터 또는 러시안 드워프 햄스터처럼 이름에 '드워프'가 추가된 것을 볼 수 있다. 반려동물로 기르는 햄스터 5종 중 나머지 한 종(그리고 반려동물시장에 마지막으로 들어온 종)은 그레이 햄스터(Gray hamster)라고도 불리는 차이니즈 햄스터(Chinese hamster, *Cricetulus griseus*)다. 차이니즈 햄스터는 드워프로 분류되는 햄스터와 마찬가지로 크기가 작아서 드워프 종으로 소개되기도 하고 또 그렇게 알고 있는 사람들이 많지만, 학문적으로 드워프 종에 속하지는 않는다.

시리안 햄스터(Syrian hamster, *Mesocricetus auratus*)

골든 햄스터라고도 불리는 시리안 햄스터(Syrian hamster, *Mesocricetus auratus*)는 루마니아와 불가리아부터, 남동쪽으로 소아시아, 코카서스, 이스라엘, 이란의 일부 지역까지 서식하고 있다. 덤불이 많은 비탈과 대초원에서 굴을 파고 살아가며, 발과 이빨을 이용해 파거나 기존의 굴을 찾는다. 굴은 깊이가 0.6~3m이며, 여러 개의 입구가 있다. 선택적 번식을 통해 다양한 색상이 개량됐는데, 일반적으로 등 쪽은 황금빛 갈색이며, 배와 가슴은 크림색을 띤다. 일부는 가슴에 회색 줄무늬가 있다.

근친 교배된 시리안 햄스터 라인(line; 20세대 이상의 연속적인 형제자매 쌍), 즉 혈통이 전문 연구에 사용된다. 혈통은 LSH/SsLak과 같은 이름으로 식별되는데, 처음 세 글자는 해당 혈통을 개발한 실험실(이 경우 런던위생열대의학대학원-London School of Hygiene and Tropical Medicine)을 나타낸다. 농업으로 인한 서식지 손실과 인간의 고의적인 제거 등으로 야생의 개체 수는 감소하고 있다. 현재 야생 시리안 햄스터는 국제자연보존연맹(International Union for Conservation of Nature)에 의해 멸종위기에 처한 것으로 간주되지만, 번식프로그램이 잘 확립돼 있으며 반려햄스터로 널리 사육되고 있다.

또한, 과학연구동물로도 널리 사용되고 있다. 여러 가지 암, 대사성 질환, 비암성 호흡기질환, 심혈관질환, 전염병 및 일반적인 건강문제를 포함한 인간의 의학적 상태를 모델링하는 데 사용된다. 미국에서 동물복지법이 적용되는 동물 연구의 주제를 살펴보면, 시리안 햄스터가 상당히 높은 비율을 차지하는 것을 볼 수 있다.

■**시리안 햄스터의 생태적 특징** : 사육환경에서 광범위하게 사육된 시리안 햄스터의

골든 햄스터라고도 불리는 시리안 햄스터는 반려햄스터 중 전 세계적으로 가장 인기 있고 널리 길러지고 있는 종이다.

원래 그룹은 시리아 알레포산 주변 지역에서 포획됐다. 사람들은 1800년대에 처음 목격된 이후 더 이상 눈에 띄지 않아 멸종됐다고 생각했는데, 1930년에 어미와 새끼들이 함께 발견되면서 상황이 바뀌었다. 어미와 새끼들은 포획돼 잡혀 왔고, 오늘날 대부분의 반려용 시리안 햄스터는 바로 이 개체들의 후손이다. 1930년 이래로 이 종의 인기는 치솟았으며, 현재 가장 인기 있는 반려동물 중 하나가 됐다. 시간이 지남에 따라 선택적 번식을 통해 다양한 색상과 패턴의 변이종이 탄생했다.

야생에서 시리안 햄스터는 추위가 닥치거나 먹이가 감소되면 동면할 수 있다. 마멋(Marmots, *Marmota marmota*)과 마찬가지로, 동면하는 와중에 주기적으로 깨어나서 저장된 음식을 조금씩 갉아 먹는다. 연구원 테라다(A. Terada)와 이부카(N. Ibuka)는 나이 든 시리안 햄스터(20개월 된)가 아주 어린 햄스터(동면을 시작할 때 3주령)보다 더 일찍 동면을 시작하고, 동면상태에서 더 많은 시간을 보낸다는 사실을 발견했다.

야생에서 시리안 햄스터는 일반적으로 단독생활을 하지만, 태어난 새끼가 성성숙에 도달할 때까지는 부모와 형제들이 함께 모여 산다. 유러피언 햄스터(European

롱-헤어(Long-hair) 시리안 햄스터

hamster or Black-bellied hamster, *Cricetus cricetus*)와 마찬가지로, 시리안 햄스터는 자신의 굴 주변으로 각각 고유한 영역을 가지고 있다. 이들은 종종 공동 굴에 먹이를 저장하기도 한다.

■**시리안 햄스터의 신체적 특징** : 시리안 햄스터는 처음 발견될 당시 등 부분이 황금빛 갈색이고 배는 옅은 진흙빛 회색을 띠었기 때문에 골든 햄스터라고 불렸다. 어떤 개체는 가슴에 잿빛의 줄무늬가 있었다. 이후 다양한 색상의 개체를 작출하기 위해 지속적으로 선택적 번식이 이뤄졌다. 때로는 줄무늬가 있는 시리안 햄스터를 '판다 베어 햄스터(Panda bear hamster)'로 분양하는 것과 마찬가지로, 선택적 번식을 통해 태어난 개체 중 밝은 금색을 띠는 개체는 '시리안'이라는 이름 대신 색상이나 패턴이 이름에 사용된다.

시리안 햄스터는 줄무늬, 얼룩무늬, 연한 금색, 검은색을 비롯해 약 20가지의 기묘한 색상의 개체들을 찾아볼 수 있다. 눈동자는 검은색, 갈색 또는 붉은색 색조를 띨 수 있으며, 털은 길거나 짧을 수 있다. 에일리언 햄스터(Alien hamster)라고 불리는 털이 없는 돌연변이 시리안 햄스터도 있지만, 털이 있는 햄스터만큼 쉽게 구할 수는 없다. 또한, 시각적으로 그리 매력적이지도 않아서 찾는 사람도 별로 없다.

털이 긴 시리안 햄스터의 경우 종종 '테디 베어(Teddy bear)'라는 이름으로 불린다. 테디 베어 햄스터는 털 길이를 제외하고는 짧은 털의 시리안 햄스터와 동일한 외양을 보이며, 종에서 작출 가능한 모든 색상과 패턴 및 털 유형에서 테디 베어를 찾아볼 수 있다. 장모 수컷의 경우 일반적으로 암컷보다 더 긴 털을 가지고 있으며, 등 주위에 긴 털로 이뤄진 소위 '스커트(skirt)'가 생기는 것을 확인할 수 있다. 장모 암컷은 수컷에 비해 훨씬 짧은 털을 갖고 있지만, 단모 암컷에 비해서는 아주 길다.

시리안 햄스터는 몸길이가 15~20cm이고, 꼬리 길이가 약 12mm인 적당한 크기의 햄스터다. 성체의 몸무게는 140~200g 정도 되며, 암컷이 수컷보다 더 크다. 드워프 햄스터에 비해 최대 5배 정도 큰데, 야생 유러피언 햄스터와 비교하면 시리안 햄스터가 더 작다.

시리안 햄스터는 몸집이 크기 때문에 상대적으로 핸들링하기가 수월하다. 다른 종의 햄스터보다 덩치가 커서 어린아이가 다루기에도 좀 더 수월한 편이다. 또한, 반려동물로 기르는 다른 햄스터들만큼 겁이 많은 것 같지는 않다. 부드럽게 시도하는 핸들링에 잘 반응하고, 핸들링을 즐기는 것으로 보인다.

시리안 햄스터는 매우 큰 볼주머니를 가지고 있다. 볼에 먹이를 꽉 채운 시리안 햄스터의

밴디드(Bbanded) 시리안 햄스터

모습은 마치 커다란 모피 칼라를 착용하고 있는 것처럼 보이기도 한다. 볼주머니는 많은 양의 먹이를 은신처로 옮길 수 있는 매우 실용적인 도구가 된다. 볼주머니에 먹이를 가득 채우면 불어난 무게로 인해 좌우로 약간 흔들리는 경향이 있다. 일단 굴로 돌아오면, 앞발을 사용해 뒤에서부터 먹이를 밀어내 볼주머니를 비운다. 시리안 햄스터의 볼주머니는 인간의 애착담요와 비슷하다. 시리안 햄스터의 경우 항상 가까이에 약간의 먹이를 두거나 볼주머니에 담아서 가지고 있는 것이 좋다. 상대로부터 위협을 받아 도망쳐야 한다고 생각하면 볼주머니를 비울 수도 있다.

사육상태에서의 수명은 보통 2~3년이지만, 4년까지 산 경우도 볼 수 있다. 시리안 햄스터의 빠른 신진대사 속도(분당 호흡 76회, 분당 심박수 250~500회)를 고려하면, 일반적인 수명이 왜 24개월 정도 되는지 이해하기가 쉬울 것이다.

■ **시리안 햄스터의 행동적 특징** : 단독생활을 하는 종인 시리안 햄스터는 텃세가 매우

심하고, 상대에게 비우호적인 태도를 취한다. 서로 공격하는 일이 다반사다. 일반적으로 암컷이 발정기일 때 암컷과 수컷이 만나는 경우에는 예외가 발생하지만, 이 경우에도 짝짓기 후에 암컷이 수컷을 공격할 수 있으므로 주의해야 한다. 사육환경에 있는 새끼는 생후 4~5주에 성성숙에 도달하며, 4주 후에 성별에 따라 어미와 분리해야 한다. 동성 형제자매 그룹은 생후 8주가 될 때까지 같은 케이지에서 함께 지낼 수 있으며, 그 시점이 지나면 서로 싸우며 때로는 죽음에 이르기도 한다.

카니발리즘은 시리안 햄스터 암컷에 있어서 드문 일이 아니다. 사육상태에서는 새끼가 인간과 상호작용을 하며, 외부의 냄새가 위협으로 취급돼 건강한 새끼를 잡아먹을 수도 있다. 암컷은 야생에서 죽은 새끼를 먹는다. 시리안 햄스터는 엉덩이의 특별한 향선에서 나오는 분비물을 이용해 굴을 마킹한다. 특히 수컷은 분비선이 있는 부위를 핥아 털을 축축하게 만든 다음, 물체의 표면을 옆구리로 끌어 영역을 표시한다. 암컷은 또한 신체 분비물과 대변을 사용해 마킹한다.

■시리안 햄스터의 번식 특징 : 사육상태에서 시리안 햄스터는 일 년 내내 새끼를 낳을 수 있는데, 겨울철과 생후 1년 반이 넘은 후에는 출산율이 눈에 띄게 감소한다(참고로, 출산이 '끝난' 것이 아니라 출산율이 크게 '감소'한다). 임신기간은 15~18일이며, 한배의 새끼 수는 보통 4~12마리지만 20마리 이상 낳을 수도 있다. 어미 햄스터가 출산 경험이 없거나 위협을 느끼는 경우 새끼를 버리거나 잡아먹을 수도 있다. 성성숙에 도달한 암컷 햄스터는 4일마다 발정한다. 암컷 햄스터는 출산 후 거의 즉시 발정기에 들어가며, 새끼를 낳은 지 얼마 지나지 않았음에도 불구하고 또다시 임신할 수 있다. 쉼없이 이어지는 임신과 출산은 어미의 몸에 심각한 스트레스를 유발하며, 태어난 새끼는 매우 허약하고 영양결핍을 초래하는 경우가 많으므로 주의해야 한다.

새끼들은 생후 10일쯤 되면 단단한 먹이를 먹기 시작하고, 3주가 되면 젖을 뗀다. 수컷의 경우 42일, 암컷의 경우 34일이 지나면 성성숙에 도달한다. 성성숙에 도달하는 시점이 지나면, 새끼를 각각 분리해야 한다. 동성일 경우 싸움이 일어나며, 성별이 다른 경우에는 싸우기도 하고 짝짓기도 한다. 새끼 두 마리를 같이 기를 경우 사이좋게 지내는 모습을 볼 수도 있지만, 곧 싸움이 일어난다. 이런 현상은 보통 늦

시리안 햄스터는 단독생활을 하며, 성성숙에 도달하는 시점이 지나면 새끼를 각각 분리해야 한다.

은 밤에 두드러지게 나타나며, 여러분이 깊은 잠에서 깨어나 '그만해!'라고 외칠 때까지 몸싸움과 날카롭게 삐걱거리는 소리가 계속 이어질 것이다. 여러분의 숙면과 햄스터의 건강을 지키기 위해서는 각각 분리해 기르는 것이 유일한 해결책이다.

캠벨 드워프 햄스터(Campbell's dwarf hamster, *Phodopus campbelli*)
두 번째로 인기 있는 반려햄스터는 드워프 햄스터 3종 중 하나인 캠벨 드워프 햄스터(Campbell's dwarf hamster, *Phodopus campbelli*)다. 캠벨이라는 이름은 1902년 몽골에서 이 종을 발견한 찰스 윌리엄 캠벨(Charles William Campbell)을 기리기 위해 올드필드 토마스(Oldfield Thomas)가 붙인 것이다. 중앙아시아, 러시아 북부, 몽골, 중국 북부의 건조한 지역에서 발견된다. 캠벨 드워프 햄스터는 러시안 드워프 햄스터(Russian dwarf hamster or Winter white dwarf hamster)와 비슷한 외형을 지니고 있어서 수년 동안 포도푸스 순고루스(*Phodophus sungorus*)라는 학명을 공유했다. 이 두 종은 일 년 중 적어도 일부 기간에는 외형적으로 동일하게 보이며, 서식범위도 겹친다. 이들은 장내 미생물군과 행동을 기준으로 별개의 종으로 분화됐다.

■**캠벨 드워프 햄스터의 생태적 특징** : 반려동물 숍에 가보면 캠벨이 단순히 '드워프 햄스터'로 진열돼 있는 것을 볼 수도 있고, 마치 포기라도 하듯 캠벨 드워프 햄스터, 러시안 드워프 햄스터, 로보로브스키 햄스터를 모두 '우리가 알기에는 너무나도 어려운' 포도푸스 아종(*Phodophus* spp.)으로 함께 진열하고 있는 것을 볼 수도 있다.

캠벨 드워프 햄스터는 1964년 실험동물로 사용하기 위해 영국에 도입됐다. 그들은 1970년대 초에 연구소에서 반려동물 숍으로, 이후 얼마 지나지 않아 미국으로 건너갔다. 원종의 색상은 배는 흰색이고 등 부분에 얇고 어두운 줄무늬가 있는 회갈색인데, 선택적 번식을 통해 약 40가지나 되는 다양한 색상의 변이종이 탄생했다. 1930년대 후반 만주(중국 동북부의 구칭)에서 캠벨 드워프 햄스터가 발견됐을 때 피카(Pika, *Ochotona daurica*; 새앙토끼 또는 쥐토끼라고도 한다)라는 동물과 함께 살고 있었는데, 특히 겨울철에 피카의 굴과 길 그리고 터널을 공유하고 있었다. 몽골의 일부 지역에서는 자신의 굴을 파는 것을 막기 위해 저빌 종과 굴을 공유하기도 한다.

빨간색 눈을 가진 플래티넘(Platinum) 캠벨 드워프 햄스터는 원종의 색상인 회갈색과는 다소 거리가 먼 색상을 보인다.

캠벨 드워프 햄스터는 수분 및 영양분을 섭취하기 위해 풀과 식물뿐만 아니라 메뚜기와 기타 곤충도 잡아먹는다. 또한, 수분을 절약하기 위해 효율적으로 소변을 농축하는 능력을 갖추고 있다. 암컷은 출산 직전에 특별한 둥지 공간을 준비한다. 둥지 안에는 아늑하고 이용 가능한 모든 재료를 깔아주는데, 마른풀과 양털이 전형적인 둥지 재료였다.

야생에서 캠벨 드워프 햄스터는 어두워지기 전에 잠에서 깨어나 활동을 시작한다. 귀 뒤, 하복부, 대변, 소변 등에서 나오는 냄새로 흔적을 남긴다. 굴을 떠나기 전에 잠시 멈춰 털을 다듬고, 발로 귀 위와 눈 주위를 문지른 다음 다시 땅 위에 대고 문지른다. 이렇게 하면 냄새가 발에 전달돼 흔적이 쉽게 남는다.

신체적으로 유사한 점이 많은 러시안 드워프 햄스터가 예전에는 캠벨 드워프 햄스터의 아종으로 분류됐는데, 현재 두 종은 별개의 종으로 간주된다. 캠벨 드워프 햄스터는 러시안 드워프 햄스터에 비해 하루에 더 많은 시간 동안 활동하기 때문에 자신의 굴에서 더 멀리까지 이동한다. 또한, 수컷의 경우 암컷보다 움직임이 더 빨라서 같은 시간 동안 훨씬 더 넓은 영역을 돌아다니게 된다.

캠벨 드워프 햄스터가 새벽녘과 야간에 오랜 시간 활동하는 이유는, 러시안 드워프 햄스터의 서식지보다 더 춥고 건조하며 계절적인 서식지에서 살아가기 위해서는 더 많은 노력과 에너지가 필요하기 때문이다. 캠벨 드워

판다(Panda) 캠벨 드워프 햄스터

프 햄스터는 부모 모두가 새끼를 돌보는 일에 참여하는데, 이러한 습성 또한 그들이 처한 혹독한 환경에서 생존하기 위해 필요한 노력의 일환이라고 볼 수 있겠다.

■**캠벨 드워프 햄스터의 신체적 특징** : 캠벨 드워프 햄스터는 좀 더 작은 종으로, 몸무게는 약 28g(암컷)에서 57g(수컷)이고, 코에서 꼬리 끝까지의 길이가 8.3~12cm 정도 된다. 사육상태에서 일반적으로 1.5~2년 정도 살지만, 4년까지 산 개체도 있다. 사육환경에서 어릴 때 매우 다양한 식단을 제공받은 햄스터는 성장함에 따라 소화와 관련한 문제를 겪을 가능성이 작지만, 야생에서는 먹이부족으로 상황이 전혀 달라진다. 이로 인해 사육된 햄스터의 기대수명이 야생햄스터의 수명보다 길어진다.

가까운 친척인 러시안 드워프 햄스터와 비교했을 때 귀와 눈이 더 작다. 일반적으로 러시안 드워프 햄스터에 비해 등 쪽 줄무늬가 좁고 배에 회색 털이 있다. 캠벨 드워프 햄스터는 시리안 햄스터보다 작기 때문에 붙잡기가 더 어렵다. 야생 캠벨 드워프 햄스터는 빠르게 움직이는데, 사육상태에서도 마찬가지로 움직임이 빠르다.

캠벨 드워프 햄스터는 러시안 드워프 햄스터에 비해 귀와 눈이 더 작은 편이다.

캠벨 드워프 햄스터는 러시안 드워프 햄스터에 비해 낮은 온도에 좀 더 취약하다. 실험에 따르면, 캠벨 드워프 햄스터는 영하 31.8°C의 온도를 견딜 수 있는 반면, 러시안 드워프 햄스터는 영하 44.7°C의 온도를 견딜 수 있다. 체온을 조절하는 데 몸을 웅크리는 방법에 의존하는 러시안 드워프 햄스터와 달리, 캠벨 드워프 햄스터는 지속적으로 몸을 움직임으로써 낮은 기온에 대응하고 안전한 장소를 찾으려고 노력한다.

■**캠벨 드워프 햄스터의 번식 특징** : 야생에서 캠벨 드워프 햄스터의 번식기는 지역에 따라 조금씩 달라진다. 투바(Tuva)에서는 4월 중순에 번식기가 시작되고, 몽골에서는 4월 말이나 5월 초에 시작된다. 그러나 모든 서식지에서 9월 말 또는 10월 초면 번식기가 종료된다. 사육환경에서는 딱히 정해진 번식기가 없으며 일 년 내내 자주 번식하는 것을 볼 수 있지만, 특히 여름철에 많은 수의 새끼가 태어나는 경향이 있다.

암컷은 일반적으로 생후 2개월이면 성성숙에 도달하며, 임신기간은 보통 18~19일이다. 임신한 후 18~19일이 지나면 1~9마리의 새끼(평균 한배에 8마리)를 낳으며, 다른 햄스터 종과 마찬가지로 기계적으로 번식하는 경향이 있다. 연구원 프란시스 에블링(Francis Ebling)은, 사육상태에서 캠벨 드워프 햄스터 암컷에게 긴 광주기(16시간의 낮/8시간의 밤)를 제공하면 출산 후 단 20일 만에 다시 출산할 수 있다는 사실을 발견했다. 이는 암컷이 새끼가 태어난 지 하루 만에 성공적으로 짝짓기를 할 수 있다는 것을 의미한다. 일반적인 사육조건에서는 보통 이 기간이 36일 정도 될 수 있다.

다른 설치류 종과는 달리 캠벨 드워프 햄스터 수컷은 새끼의 생존에 매우 중요한 역할을 한다. 수컷은 출산 중인 암컷을 적극적으로 돕는데, 산도에서 새끼를 끌어

내 할아주거나 어미와 새끼에게 공급하기 위한 먹이를 모으기도 한다. 연구자와 과학자들은 이러한 가족 간의 유대가 얼마나 중요한지 이제 막 깨닫기 시작했다. 제니퍼 존스(Jennifer Jones)와 캐서린 윈-에드워즈(Katherine Wynne-Edwards)는 출산과 양육과정에 있어서 캠벨 드워프 햄스터 수컷의 지원에 대해 관찰한 결과를 발표하기도 했다.

수컷은 출산하는 동안 기계적으로 돕는 모습을 보인다. 출산 직후에는 새끼를 핥고 냄새를 맡으며, 콧구멍을 청소해 새끼의 기도를 열어준다. 수컷은 계속해서 새끼를 직접 돌봄으로써 그들의 생존에 크게 기여한다. 심지어 어미가 없을 때 둥지 속으로 들어가는데, 이는 어미의 암컷 형제가 부모 쌍과 케이지에 함께 있는 경우 태어난 새끼에게 하는 것과 같은 행동이다.

캠벨 드워프 햄스터 수컷은 기회가 주어지면 새끼의 양육에 적극적으로 동참한다.

이러한 성체의 존재로 인해 새끼는 둥지에 혼자 남겨지는 경우가 거의 없기 때문에 몸이 차가워지는 일이 없는데, 이는 새끼가 작아서 체온을 스스로 유지할 수 없을 때 중요한 생존요소가 되는 것이다. 새끼는 빠르게 성숙해 생후 4주 만에 성성숙에 도달한다.

사육상태에서는 캠벨 드워프 햄스터와 러시안 드워프 햄스터의 이종교배를 통해 '살아 있는' 자손 또는 잡종을 생산할 수 있다. 잡종이라 해도 반려동물로 기르기에는 부족함이 없지만, 잡종의 번식과 복제는 유전병으로 인한 건강문제를 일으킬 수 있다는 점을 염두에 둬야 한다. 부모와 자식의 유전 정보는 매우 유사하기 때문에 유전적 건강문제나 이로 인한 취약성은 자손에게 쉽게 이어질 수 있다. 잡종의 광범위한 번식과 분포는 생태계의 순종과 아종 모두를 위협할 수 있으며, 이는 궁극적으로 아종의 멸종으로 이어질 수 있다. 더 많은 세대가 생산됨에 따라 각각의 새끼는 더 작아지고, 새끼들은 일반적으로 많은 선천적 문제를 이어받기 시작한다.

러시안 드워프 햄스터를 발견한 피터 팔라스는 1768~1773년 러시아 여러 지방을 여행하며 겪은 모험에 대해 기록했다.

러시안 드워프 햄스터(Russian dwarf hamster, *Phodopus sungorus*)

세 번째 종류의 햄스터는 윈터 화이트 드워프 햄스터(Winter white dwarf hamster), 중가리안 햄스터(Djungarian hamster), 시베리안 햄스터(Siberian hamster)라고도 불리는 러시안 드워프 햄스터(Russian dwarf hamster, *Phodophus sungorus*)다. 러시안 드워프 햄스터는 카자흐스탄 동부, 시베리아 남서부의 풀이 무성한 대초원 출신이다.

윈터 화이트, 러시안, 중가리안, 시베리안 등 이 종에 붙여진 여러 가지 이름들에서 원산지에 대한 약간의 단서를 찾을 수 있는데, 그렇기 때문에 일반적으로 통용되는 이름들이 항상 신뢰할 수 있는 것은 아니라는 점을 염두에 둬야 한다. 따라서 만약 여러분이 특정 종류의 햄스터를 원한다면, 실망하는 일이 생기지 않도록 학명으로 찾아보길 바란다. 학명을 기준으로 찾는다면 원하는 종을 선택할 수 있을 것이다. 야생에서 러시안 드워프 햄스터는 가족 단위로 무리를 지어 생활한다. 사육상태에서 일부 개체의 경우 케이지 창살을 비집고 빠져나올 수 있으므로 주의를 요한다. 햄스터 종 중에서 가장 길들이기 쉬운 종으로 알려져 있다.

러시안 드워프 햄스터와 캠벨 드워프 햄스터의 차이

러시안 드워프 햄스터와 캠벨 드워프 햄스터는 외양이 매우 비슷하기 때문에, 일반적으로 두 종 사이의 차이점을 시각적으로 구분하지 못하고 혼동하는 경향이 있다. 많은 사람들에게 이 두 종은 거의 동일해 보이지만, 다음과 같이 서로 다른 분명한 특징을 가지고 있으며 이를 기준으로 구별할 수 있다.

유래
러시안 드워프 햄스터는 윈터 화이트 드워프 햄스터, 시베리안 햄스터, 중가리안 햄스터 등 다양한 이름으로도 알려져 있다. 시베리안이라는 이름에서 알 수 있듯이, 시베리아 출신이다. 시베리아의 눈 덮인 환경에서 뛰어난 위장능력을 발휘하는데, 털을 눈 색깔과 같이 완전히 흰색으로 바꿔 포식자로부터 자신을 보호하는 것으로 잘 알려져 있다. 연구자들은 이와 같은 자연스러운 현상이 대개 겨울철에 발생한다고 보고한다. 그러나 사육환경에 있는 러시안 드워프 햄스터에게 이런 현상이 일어날 가능성은 매우 희박하다. 특히 반려햄스터가 현재 제공된 환경에서 위장할 필요가 없다는 것을 알게 되면 가능성은 더욱 작아진다. 성체가 되면서 약간의 흰색 털이 나타나는 것을 발견하게 될 수는 있다.

캠벨 드워프 햄스터의 기원은 몽골이며, 캠벨 드워프 햄스터라는 이름은 1902년 몽골에서 이 종의 표본을 최초로 수집한 찰스 윌리엄 캠벨(Charles William Campbell)을 기리기 위해 영국의 동물학자 올드필드 토마스(Oldfield Thomas)가 붙인 것이다.

얼굴과 특징
러시안 드워프 햄스터는 캠벨 드워프 햄스터보다 얼굴이 더 넓고 둥근 모양을 띤다. 정면에서 보면 더 크고 원형인 눈을 가지고 있다. 귀는 더 작고 둥글며, 주둥이는 짧고 구부러져 있는 것을 확인할 수 있다. 또한, 캠벨 드워프 햄스터에 비해 옆얼굴이 눈에 띄게 더 평평한 것을 확인할 수 있다.

캠벨 드워프 햄스터는 러시안 드워프 햄스터에 비해 더 작고 타원형인 눈을 가지고 있으며, 얼굴이 더 날카로운 형태를 띤다. 귀는 끝이 상대적으로 약간 더 날카로워서 좀 더 똑바로 세워져 있다. 옆얼굴은 더 뾰족하고 확실히 더 긴 것을 확인할 수 있다. 전체적으로 쥐와 매우 유사한 모습을 가지고 있다.

털의 패턴
캠벨 드워프 햄스터와 러시안 드워프 햄스터를 구별하는 또 다른 특징은 독특한 털 패턴이다. 러시안 드워프 햄스터는 일반적으로 등 쪽에 약간 더 넓은 등줄무늬가 있으며, 몸의 양쪽에 밝은색의 아치가 세 개로 이어진다. 배와 윗부분을 구분 짓는 색상 대비는 매우 분명하다. 이마에 나타나는 어두운 다이아몬드 반점이 특징이다. 러시안 드워프 햄스터는 또한 발 부분에 털이 더 많은 것으로 알려졌다.

캠벨 드워프 햄스터의 등줄무늬는 러시안 드워프 햄스터에 비해 약간 더 얇고 어두우며, 머리에 다이아몬드 모양의 반점이 없다. 하지만 하이브리드에서는 나타날 수 있다. 윗부분과 흰색의 배 부분을 구분하는 색상은 일반적으로 부드러운 베이지빛 갈색으로 혼합돼 있다.

특성과 성격
다행스럽게도 두 종의 성격에는 큰 차이가 없다. 러시안 드워프 햄스터와 캠벨 드워프 햄스터는 모두 장난기 많고 활동적이며, 보호자의 관심과 애정을 받는 것을 좋아한다. 어떤 형태로든 공격성을 접할 수 있는 경우는 거의 없지만, 만약 공격을 받는다면 햄스터에게 무언가 문제가 생겨 불편함과 까칠함을 유발한 결과일 수 있다. 이럴 경우는 즉시 동물병원을 방문해 수의학적인 검사를 받도록 하자.

대부분의 보호자가 보고한 바와 같이, 러시안 드워프 햄스터는 아마도 가장 목소리가 높은 햄스터일 것이다. 위험에 처했을 때나 케이지 안에서 거칠게 생활할 때 종종 삐걱거리는 소리를 낸다. 러시안 드워프 햄스터는 추위에 매우 잘 적응하는 반면, 캠벨 드워프 햄스터는 추위에 좀 더 취약하다. 이리저리 움직이고 운동을 함으로써 몸을 따뜻하게 유지한다.

야생에서는 포식자의 눈을 피하기 위해 눈이 내리는 겨울철에 어두운 털색이 흰색으로 바뀐다.

■ **러시안 드워프 햄스터의 생태적 특징** : 러시안 드워프 햄스터는 다른 반려햄스터 종보다 인간에게 더 많은 알레르기 반응을 일으킨다는, 석연치 않은 특이점을 가지고 있다. 흰담비와 눈덧신토끼(Snowshoe hare, *Lepus americanus*)처럼 야생의 러시안 드워프 햄스터는 계절에 따라 털 색깔이 바뀌는데, 여름에는 검은색 그리고 겨울에는 흰색을 띤다. 이러한 이유로 윈터 화이트(Winter white)라는 이름이 붙여졌다.

털 색깔이 겨울철에 하얗게 변하는 것은, 야생에서 시베리아와 같은 서식지에 눈이 내리면 여름에 나타나는 어두운색이 포식자에게 분명하게 보이기 때문에 구분되지 못하도록 위장하는 생존전략이라고 할 수 있다.

순종 러시안 드워프 햄스터는 사육상태에서 자연광만 비춰 기르면 야생에서와 마찬가지로 동일하게 털 색깔이 바뀌는 것을 볼 수 있다(러시안 드워프 햄스터를 원한다면 순종을 구하도록 하자. 일부 개체는 캠벨 드워프 햄스터와 교배되는데, 이종교배로 태어난 새끼는 색이 변하지 않는다). 하지만 러시안 드워프 햄스터가 은신처 안에서 깊이 잠들어 있는 낮 시간 동안에는 아무것도 볼 수가 없다. 해가 지고 적당히 어두워진 후에 활동을 시작하게 된다. 필자는 캘리포니아에서 장기간 러시안 드워프 햄스터를 사육해 왔는데, 털색이 완전히 흰색이 된 적은 없었지만 검은색의 옆줄이 사라졌고, 회색 털은 겨울이 다가올수록 더욱 옅은 색으로 변했다.

러시안 드워프 햄스터는 1768년부터 1774년까지 6년 동안 시베리아, 우랄산맥, 중국을 탐험한 독일의 자연학자 피터 팔라스(Peter Pallas)에 의해 처음으로 쥐의 일종으로 기술됐다. 당연히 러시안 드워프 햄스터는 팔라스의 이름을 따서 명명돼야 했겠지만, 그렇지 않았다고 해서 팔라스의 명성에 누가 되지는 않을 것이다. 그의 탐험 결과로 여러 종의 새와 포유류가 그의 이름을 따서 명명됐다.

다른 햄스터 종의 경우와 마찬가지로, 1960년대 체코슬로바키아 실험실에서 처음으로 연구동물로 사용됐고, 반려동물시장에는 비교적 늦게 등장한 후발주자라고 할 수 있다. 두 쌍이 독일의 한 연구실로 옮겨졌고, 그들의 후손이 반려동물시장으로 유입됐다.

야생에서 러시안 드워프 햄스터는 넓은 의미에서 함께 살아간다. 각각의 암컷은 적어도 두 마리의 수컷과 별도의 굴을 공유한다. 수컷은 결과적으로 최소한 두 마리의 암컷과 서로 다른 굴을 공유하며 살아가는 셈이다. 새끼가 태어나면 수컷은 어미를 도와 새끼를 돌보는 일에 참여한다.

러시안 드워프 햄스터는 캠벨 드워프 햄스터에 비해 얼굴이 더 넓고 둥근 모양을 띤다.

■**러시안 드워프 햄스터의 신체적 특징** : 타원형의 몸에 맑고 검은 눈을 가진 사랑스러운 햄스터 종이다. 여름에는 짙은 회갈색을 띠며, 배는 흰색에서 회색까지 나타난다. 등에는 검은색의 줄무늬가 있고, 양쪽에 검은색 줄무늬가 있어 회색과 흰색을 구분한다. 낮이 짧아지고 겨울이 가까워질수록 회색 털이 빠지고 흰색 털로 대체되지만, 등 쪽의 검은색 줄무늬는 남아 있다.

사육하의 번식에서 두 가지 다른 색상의 모프(morph)[1]가 발생했다. 하나는 사파이어(Sapphire)인데, 등 쪽에 짙은 색의 줄무늬가 있고 배면은 흰색에서 크림색을 띠며, 검은색 눈을 가진 청회색 햄스터다. 다른 하나는 펄 화이트(Pearl White)로, 몸체는 흰색에 회색 털이 얼룩져 있으며 머리는 더 짙은 색을 띤다. 이 두 가지 색상의 모프 모두 겨울 동안 짧은 광주기로 인한 털 색깔의 변화는 일어나지 않는다.

---

1 모프(morph)는 '다형성(polymorphism)'이라는 용어에서 파생된 단어로, 무한한 수의 색상과 패턴의 변형 및 조합을 의미한다. 개체의 외양에 영향을 미치는 선택적 번식에 의해 생산된 '패턴과 색상의 특정 조합'을 모프라 하며, 일반적인 설명으로는 한 종에서 개체군의 유기체 간에 나타나는 뚜렷한 시각적·물리적 차이를 일컫는다. 선택적 번식은 현재 볼 수 있는 다양한 모프의 생산에 크게 기여했다.

러시안 드워프 햄스터는 매우 추운 지역 출신이지만, 동면은 하지 않는다.

러시안 드워프 햄스터는 몸길이가 약 8~10cm 정도 되는 작은 종이다. 꼬리의 길이는 약 7~11mm이고, 보통 털 속에 파묻혀서 눈에 띄지 않는다. 캠벨 드워프 햄스터보다 큰 눈, 작은 귀, 약간 더 두꺼운 털을 가지고 있다.

캠벨 드워프 햄스터와 마찬가지로 사육상태에서 1.5~2년 정도 산다. 보통 대부분의 햄스터는 야생에서보다 사육환경에서 더 오래 사는데, 사육상태에서 수명이 더 짧은 경우도 볼 수 있다. 이는 야생환경에 비해 상대적으로 식단이 다양하지 못할 때, 운동량이 훨씬 적을 때, 잦은 스트레스를 유발하는 요소가 있을 때 등 여러 가지 요인들 때문일 수 있다.

러시안 드워프 햄스터는 매우 추운 지역 출신임에도 불구하고 동면을 하지 않는다. 대신 몇 시간 더 잠을 자기 위해 아침에 기면상태에 빠지게 된다. 수면 중에 신진대사율이 조금 떨어지지만, 동면상태로 간주할 만큼은 아니다. 러시안 드워프 햄스터는 비축된 먹이, 얼어붙은 환경에서 얻을 수 있는 모든 것을 먹고 살아남아야 한다.

이러한 유형의 위태로운 생존이 이들에게 스트레스를 줄 것 같지만, 사실은 그 반대다. 볼티모어에 있는 존스홉킨스병원의 연구원 스테이시 빌보(Staci Bilbo)와 그녀의 동료들은, 짧은 광주기(겨울철)를 제공한 환경에서 섭생한 햄스터가 긴 광주기(여름철)를 제공한 환경에서 섭생한 햄스터보다 주요 면역세포를 더 많이 가지고 있었고 과열로부터 더 빨리 회복된다는 사실을 발견했다.

■**러시안 드워프 햄스터의 번식 특징** : 러시안 드워프 햄스터는 시리안 햄스터보다 더 빠른 속도로 번식한다. 드워프 종들은 출산한 날에 다시 임신할 수 있으며, 임신과 출산 및 재임신까지의 과정이 36일 이내에 이뤄질 수 있다. 이는 짧은 시간 내에 많은

수의 자손을 생산하기 위한 이들의 생존전략인데, 어미에게는 엄청난 부담이 될 수밖에 없다. 연구에 따르면, 러시안 드워프 햄스터 수컷도 새끼 양육에 참여하지만, 캠벨 드워프 햄스터 수컷처럼 헌신적이지는 않다. 새끼들 사이에 잦은 싸움이 일어날 수 있으며, 새끼들은 젖을 떼자마자 어미로부터 독립한다. 암수 한 쌍이 짝짓기를 하면 일반적으로 18~19일의 임신기간을 거친 후 4~6마리의 새끼가 태어난다.

캠벨 드워프 햄스터와 러시안 드워프 햄스터 모두 암수의 교미를 거쳐 수정이 이뤄진 후에 암컷이 임신을 '일시 중지'시킬 수 있다. 이 과정을 '착상 후 2상(-二相; post-implantation diphase)'이라고 하며, 어미가 임신의 시작을 지연시키는 것이다. 이러한 임신지연 현상의 한 가지 이점은, 현재 어미가 수유를 하고 있는 새끼들은 젖을 뗐을 때 몸무게가 더 많이 나간다는 것이다. 실제로 어미는 에너지를 새끼와 자궁에서 자라는 배아 양쪽에 나누는 대신 현재 새끼들에게 집중시킬 수 있다. 이런 능력이 있는 다른 포유류는 박쥐가 유일하다.

또한, 암컷은 '임신하지 않는 것'을 선택할 수도 있다. 만약 자신과 짝짓기를 한 후 수컷이 제거되거나 죽임을 당한다면 암컷은 임신을 하지 않는데, 이는 가족 양육에서 수컷이 지닌 가치를 나타내는 또 다른 지표가 된다.

러시안 드워프 햄스터 암컷은 첫 배의 새끼들이 태어난 지 24일 만에 또 다른 배의 새끼를 낳을 수 있다. 태어난 새끼들은 한 달 정도 지나면 성성숙에 도달한다. 윈-에드워즈(Wynn-Edwards)는 캠벨 드워프 햄스터와 러시안 드워프 햄스터의 새끼를 둘 다 관찰했는데, 러시안 드워프 햄스터의 수컷은 새끼들을 돌보는 데 기여하기는 하지만, 캠벨 드워프 햄스터와 달리 둥지에서 새끼와 함께 시간을 보내는 경우가 거의 없다고 보고했다.

러시안 드워프 햄스터 암수 쌍은 일부일처제의 유대감을 형성하며, 수컷은 암컷과 분리되면 우울증 증상을 보인다. 또한, 새끼의 양육에 있어서 캠벨 드워프 햄스터 수컷처럼 헌신적이지는 않다.

러시안 드워프 햄스터 새끼는 생후 첫 주에 캠벨 드워프 햄스터보다 빨리 자라는데, 아마도 어미가 비번식기 때보다 둥지의 온도를 약 4℃ 정도 더 높이기 때문일 것이다. 어미가 휴식하는 동안의 체온은 새끼와 함께 있을 때 더 높은 경향이 있다. 이러한 형태의 적응 및 임신지연 능력은, 연구자들이 러시안 드워프 햄스터를 연구대상으로 삼을 만한 가치가 있는 이유에 포함된다. 러시안 드워프 햄스터 새끼의 경우 성장지연을 피하기 위해 생후 8일부터 깨끗한 식수나 신선한 사과 등을 포함한 수원에 접근할 수 있게 하는 것이 다른 종류의 반려햄스터에 비해 중요하다.

러시안 드워프 햄스터 쌍은 일부일처제 유대를 형성한다. 레슬리 카스트로-윌리엄(Lesley Castro-William)과 캐슬린 매트(Kathleen Matt)는 러시안 드워프 햄스터가 3주 동안 짝을 이루고 분리됐을 때 수컷이 인간의 우울증과 유사한 신체 및 행동의 변화를 보였다고 보고했다. 수컷은 더 많이 먹고 체중이 늘었으며, 활동량이 감소해 잠자는 공간에서 많은 시간을 보내고 케이지를 탐색하는 시간은 줄었다.

로보로브스키 햄스터(Roborovski hamster, *Phodopus roborovskii*)

데저트 햄스터(Desert hamster), 로보 드워프 햄스터(Robo dwarf hamster), 드워프 햄스터(Dwarf hamster)로도 불리는 로보로브스키 햄스터(Roborovski hamster, *Phodophus roborovski*)는 포도푸스속에 속하는 세 종의 드워프 햄스터 중 크기가 가장 작은 종이다. 영국에서 비교적 짧은 시간 동안만 존재했던 아름다운 햄스터라고 할 수 있다. 털은 연한 갈색이고, 등 쪽의 털은 이보다 훨씬 옅은 색을 띤다. 많은 수가 중국에서 포획됐으며, 사막종으로서 이들의 색상은 위장 및 열 흡수의 최소화를 위한 것으로 추정된다. 반려동물시장에 비교적 늦게 등장했지만, 인기가 있다.

시리안 햄스터와 다른 드워프 종에 비해서는 잘 알려져 있지 않지만, 사회성과 작은 크기로 인해 반응이 빠르고 작은 햄스터를 좋아하는 사람들에게 인기 있는 선택이 됐다. 최근 몇 년 동안 반려햄스터로 점점 더 인기를 얻고 있는 추세인데, 다른 햄스터 종에 비해 스트레스 성향이 높고 핸들링이 용이하지 않을 정도로 활동성이 강하기 때문에 관상용 동물로 기르는 것이 가장 적합하다. 그러나 시간이 지나면 길들여질 수도 있다. 평균적으로 사육상태에서 2년 정도 산다.

로보로브스키 햄스터 노멀(Normal)은 흰 눈썹과 회색 속털을 가지고 있다.

저자극성이라고 주장되기는 하지만, 일부 보호자의 경우 이전에 증상이 없었던 천식 발병과 관련이 있다. 긴급한(드물기는 하지만) 상황에서는 얕은 접시에 따뜻한 물을 준비해 햄스터의 털에서 유해물질을 제거해야 할 필요가 있을 수도 있다. 그러나 정상적인 상황에서는 햄스터를 물에 목욕시켜서는 안 된다. 엄청난 스트레스를 받는다는 것 외에도, 보호 역할을 하는 중요한 오일이 털에서 제거돼 위험하며 잠재적으로 치명적인 결과를 초래할 수 있기 때문이다. 햄스터는 자주 그루밍을 하는 동물이며, 깨끗하고 건강하게 지내기 위해서는 물 대신 모래 목욕을 시켜야 한다.

■ **로보로브스키 햄스터의 생태적 특징** : 로보로브스키 햄스터는 1894년 로보로브스키 중위(Lieutenant Roborovsky)에 의해 처음 발견됐지만, 1903년까지 기술되지 않았다. 이 햄스터는 1970년 이후까지 반려동물로 길러지지 않았으며, 1990년에 네덜란드에서 영국으로 들여왔다. 화석연구가 수행되기는 했지만, 이 종에 대한 화석기록은 존재하지 않는다. 로보로브스키 햄스터는 몽골 서부와 동부, 중국, 구소련의 척

주로 곡물, 채소, 과일, 식물 등을 먹지만, 고기와 곤충을 발견하면 개의치 않고 먹는다.

박하고 건조한 지역에서 유래한 종이다. 성긴 모래와 드문드문 초목이 있는 지역에서 서식하며, 초목이 빽빽하고 바닥이 단단한 점토로 이뤄진 지역에서는 거의 발견되지 않는다. 약 1200~1450m의 고도에서 발견된다.

물을 효율적으로 사용하므로 이들이 거주하는 대초원과 사막지역에 특히 적합하다. 지하 1.8m 깊이의 가파른 터널이 있는 굴을 파고 생활하는데, 평평하고 모래가 많은 지역의 외진 굴에 무리를 지어 산다. 다른 드워프 햄스터 종보다 늦게 잠에서 깨어나며, 오후 9시에서 10시 사이에 가장 활동적으로 움직인다. 추운 기온에 잘 적응하고, 캠벨 드워프 햄스터처럼 소변을 농축시키는 능력이 있다.

잡식성의 식성으로 주로 곡물, 채소, 과일, 식물 등을 먹지만, 고기와 곤충을 발견하면 개의치 않고 먹는다. 겨울에는 지하에 머무는데, 따뜻한 날씨에 먹이를 모은 다음 굴 내의 먹이저장실에 저장해 두고 그해 겨울을 보낸다. 중국 산시성에서는 기장(볏과의 한해살이풀) 종자를 채취하는 것으로 알려져 있으며, 몽골에서는 딱정벌레, 집게벌레, 귀뚜라미 같은 곤충을 식단의 일부로 먹는다. 몽골 야생에서 발견된 여러 개의 로보로브스키 햄스터 굴은 거의 곤충을 기반으로 한 식단을 나타냈으며, 달팽이를 섭취한 사례도 보고돼 있다.

로보로브스키 햄스터의 평균 수명은 2~3.5년이지만, 이는 환경에 따라 달라진다. 사육상태에서는 최대 4년까지 산 개체도 있으며, 야생상태에서의 수명은 2년이다. 로보로브스키 햄스터는 빠른 속도로 유명하며, 밤에 최대 10km까지 달릴 수 있다고 한다. 움직임이 매우 빨라서 보호자가 케이지 문을 열 것처럼 보이면 재빠르게 구석으로 들어가는 모습을 볼 수 있다. 몸집이 너무 작기 때문에 다칠지도 모른다는 생각에 핸들링하기가 망설여질 수도 있다.

잘 길들여지기는 하지만, 쓰다듬어 주는 행위에 대해 좀 더 긴장하는 모습을 보인다. 일부 보호자는 로보로브스키 햄스터의 케이지 문을 열면 자신의 손 안으로 기어들어 가고, 계속해서 쓰다듬어 주면 손에 누워 잠들어버린 모습을 보이곤 한다고 보고하기도 했다.

■ **로보로브스키 햄스터의 신체적 특징** : 로보로브스키 햄스터는 몸길이가 약 5cm인 가장 작은 햄스터 종으로, 같은 드워프 종인 캠벨 드워프 햄스터나 러시안 드워프 햄스터보다 더 날씬한 체격을 가지고 있다. 태어날 때 새끼의 평균 크기는 2cm이고, 다 자란 성체의 크기는 약 5cm에 몸무게는 25~40g 정도 된다. 로보로브스키 햄스터가 다른 햄스터와 구별

러스트(Rust) 로보로브스키 햄스터는 털에 뚜렷한 붉은 반점이 나타난다.

되는 뚜렷한 특징은, 눈 위로 마치 눈썹처럼 보이는 흰색 반점이 나타난다는 것이다. 또한, 모래색의 털을 가지고 있고, 등 쪽 줄무늬가 없다는 점에서 다른 두 종의 드워프 햄스터와 구별된다. 뒤에서 관찰하면 두개골이 둥글며, 다른 드워프 종만큼 직사각형으로 보이지는 않는다. 아래 어금니의 교두(咬頭, cuspis ; 이빨의 씹는 면에 솟아오른 부분)는 포도푸스속의 다른 구성원에서 볼 수 있듯이 엇갈리게 배열돼 있지 않고 마주보고 있다. 로보로브스키 햄스터의 절치공(切齒孔, incisive foramen ; 경구개의 절치와에 위치한 구멍들 중의 하나로 앞니구멍이라고도 한다. 비구개신경이 통과한다)은 길이가 4mm보다 크고 위쪽 어금니의 길이보다 짧다. 이는 다른 두 종에서 볼 수 없는 특징이다.

야생개체의 색상은 아구티(agouti)로 몸의 윗부분 2/3가 회색 바탕이고, 황금빛의 갈색 털과 등 쪽에 어두운 줄무늬를 가지고 있다. 이 줄무늬는 사육개체에서는 보이지 않는다. 꼬리, 배, 다리, 코, 눈 위의 털이 모두 하얀색을 띠는데, 눈썹처럼 보이는 눈 위의 털색이 특이하고 우스꽝스러운 표정을 자아내게 한다.

반려동물시장에 비교적 새로이 등장한 종이기 때문에 접할 수 있는 컬러 모프가 적다. 로보로브스키 햄스터 브리더이자 관련 웹사이트 제작자인 딤프 라베(Dymph Labbe)에 의하면, 현재 네 가지 색상의 고정된 모프를 볼 수 있다고 한다. 야생 색상인 노멀 아구티(Normal agouti), 나이가 들수록 털빛이 밝아지는 화이트 페이스드 아구티(White faced agouti), 화이트 로보로브스키(White Roborovski; 백색 시리안 햄스터처럼 건강문제가 더 많은 것으로 보인다), 모틀(Mottled) 등이 포함된다.

■ **로보로브스키 햄스터의 번식 특징** : 사육상태에서 번식하면, 자연적으로 모래색을 띠는 아구티의 더 어두운 변이종이 만들어진다. 폭스(Fox, 2006)에 따르면, 화이트 페이스드 및 파생 품종은 '고문 번식'으로 간주되기 때문에 독일이나 오스트리아와 같은 여러 유럽 국가에서는 번식이 법으로 금지돼 있다. 유전자 변이체의 동형접합성 보인자는 동물이 지쳐서 죽을 때까지 빙빙 도는 선회병(旋回病, whirling disease)[2]과 유사한 신경학적 증상을 유발한다(허스키-husky; 열성의 화이트 페이스에서는 나타나지 않는다).

로보로브스키 햄스터의 성별은 시각적으로 구분하기가 쉽다. 암컷의 개구부(開口部; 구멍이 있는 부분. 항문과 생식기를 이름)는 서로 매우 가깝게 붙어 있고 심지어 하나처럼 보일 수도 있는 반면, 수컷의 개구부는 암컷에 비해 멀리 떨어져 있다. 수컷의 경우 보통 개구부 위쪽 배꼽 근처에 두 개의 향선이 있고, 나이가 많은 개체에서는 노란색 얼룩으로 나타난다. 잡기 힘든 새끼의 경우 작은 유리병에 한 번에 한 마리씩 넣고 밑면에서 살펴보면 쉽게 알 수 있다(성별 구분하는 방법은 44페이지를 참고한다).

새끼의 경우 작은 유리병에 한 번에 한 마리씩 넣고 밑면에서 살펴보면 성별을 쉽게 알 수 있다.

2 포자충류의 1종(*Myxosoma cerabralis*)이 어류의 머리 연골에 기생해서 일어나는 병이다. 조피볼락 치어에 특이적으로 발생하는데, 감염된 치어는 머리의 뇌부분이 붉게 발적되고 수면 위를 빙빙 돌다가 폐사한다고 해서 선회병이라고 불렸다.

사육상태에서 번식하면, 자연적으로 모래색을 띠는 아구티의 더 어두운 변이종이 만들어진다.

로보로브스키 햄스터의 번식기는 4월과 9월 사이이며, 사육환경에서는 일 년 내내 자주 번식한다. 번식과 출산은 일반적으로 광주기가 긴 기간에 이뤄지는데, 사육상태에서는 인공조명에 의해 긴 광주기가 제공되기 때문에 더 자주 번식하게 되는 것이다. 임신기간은 20일에서 22일까지이며, 연간 3~4회 출산이 이뤄진다. 한배의 새끼 수는 3~9마리이고, 평균 6마리가 태어난다. 태어날 때 새끼의 몸무게는 1.2~2g 정도 된다. 출생 시 털이 없고 앞니와 발톱이 보이는데, 눈과 귓바퀴 그리고 발가락은 모두 막혀 있는 채로 태어난다. 생후 3일이 지나면 수염이 보이고, 5일 후에는 첫 번째 등 털이 자라 나온다. 6일이 지나면 막혀 있던 발가락이 갈라지고, 11일 후에는 몸이 완전히 형성된다. 어린 새끼들은 생후 14일이 지나면 눈을 뜬다.

다른 햄스터 종과 마찬가지로, 로보로브스키 햄스터도 출산했을 때 침입자로부터 방해를 받고 있다고 생각하면 부모가 새끼를 잡아먹는다. 그러나 일단 자신들이 안전한 환경에 있고 어떠한 위협요소나 위험요소가 없다는 사실을 받아들이면, 마음을 놓고 새끼들을 키운다. 출산하고 나서 첫 주 정도만 어미와 새끼들을 방해하는 요인이 발생하지 않는다면 부모가 새끼들을 양육하는 데 별 문제는 없다.

차이니즈 햄스터(Chinese hamster, *Cricetulus griseus*)

반려동물시장에서 볼 수 있는 다섯 번째 햄스터는 차이니즈 햄스터(Chinese hamster, *Cricetulus griseus*)로, 사울 아들러가 1920년대 후반 자신의 연구에 사용했던 바로 그 햄스터다. 앞서도 언급했듯이, 차이니즈 햄스터는 크기가 작아서 종종 드워프 종으로 소개되고 또 그렇게 알고 있는 사람들도 많지만, 실제로 앞 페이지에 소개한 세 가지 드워프 품종과는 다르기 때문에 이들과 별개의 종으로 분류되고 있다.

차이니즈 햄스터와 밀접한 관련이 있는 차이니즈 스트라이프 햄스터(Chinese striped hamster or Striped dwarf hamster, *Cricetulus barabensis*)의 분류학적 이름은 아직 확실하게 정해지지 않았다. 일부 학자들은 차이니즈 햄스터와 차이니즈 스트라이프 햄스터를 전혀 다른 별개의 종으로 간주하는 반면, 이들을 두 개의 아종(*Cricetulus barabensis griseus*와 *Cricetulus barabensis barabensis*)으로 분류하는 학자도 있다.

차이니즈 햄스터는 다른 종만큼 빠르게 움직이지 않으며, 겁이 많은 종이다. 만약 여러분이 기르는 차이니즈 햄스터가 사육장에서 탈출해 눈에 띄면, 빈 종이상자를 옆으로 눕혀 안으로 들어가게 한 다음 박스 안에서 손으로 부드럽게 들어 올리면 쉽게 잡을 수 있다. 꼬리가 뭉툭한 대부분의 햄스터에 비해 유난히 긴 꼬리로 구별된다. 주로 야행성을 띠지만, 낮잠을 자는 사이에 짧은 시간 동안 깨어 있기도 한 모습을 볼 수 있다.

차이니즈 햄스터 암컷은 일반적으로 반려동물로 길렀으며, 수컷은 번식용으로만 사용됐다. 선천적으로 단독생활을 하기 때문에, 다른 햄스터가 합사된 케이지에서 기르면 공격적인 행동을 나타내는 경향이 있다. 쌀쌀맞을 수도 있지만 빨리 길들여지는데, 길들이기에 성공하면 핸들링을 쉽게 할 수 있다.

차이니즈 햄스터 도미넌트 스폿(Dominant spot)
© Alex Eames CC BY-SA 3.0

어렸을 때는 상당히 긴장하는 듯하지만, 일단 길들여지면 사랑스럽고 차분하고 온화한 성격을 보인다. 이들의 사랑스러운 습성 중 하나는 네 발을 모두 사용해 핸들링하는 보호자의 손가락에 매달리는 것이다. 마치 옥수수 줄기에 붙어 있는 들쥐처럼 말이다.

■**차이니즈 햄스터의 생태적 특징** : 차이니즈 햄스터는 중국 북부와 몽골 출신이다. 바위가 많은 지형에 서식하며, 잘 기어오른다. 바위가 많은 지역에서는 깊은 굴을 파는 것이 어렵기 때문에 이들의 굴은 대개 얕은 것을 볼 수 있다. 그러나 주 터널에서 수면실과 먹이 저장실이 갈라져 최대 90cm 깊이까지 이르는 굴도 있다. 굴의 입구는 두 개일 경우도 있

차이니즈 햄스터 블랙 아이드 화이트(Black eyed white) © Alexeames CC BY-SA 3.0

다. 봄과 여름 동안 크리케툴루스속(*Cricetulus*)의 모든 구성원은 밤낮으로 활동하지만, 낮이 짧아질수록 야행성을 띤다. 동면은 하지 않지만, 광주기가 짧은 기간에는 더 오래 잠을 잔다. 사람에게 발견되면 얼어붙어 움직이지 않거나 도망친다.

차이니즈 햄스터는 처음에 실험동물로 길들여졌는데, 대부분 이용하지 않게 되면서 이후 반려동물로 길러졌다(북아메리카에서 일반적으로 기르는 반려햄스터 종은 아니었지만). 과거 과학자들이 다른 설치류를 이용하기 전에는 일반적으로 실험실 동물로 사용되다가, 번식이 쉽고 작은 케이지에 유지하는 것이 더 편리한 일반 쥐와 랫으로 대체된 것이다. 그러나 단백질 유전자를 차이니즈 햄스터 난소세포에 주입해 단백질을 생산하는 방식으로 생명공학과 관련한 여러 약물이 여전히 생산되고 있다.

차이니즈 햄스터는 실험용 동물로 이용되기 훨씬 전부터 중국에서 반려동물로 길러진 종이다. 1919년에 베이징의학대학교(Peking Union Medical College)에서 폐렴구균 박테리아 연구에 사용됐다. 번식 가능성이 있는 무리를 근동(Near East; 아라비아·북

차이니즈 햄스터는 회색을 띠는 털에 날씬한 몸, 긴 꼬리 등의 특징이 어우러져 쥐처럼 보인다.

동아프리카·동남아시아·발칸 등을 포함하는 지역), 인도, 영국 등의 다른 국가로 보냈지만, 번식을 위한 모든 노력은 실패로 끝났다. 연구원들은 암컷들이 다른 차이니즈 햄스터를 공격하는 행동에 대처하는 방법이나, 번식 시 짧은 광주기와 긴 광주기를 제공하는 것의 중요성에 대해 전혀 알지 못했다. 1957년 마침내 하버드대학교에 번식 집단이 만들어졌다. 인공번식에 대한 기술이 숙달되자 차이니즈 햄스터는 짧은 시간 안에 반려동물시장으로 진출했다. 그러나 드워프 햄스터 종이나 시리안 햄스터만큼 인기가 많지는 않은 편이다.

■**차이니즈 햄스터의 신체적 특징 :** 작고 가벼운 종으로, 색깔은 짙은 회색이고 등 쪽에 진한 줄무늬가 있다. 배는 아이보리색에서 회색을 띤다. 야생개체의 색상은 갈색이다. 척추 아래로 검은색 줄무늬가 있고 검은색과 회색의 점이 있으며, 배는 희끄무레하다. 이러한 색상이 유연한 체격 및 긴 꼬리와 어우러져 '쥐처럼' 보이며, 실제 이들이 속한 크리케툴루스속(Cricetulus)은 '쥐와 비슷한 햄스터'라고 불리는 그룹이다.

차이니즈 햄스터(차이니즈 스트라이프 햄스터 포함)는 포도푸스속의 세 종을 제외한 대부분의 햄스터와 마찬가지로, 사회성이 없는 종이라 단독생활을 하며 번식할 수 있을 정도 크기의 동종 이성만 용인한다. 암컷은 네 쌍의 젖꼭지를 가지고 있다. 성체의 몸길이는 약 10~12cm이고, 몸무게는 약 43g이다. 시리안 햄스터와 비교하면 정말로 작은 햄스터라는 것을 알 수 있을 것이다. 태어날 때 몸무게는 1.7g이다.

수컷은 신체 크기에 비해 음낭이 상당히 큰 것을 확인할 수 있다. 대부분 둥글둥글한 경향이 있는 다른 햄스터 종에 비해 신체 비율은 '길고 가늘게' 보이며, 상대적으로 긴 꼬리를 가지고 있다. 꼬리의 길이는 약 2.5cm로, 캠벨 드워프 햄스터나 시리

특징 \ 종명	시리안 햄스터	캠벨 드워프 햄스터	러시안 드워프 햄스터	로보로브스키 햄스터	차이니즈 햄스터
일반명	Syrian Hamster	Campbell's dwarf hamster	Russian dwarf hamster	Roborovski hamster	Chinese hamster
학명	*Mesocricetus auratus*	*Phodopus campbelli*	*Phodopus sungorus*	*Phodopus roborovskii*	*Cricetulus griseus*
길이	15~20cm	10~12cm	8~10cm	최대 4.5cm	10~12cm
몸무게	140~200g	40~60g	40~60g	25~40g	40~50g
먹이섭취량	10~15g/일(사료)	7~15g/일(사료)	7~15g/일(사료)	7~12g/일(사료)	7~15g/일(사료)
수분섭취량	30ml/일	12~15ml/일	12~15ml/일	10~12ml/일	12~15ml/일
털의 색상, 유형	골든, 팬시, 허니 베어, 판다 베어, 블랙 베어, 테디 베어, 달마티안 등 다양한 색상 변이종이 있다.	노멀, 새틴, 웨이브, 렉스 등의 털 유형이 있다.	여름에 갈색/회색 또는 파란색/회색을 띠며, 겨울에 흰색으로 바뀐다.	모래색/금색이며, 아랫면은 흰색이다.	회색/갈색을 띠고 등뼈 아래 어두운색의 줄무늬가 있으며, 아랫면은 흰색이다.
수명	2~3년	1.5~2년	1.5~2년	2~3.5년	2~3년
임신기간	15~18일	18~19일	18~19일	20~22일	20~21일
한배 새끼 수	4~12마리	1~9마리 (평균 8마리)	4~6마리	3~9마리 (평균 6마리)	4~5마리
합사 여부 및 특성	다양한 색상의 변이종이 있으며, 장모 품종도 볼 수 있다. 단독 생활을 하는 종이므로 한 마리만 길러야 한다.	다른 설치류 종과는 달리 수컷은 태어난 새끼의 생존에 매우 중요한 역할을 한다. 비교적 사회성이 있다.	일부 개체의 경우 케이지 창살을 비집고 빠져나올 수 있으므로 주의를 요한다. 비교적 사회성이 있다.	움직임이 너무 빨라 반려동물로 널리 길러지지는 않는다. 가장 작고 가장 오래 사는 햄스터 종이다. 비교적 사회성이 있다.	다른 종에 비해 체격이 길고 가늘며, 꼬리가 길다. 등 쪽에 짙은 줄무늬가 있는 회백색 개체가 인기 있다. 단독 생활을 한다.

안 햄스터의 두 배 정도 된다. 바위 위에서 뛰어다닐 때 균형을 잡기 위해 꼬리를 사용한다는 보고가 있다. 볼주머니는 매우 크고, 수명은 평균 2~3년 정도 된다.

■**차이니즈 햄스터의 번식 특징** : 차이니즈 햄스터 수컷은 시리안 햄스터처럼 음낭이 두드러지게 크다. 이처럼 음낭이 큰 이유는, 다른 햄스터에 비해 더 따뜻한 기후지역에 서식하고 있어서 음낭을 시원하게 유지함으로써 생존 가능한 정자의 생산을 늘리기 위해 진화한 것으로 추정된다. 한배에 4~5마리의 새끼가 태어나고, 임신기간은 20~21일이다. 새끼는 21~25일이면 젖을 떼고, 8~12주면 성성숙에 도달한다.

02 section

반려햄스터 5종의
색상과 패턴

햄스터 전문 브리더들의 부단한 노력과 번식기술의 발전으로, 시리안 햄스터의 기본 갈황색 및 캠벨 드워프 햄스터의 갈회색에서 벗어나 훨씬 더 많은 색상의 개체들을 볼 수 있게 됐다. 이제 색상과 관계없이 다양한 질감과 패턴의 털을 가진 개체들을 구할 수 있다. 시리안 햄스터나 캠벨 드워프 햄스터의 경우 기본적으로 색상, 패턴, 털의 질감을 취향에 따라 선택할 수 있다. 러시안 드워프 햄스터, 차이니즈 햄스터, 로보로브스키 햄스터는 선택할 수 있는 색상과 털의 종류가 훨씬 적다.

브리더들은 더 많은 기술을 사용해 모든 색상, 패턴 및 털 모프에 대한 데이터를 축적하고 있다. 여러분이 보유하고 있는 햄스터의 종류를 확인하려면 녀석을 들고 다음 목록을 확인해 보자. 실제로 손에 들고 있는 햄스터와 설명이 일치하지 않더라도 실망할 필요는 없다. 브리더들(특히 백야드 브리더-backyard breeder) [1] 은 일부 색상에 대해 자신만의 정의를 내리는 경향이 있으며, 부모가 어떻게 생겼는지 알지 않는

---

1 특히 더 많은 햄스터를 얻기 위해 햄스터를 사육하는 브리더를 백야드 브리더(backyard breeder)라고 한다. 미국에서는 돈을 목적으로 무작위로 브리딩을 하는 브리더들을 일명 '백야드 브리더'라고 칭한다. 가정 분양도 백야드 브리더에 속한다.

한 햄스터의 유전적 배경을 확인할 수 없다. 새로운 색상의 개체가 상당히 정기적으로 나타나는 것 같은데, 햄스터의 털 색깔을 결정하는 것부터 시작하자. '전체적으로 옅은 회색을 띠고 있다'고 해서 몸 전체가 그렇다는 의미는 아니다. 손가락을 사용해 햄스터의 털을 나누고, 끝부분과 몸 옆의 털 색깔을 확인하도록 한다.

햄스터 유전자 풀에는 매우 주의해야 할 몇 가지 유전자가 있다. 예를 들어, 로안(Roan) 또는 화이트 벨리드(White-bellied) 유전자는 새끼에게 유전자 사본이 두 개 이상 존재하는 경우 새끼 햄스터에게 심각한 선천적 결함을 일으킬 수 있다. 이러한 개체를 기르려는 경우 햄스터 유전학에 대해 배우는 것이 좋다. 조언이 필요하다면 해당 주제에 관한 좋은 책이 많이 출판돼 있으므로 참고하도록 하자.

시리안 햄스터의 색상

최초의 반려햄스터로 등장해 지금도 전 세계적으로 널리 길러지고 있는 시리안 햄스터는 가장 다양한 색상의 개체를 만날 수 있는 종이다. 오랜 세월 동안 선택적 번식을 통해 기본색인 황금색에서 벗어나 여러 가지 색상의 변이종이 작출됐다.

블랙 베어. 발은 항상 흰색이다.

■**골든**(Golden) : 야생형과 마찬가지로 현대 시리안 햄스터의 털은 줄무늬가 있고, 뿌리 부분은 짙은 회색이며 끝부분은 황금빛 갈색을 띤다. 아구티(agouti)라고 부를 수는 없는데, 아구티 컬러는 털 줄기의 끝이 검다는 뜻이기 때문이다. 얼굴 밑에서부터 귀 바로 아래, 어깨 위로 등까지 이어지는 짙은 색의 선이 있고, 볼은 대개 흰색이다. 귀는 짙은 회색이고 배는 상아색이며, 눈은 짙은 색을 띤다.

■**블랙**(Black) : 흰색의 발, 회색의 귀를 제외하

고 전부 검은색을 띤다. 털은 뿌리부터 끝부분까지 검은색이다. 일부 햄스터 브리더와 반려동물 숍에서 '블랙 베어(Black bear)'라고 부르는 햄스터다. 줄무늬가 있는 밴디드 블랙(Banded black)은 판다 햄스터(Panda hamster)로 분양된다.

■**블루**(Blue) : 2009년쯤 포르투갈 리스본에 있는 한 반려동물에서 관리하던 시리안 햄스터 그룹에서 예기치 않게 태어난 짙은 청회색의 햄스터다.[2] 단색의 변이종이다.

■**브라운**(Brown, dove) : 털색은 뿌리 부분부터 끝부분까지 연한 갈색을 띠고, 배는 상아색이다. 귀는 옅은 색을 띠고, 눈은 빨간색이다. 눈 색은 나이가 들면서 점차 어두워지지만, 손전등을 비춰보면 여전히 진홍색을 띠고 있는 것을 확인할 수 있을 것이다.

■**초콜릿**(Chocolate) : 햄스터 애호가들에게 인기가 많은 색상이다. 초콜릿은 세이블(sable)과 블랙초콜릿(black chocolate) 두 가지 색조의 개체를 볼 수 있다. 세이블은 연한 밀크초

1. 밴디드 블랙(판다) 2. 초콜릿 3. 시나몬

콜릿 색상을 띠는 개체를 이르는데, 뿌리 부분은 좀 더 연한 색을 띠는 것을 볼 수 있다. 귀는 회색이고 눈은 짙은 색이다. 블랙초콜릿은 뿌리부터 끝부분까지 다크초콜릿 색상을 띤다. 발은 흰색이고 귀는 어두운 회색이며, 눈은 짙은 색을 보인다.

---

2   해외의 햄스터 애호가들은 '햄스터 센트럴(HamsterCentral.com)'이라는 웹사이트 커뮤니티에서 활발하게 활동하고 있는데, 예상치 못한 모프의 발견은 항상 이들의 관심을 끈다.

■**시나몬**(Cinnamon) : 전체적으로 매력적인 황갈색을 띠는 개체로, 청회색의 속털을 가지고 있다. 배는 상아색이고 귀는 옅은 색을 띠며, 눈은 빨간색이다.

■**쿠퍼**(Copper) : 몸통의 털은 뿌리 부분이 더 어두운 짙은 구릿빛을 띤다. 눈 주위의 털은 더 연한 구릿빛을 띠고, 귀는 옅은 색이며 눈은 빨간색이다. 눈은 나이가 들면서 점점 짙어지지만, 손전등을 비추면 여전히 진홍색을 띠는 것을 볼 수 있다.

■**블랙 아이 크림**(Cream with black eyes) : 털은 뿌리 부분까지 크림색이다. 크림색은 햄스터가 성숙함에 따라 약간 더 황갈색을 띠게 된다. 귀는 회색이고 눈은 짙은 색이다.

■**레드 아이 크림**(Cream with red eyes) : 털은 뿌리 부분부터 끝부분까지 분홍색 색조가 드러나는 크림색을 띠며, 햄스터가 성장함에 따라 색상이 더욱 짙어지는 것을 볼 수 있다. 귀는 옅은 색이고 눈은 붉으며, 나이가 들수록 점점 짙어진다.

■**다크 그레이**(Dark gray) : 털색은 뿌리 부분이 끝부분보다 더 어두운 회색을 띠는 것을 확인할 수 있다. 배는 상아색이며, 볼에 나타나는 줄무늬는 검은색을 띤다.

■**라이트 그레이**(Light gray) : 전체적으로 옅은 회색의 털을 가지고 있으며, 뿌리 부분은 이보다 짙은 회색을 띤다. 주둥이는 거의 흰색인 것을 볼 수 있고, 볼의 줄무늬는 짙은 갈회색이다. 배는 상아색이고 귀는 짙은 색이며, 눈은 검은색이다.

■**실버 그레이**(Silver gray) : 털은 은회색이며, 뿌리 부분은 짙은 회색을 띤다. 배는 상아색이고 귀는 짙은 색이며, 눈은 검은색이다.

■**허니**(Honey) : 크림색이 변형된 색상으로, 엘

실버 그레이 롱-헤어 시리안 햄스터

로우-오렌지(yellow-orange)부터 뿌리 부분이 크림색인 오렌지-크림(orange-cream)까지 다양한 색조의 개체를 볼 수 있다. 눈은 붉고 귀는 옅은 색이다. 배는 크림색이고, 볼에는 더 진하게 반짝거리는 색이 나타나 배와 등 쪽의 짙은 색을 구분한다. 등과 눈의 색은 나이가 들수록 점차 짙어진다.

■ **블랙 아이 아이보리**(Ivory with black eyes) : 털색은 뿌리 부분부터 끝부분까지 흰색에 가까운 밝은색을 띠지만, 완전히 흰색은 아니다. 귀는 회색이고 눈은 짙은 색이다.

■ **레드 아이 아이보리**(Ivory with red eyes) : 앞서 소개한 블랙 아이 아이보리(Ivory with black eyes)와 마찬가지로, 털색은 뿌리 부분부터 끝부분까지 흰색에 가깝게 보이지만, 그렇다고 완전히 흰색은 아니다. 귀는 옅은 색이고 눈은 붉은색인데, 나이가 들면서 진홍색으로 더욱 짙어질 수도 있다.

1. 허니 2. 러스트

■ **라일락**(Lilac) : 털색은 라벤더(lavender; 쑥 냄새 비슷한 향이 나고 연보라색 꽃이 피는 화초로, 연보라색을 칭하기도 한다) 톤을 띤 회색이며, 성장함에 따라 갈색으로 변할 수도 있다. 털의 뿌리 부분은 회색을 띤다. 배는 상아색이고 귀는 옅은 색이며, 눈은 빨간색이다.

■ **펄**(Pearl, smoke) : 털색은 뿌리 부분이 옅은 회색이고, 끝부분이 검은색으로 짙어지는 것을 확인할 수 있다. 배는 상아색이고 귀는 회색이며, 눈은 검은색이다.

■ **러스트**(Rust) : 거의 구릿빛에 가까운 색이지만, 약간 갈색을 띠고 뿌리 부분은 회색

이다. 귀는 회색이고 눈은 짙은 색을 띤다. 러스트 색상은 미국에서는 거의 구할 수 없다. 일부 브리더가 시리안 햄스터의 선택적 번식을 통해 러스트 색상을 얻기 위해 노력했지만, 실제 번식이 이뤄지지는 않았다.

■**세이블**(Sable; 검은담비) : 털색은 뿌리 부분이 크림색을 띠는 검은색이다. 눈 주위에는 크림색의 원이 나타나는 것을 볼 수 있다. 햄스터가 성숙함에 따라 검은색은 갈색 또는 짙은 회색으로 변할 수도 있다. 눈은 짙은 색이다.

■**세이블 로안**(Sable Roan) : 털색은 흰색이며, 세이블 색상의 털이 전체적으로 얼룩져 있는 것을 볼 수 있다. 머리는 더 진한 색을 띠지만, 귀는 옅은 색이며 눈은 검은색이다.

1. 토르토이즈쉘 2. 엄브로우스 골든

■**토르토이즈쉘**(Tortoiseshell; 삼색얼룩) : 노란색과 다른 색상의 개체를 교배시킨 결과로 나타난 색상이다. 노란색이 검은색과 교배되고 그렇게 태어난 새끼가 다시 흰색과 교배되면, 삼색고양이처럼 '붉은 갈색, 흰색, 검은색 반점'이 있는 삼색의 햄스터가 태어난다. 고양이와 마찬가지로 토르토이즈쉘 햄스터는 암컷에서만 나타나며(반성 유전자의 영향), 수컷에서는 간혹 돌연변이 개체가 나타날 수도 있지만 거의 드물다.

■**엄브로우스 골든**(Umbrous golden) : 황금빛을 띠는 시리안 햄스터 원종과 비슷하지만, 황금색 부분이 회색 털로 물들어 있는 것을 볼 수 있고 배는 회색을 띤다.

■**다크 이어 화이트**(White with dark ears) : 털의 뿌리 부분부터 끝부분까지 흰색을 띤다.

귀는 짙은 색이며, 나이가 들수록 더욱 짙어지는 것을 볼 수 있다. 눈은 빨간색이다.

■**페일 이어 화이트**(White with pale ears) : 앞서 소개한 '다크 이어 화이트'와 시나몬을 교배시킨 결과로 나타난 색상이다. 털색은 순백색을 띠고 귀는 옅은 색이며, 눈은 빨간색이다.

■**옐로우**(Yellow) : 털색은 옐로우-탄(yellow-tan; 황갈색 색조를 보임)이며, 털의 끝부분은 어두운 색을 띤다. 털 끝부분의 검은색은 나이가 들어감에 따라 더욱 짙어지는 것으로 보인다. 귀는 짙은 색이고, 눈은 검은색이다.

옐로우 블랙 시리안 햄스터

■**옐로우 블랙**(Yellow black) : 노란색과 검은색 개체를 교배시켜 만든 색상이다. 털색은 노란색이고, 털의 끝부분에는 검은색이 두껍게 깔려 있다. 발은 몸보다 연한 색을 띤다. 귀는 회색이고, 눈은 어두운색이다.

시리안 햄스터의 패턴

시리안 햄스터의 패턴은 전체적으로 단색을 띠는 셀프(Self), 줄무늬가 나타나는 밴디드(Banded), 반점이 나타나는 스폿(Spot), 노란색과 흰색 그리고 검은색 등 세 가지 색이 나타나는 토르토이즈쉘(Tortoiseshell) 등을 볼 수 있다.

■**셀프**(Self) : 모든 단색 패턴을 셀프라고 한다. 종종 발은 더 옅은 색을 띨 수도 있다.

■**밴디드**(Banded; 줄무늬) : 흰색과 다른 색상의 조합이 이뤄진 패턴이다. 흰색은 주로 배, 등을 가로지르는 밴드에 나타난다. 밴드는 단색일 수도 있고, 두 가지 이상의 색

이 섞일 수도 있다. 또한, 다른 색상으로 인해 선이 끊어진 형태를 볼 수도 있다.

■ **도미넌트 스폿**(Dominant spot) : 흰색과 다른 색상을 결합해 배는 흰색, 등 쪽에는 얼룩 반점이 있는 패턴이 만들어졌다. 얼룩 반점은 몸의 측면에서 가장 뚜렷하게 나타난다.

■ **로안**(Roan) : 털색이 어떤 색이든 흰색의 털이 섞여 있는 것을 볼 수 있다. 기본 색상은 머리 부분에서 가장 뚜렷하게 나타난다.

■ **토르토이즈쉘**(Tortoiseshell) : 노란색과 흰색 털에 검은색 반점이 많이 찍혀 있다. 이는 반성유전자(sex-linked gene; 성염색체에 있는 유전자)의 영향으로, 암컷에서만 발견되는 특성이다.

1. 밴디드. 애호가들 사이에 인기가 많은 패턴의 시리안 햄스터다.. 2. 세이블 밴디드. 짙은 커피색 줄무늬를 가지고 있지만, 속털은 옅은 색이다.

■ **리세시브 데플**(Recessive dapple) : 흰색의 햄스터로, 머리의 털색은 다른 색상이 나타나고 반짝거리는 흰색의 반점이 있으며, 엉덩이의 털색도 다른 색상이 나타난다.

시리안 햄스터의 털 유형(질감 포함)
시리안 햄스터의 털 유형에는 헤어리스, 노멀, 롱-헤어, 렉스, 새틴, 엄브로우스 등이 있다. 이 중에서 엄브로우스는 털 유형이 아니라 색상으로 분류하기도 한다.

■ **헤어리스**(Hairless; 털이 없는) : 털이 없는 형태로, 이러한 햄스터를 에일리언 햄스터(Alien hamster)라고도 부른다. 수염을 제외하고는 몸에 털이 전혀 없다. 에일리언 햄스터 암컷은 새끼에게 충분히 먹일 만큼 젖을 생산하지 못하는 경우가 많다.

1. 롱-헤어 밴디드 판다 2. 새틴

■ **쇼트/노멀**(Short or Normal) : 질감이 없는 짧은 털을 쇼트 또는 노멀 코트라고 부른다.

■ **롱-헤어**(Long-haired) : 털이 긴 형태로, 어떤 부위는 10cm에 달할 정도로 긴 털이 난 경우도 있다. 수컷은 암컷보다 더 긴 털을 가지고 있으며, 종종 암컷은 경계만 긴 경우도 있다.

■ **새틴**(Satin) : 드물게 나타나는 형태기는 하지만, 털이 매우 윤기 나는 외관을 가지고 있다.

■ **렉스**(Rex) : 짧은 형태와 긴 형태 모두 털이 위쪽으로 말려 있다. 심지어 수염도 곱슬곱슬하다. 털이 짧은 유형의 경우 플러시(plush; 실크나 면직물을 우단보다 털이 좀 더 길게 두툼히 짠 것) 천처럼 보이는 햄스터가 된다. 긴 털의 경우는 마치 사진으로 흔히 보는 아인슈타인 머리처럼 정전기를 일으킨 모습과 비슷하다. 렉스를 렉스와 교배시키면 심하게 곱슬거리는 새끼가 태어나므로 피해야 한다. 속눈썹이 곱슬곱슬하고, 종종 눈 안쪽으로 자라는 경우가 있어서 통증을 동반하는 각막궤양을 유발할 수 있다(속눈썹은 털이며, 이 털이 안구를 긁어 각막에 병변이나 궤양을 일으킬 수 있다).

■ **엄브로우스**(Umbros) : 앞서 설명한 엄브로우스 골든의 경우에서 볼 수 있듯이, 엄브로우스 유전자는 모든 색상 위에 회색의 층을 추가해 약간 더 어두운 색상의 햄스터를 만든다. 색상에 관여하기 때문에 패턴이 아니라 색상으로 분류하기도 한다.

캠벨 드워프 햄스터의 색상

아구티(Agouti; 야생 색상), 아르젠테(Argente; 시나몬 또는 모래색), 알비노(Albino; 흰색) 등 세

가지의 기본 색상이 있으며, 기본 색상 외에 다양한 색상의 변이종을 볼 수 있다. 모틀 유전자(mottled gene)도 보유하고 있는데, 이 유전자로 인해 다양한 마킹이 나타난다.

■**노멀**(Normal) : 털은 갈회색이며, 뿌리 부분은 짙은 색이다. 짙은 색의 줄무늬가 머리에서 꼬리까지 이어지는 것을 볼 수 있다. 배는 흰색이고 귀는 회색이며, 눈은 어두운색이다.

■**모틀 노멀**(Normal, with mottling) : 털색은 흰색이며 갈회색 반점이 나타난다. 등 쪽의 줄무늬는 어두운색이지만, 완전하게 이어지지 않을 수도 있다. 배는 흰색이고 귀는 회색이며, 눈은 어두운색이거나 빨간색을 띤다.

■**플래티넘 노멀**(Normal, with platinum) : 털은 갈회색이며, 전체적으로 흰색이 흩뿌려져 있는 모습이다. 귀는 옅은 색이고, 눈은 검은색이다.

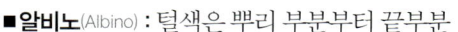
1. 노멀 2. 플래티넘(레드 아이) 3. 알비노

■**알비노**(Albino) : 털색은 뿌리 부분부터 끝부분까지 전부 흰색을 띠며, 등 쪽에 줄무늬가 없다. 귀는 옅은 색을 띠고, 눈은 빨간색이다. 빨간색 눈은 나이가 들어감에 따라 점차 어두운색으로 바뀔 수도 있다.

■**레드 아이 아르젠테**(Argente with red eyes) : 털의 뿌리 부분이 적갈색을 띠거나 혹은 청회색을 띠는 시나몬(Cinnamon)이다. 등 쪽의 줄무늬는 짙은 회색빛을 띠는 것을 확인할 수 있다. 배는 흰색이고 귀는 옅은 색이며, 눈은 빨간색이다.

■**블랙 아이 아르젠테**(Argente with black eyes) : 레드 아이 아르젠테와 마찬가지로, 털의 뿌리 부분이 적갈색을 띠거나 회색을 띠는 시나몬으로 눈이 검은색이다. 등 쪽의 줄무늬는 짙은 회색을 띤다. 배는 흰색이고 귀는 회색이다.

■**모틀 아르젠테**(Argente, mottled) : 전체적인 털색은 흰색이며, 시나몬색의 반점이 얼룩덜룩하게 분포돼 있는 것을 볼 수 있다. 시나몬색을 띠는 부위의 털은 뿌리 부분이 청회색이다. 등 쪽의 줄무늬는 짙은 회색빛을 띠는데, 완전하게 이어지지 않고 끊어질 수도 있다. 배는 흰색이고 귀는 옅은 색이며, 눈은 빨간색이다.

■**베이지**(Beige) : 아르젠테와 '블랙 아이 아르젠테'를 교배시킨 결과로 나타난 색상이다. 털은 전체적으로 옅은 오렌지-베이지색이고, 등 쪽의 줄무늬는 짙은 오렌지-베이지색을 띤다. 배와 주둥이는 흰색이고 귀는 옅은 색이며, 눈은 빨간색이다.

■**블루 베이지**(Blue beige) : 블랙 아이 아르젠테, 레드 아이 아르젠테, 오팔을 교배시킨 결과로 나타나는 색상이다. 푸른빛이 감도는 베이지색이며, 귀는 회색이고 눈은 빨간색이다.

■**블랙**(Black) : 털색은 뿌리 부분부터 끝부분까지 매우 어두운 회색에서 검은색을 띤다. 등 쪽의 줄무늬는 전체적인 털색보다 어두운데, 거의 눈에 띄지 않는다. 발과 턱은 흰색이고 귀는 회색이며, 눈은 검은색이다.

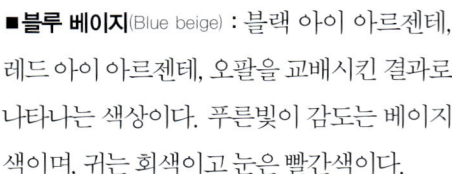

1. 베이지　2. 블루 베이지　3. 블랙

특징	종명	시리안 햄스터	캠벨 드워프 햄스터	러시안 드워프 햄스터	로보로브스키 햄스터	차이니즈 햄스터
몸길이	5~10cm		o	o	o	o
	15~20cm	o				
꼬리길이	0.7~1.2cm	o	o	o	o	
	약 2.5cm					o
털 색상	골든 오렌지 or 변이	o				
	그레이 or 변이			o	o	
	그레이		o			o
등줄무늬	없거나 흐릿함	o	o			
	뚜렷함			o	o	o
옆구리줄무늬 유무					o	

반려동물 숍에서 햄스터를 선택할 때 간단하고 빠르게 종을 구분할 수 있는 항목들

■**모틀 블랙**(Black, mottled) : 털색은 얼룩덜룩한 흰색을 띠며, 짙은 회색에서 검은색까지의 패치가 나타난다. 역시 등 쪽의 줄무늬는 거의 보이지 않는다. 발과 턱은 흰색이고 귀는 검은색과 흰색을 띠며, 눈은 검은색이다.

■**블루**(Blue) : 오팔(opal)과 블랙을 교배시킨 결과로 나타나는 색상이다. 털색은 전체적으로 회청색을 띠고, 등 쪽의 줄무늬는 이보다 더 짙은 색을 보이지만 대체로 뚜렷하게 나타나지 않는다. 귀는 회색이고, 눈은 검은색이다.

■**모틀 블루**(Blue, mottled) : 털색은 회청색이며, 흰색의 반점이 나타난다. 등 쪽의 줄무늬는 더 짙은 색이지만, 대체로 뚜렷하지 않다. 귀는 회색이고, 눈은 검은색이다.

■**블루 폰**(Blue fawn) : 오팔과 아르젠테의 교배로 나타나는 색상이다. 털색은 전체적으로 블루-탄(Blue-tan)을 띤다. 등 쪽의 줄무늬는 블루-탄보다 더 짙은 색이지만 뚜렷하지 않다. 귀는 옅은 색이고, 눈은 빨간색이다.

■**초콜릿**(Chocolate) : 블랙 아이 아르젠테와 블랙을 교배시킨 결과로 나타난 색상이

다. 전체적인 털색은 중간 톤 정도의 갈색이라고 할 수 있고 옆은 밀크초콜릿 색상을 띠며, 등 쪽의 줄무늬는 이보다 약간 더 짙은 색이 나타난다. 눈은 검은색이다.

■**도브**(Dove) : 블랙과 아르젠테의 교배로 나타난 색이다. 털색은 회색이고, 등 쪽 줄무늬가 약간 더 짙다. 배는 상아색이고 귀는 옅은 색이며, 눈은 빨간색이다. 눈은 나이가 들면서 짙어지지만, 손전등을 비추면 진홍색(burgundy)을 띠는 것을 볼 수 있다.

■**모틀 도브**(Dove, mottled) : 털색은 흰색 반점이 있는 회색이다. 등 쪽 줄무늬는 뚜렷하지 않다. 배는 상아색이고 귀는 옅은 색이며, 눈은 빨간색이다. 눈은 나이가 들면서 짙어지지만, 플래시를 비춰보면 빨간색으로 깜빡이는 것을 확인할 수 있다.

■**라일락 폰**(Lilac fawn) : 오팔과 블랙 아이 아르젠테 개체를 교배시킨 결과로 나타난 색상이다. 털색은 블루-탄(blue-tan)이고, 등 쪽의 줄무늬는 블루-탄보다 약간 더 짙은 색조를 띠는 것을 볼 수 있다. 귀는 옅은 색이고, 눈은 검은색이다.

■**오팔**(Opal) : 오팔은 열성유전자로 부모 모두에게 물려받아야 발현된다. 털색은 청회색이며, 배와 주둥이는 아이보리색이다. 옆구리 쪽은 황갈색을 띠며, 등 쪽의 줄무늬가 약간 더 짙다. 귀는 회색이고, 눈은 짙은 색이다.

■**모틀 오팔**(Opal mottled) : 털색은 청회색이며, 흰색 반점이 있는 것을 볼 수 있다. 배와 주둥이가 흰색이며, 등 쪽의 줄무늬는 약간 더 짙고 뚜렷하게 나타나지 않는다. 귀는 옅은 색이거나 회색을 띠며, 눈은 짙은 색이다.

1. 모틀 도브 2. 오팔

■ **오팔 플래티넘**(Opal platinum) : 털색은 청회색이며, 흰색 털이 섞여 있다. 배와 주둥이는 흰색이지만, 짙은 색의 오팔만큼 강하게 대비되지는 않는다. 등 쪽의 줄무늬는 짙은 색을 띠지만 뚜렷하지 않다. 귀는 회색이고, 눈은 짙은 색이다.

■ **블랙 아이 화이트**(White with black eyes) : 딜루트 플래티넘(Dilute platinum)이라고도 한다. 털색은 흰색이고, 등 쪽에 줄무늬가 없다. 귀는 흰색이고, 눈은 짙은 색이다.

■ **레드 아이 화이트**(White with red eyes) : 블랙 아이 화이트와 마찬가지로, 털색은 흰색이고 등 쪽에 줄무늬가 없다. 귀는 흰색이고, 눈은 빨간색이다.

러시안 드워프 햄스터의 색상

러시안 드워프 햄스터(윈터 화이트 드워프 햄스터, 중가리안 햄스터)는 기본적으로 표준 색상인 회색의 노멀(Normal), 선택적 번식을 통해 작출된 변이종인 스모키색의 '사파이어(Sapphire)'와 흰색 패턴의 '펄(Pearl)' 등 세 가지를 볼 수 있다.

■ **노멀**(Normal) : 러시안 드워프 햄스터의 표준 색상은 짙은 회색이며, 등 중앙에만 검은색 줄무늬가 있고 배는 흰색이다. 윈터 화이트라는 이름이 붙은 것에서 볼 수 있듯이, 추운 겨울에는 털색이 하얗게 변한다. 이처럼 털색이 하얗게 변하는 현상은, 먹이동물인 이들이 겨울철 혹독한 자연환경에서 살아남기 위한 생존전략이다.

■ **사파이어**(Sapphire) : 선택적인 번식을 통해 작출된 색상이다. 털색은 푸른빛을 띤 스모키 회색이며, 귀는 회색이고 눈은 검은색이다.

■ **펄**(Pearl) : 펄은 1988년 영국에서 작출된 색상이다. 배와 등이 하얗게 되는 흰색 패턴의

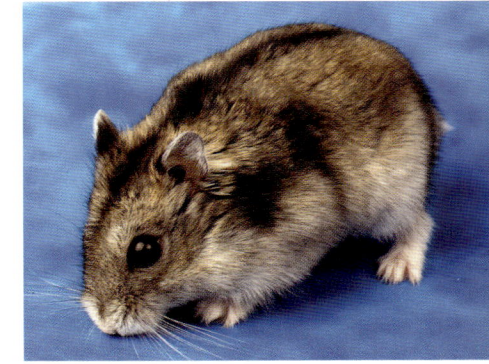

노멀 러시안 드워프 햄스터

돌연변이로, 등에 유색의 털이 흩어져 있는 것을 볼 수 있다. 이 유색 털은 척추를 따라 집중돼 있으며, 그 양은 개체마다 매우 다르게 나타난다. 일부는 척추를 따라 집중된 유색 털을 제외하고는 흰색이고, 유색 털에 심하게 얼룩이 있는 경우도 있다. 최근까지 모든 펄 수컷은 불임인 것으로 생각됐지만, 일부는 생식력이 있는 것으로 밝혀졌다.

펄 러시안 드워프 햄스터

펄을 사파이어와 교배시키면 털 전체에 검은 털이 촘촘하게 박혀 있는 '노멀 펄'과 보라색-회색 털이 박혀 있는 '사파이어 펄'을 생산하는 것이 가능하다. 이러한 돌연변이는 원종처럼 겨울에 털 색상을 변화시키지는 않는다. 만다린(Mandarin), 오렌지(Orange), 브라운(Brown), 머시룸(Mushroom)과 같은 추가적인 색상이 태어날 수 있지만, 이는 순종이 아닌 잡종으로 간주된다.

로보로브스키 햄스터의 색상

로보로브스키 햄스터는 반려동물시장에 등장한 지 그리 오래되지 않은 종이기 때문에 현재 영국에서는 야생형의 연한 갈색과 하나의 돌연변이만 구할 수 있다. 이 돌연변이를 화이트 페이스드(White-faced) 또는 허스키(Husky)라고 하며, 얼굴이 흰색인 것 또는 등에 작은 황갈색 부분이 있고 거의 완전히 흰색인 것이 있다. 두 경우 모두 색상은 동일한 유전자에 의해 발생하며, 정확한 특성은 아직 완전히 파악되지 않은 것으로 보고돼 있다. 현재 로보로브스키 햄스터의 변이종은 10가지가 존재하는 것으로 추정된다. 영국국립햄스터협의회(UK National Hamster Council)에 따라 2018년 현재 영국에서는 단 하나만 표준화됐으며, 4개의 유전자가 인정되고 다른 유전자는 여전히 논쟁 중이다.

■ **노멀**(Normal) : '노멀' 또는 '아구티'로 알려진 야생 색상은 흰색 배, 흰색 코, 독특한 흰색 '눈썹'을 가지고 있어서 로보로브스키 햄스터로 쉽게 식별할 수 있다. 몸의 나머

엷은 황갈색을 띠는 로보로브스키 햄스터는 어두운 분홍색 눈을 가지고 있다.

지 부분 털색은 뿌리 부분이 검은색인 황갈색이다. 나이가 들수록 이 검은 속털은 더 넓은 범위로 확대된다. 또한, 황갈색 색상도 더욱 짙어지기 시작한다.

■**아구티**(Agouti) : 배면은 흰색이고, '눈썹(눈 위의 흰색)'이 있는 자연스러운 회갈색이다.

■**화이트 페이스드**(White faced) : 화이트 페이스드는 하얀 얼굴을 가진 아구티 컬러 햄스터를 생산하는 우성돌연변이다. 열성돌연변이는 허스키라고 한다.

■**허스키**(Husky) : 허스키는 등 쪽의 털색은 더 옅고 배면의 털색은 그렇지 않은 화이트 페이스 햄스터를 만드는 열성돌연변이다.

■**모틀**(Mottle) **or 파이드**(Pied) : 우성돌연변이 및 열성돌연변이 모두 확인됐다. 모틀 또는 파이드는 머리, 몸, 때로는 얼굴에 불규칙한 반점이 있는 아구티 색상(또는 허스키/블루/블랙/시나몬)의 화이트다.

■ **헤드 스폿**(Head Spot) : 우성 파이드 유전자와 열성 파이드 유전자의 조합으로, 머리에 한 가지 색의 반점이 나타나는 퓨어 화이트(Pure white)다.

■ **화이트 프롬 화이트 페이스드**(White-from-white-faced) **or 다크 이어드 화이트**(dark-eared white) : 우성 화이트 페이스 유전자와, 회색빛 속털과 귀를 유지하는 화이트 햄스터를 생산하는 허스키 유전자의 조합이다.

■ **화이트 프롬 파이드**(White-from-pied) **or 퓨어 화이트**(Pure white) : 화이트 햄스터를 생산하는 두 개의 파이드 유전자의 조합으로 추정된다. 두 개의 열성 파이드 유전자가 화이트를 만들지 않는다는 점에 유의하도록 하자.

■ **블랙 아이드 화이트**(Black-eyed white) : 화이트 프롬 파이드(white from pied) 또는 화이트 프롬 화이트 페이스드(white from white-faced)가 아닌 것으로 입증된 새로운 유전자다. 이 유전자에 대해서는 아직 연구가 진행되고 있는 중이다.

■ **레드 아이드**(Red-eyed) : 초콜릿색의 속털, 검붉은색의 눈, 옅은 귀를 가진 시나몬을 생산하는 열성돌연변이다. 시나몬에 파이드를 추가하면 더 밝은 빨간색 눈을 얻을 수 있다. 브라운 아이나 러스트(Rust) 같은 돌연변이가 아니다.

■ **블랙/블루**(Black/Blue) : 원래 핀란드에서 번식됐으며, 네덜란드를 거쳐 독일로 전파됐다. 블랙과 블루는 아직 연구 중인 열성유전자다. 이 유전자들은 2017년 도릭 햄스터리(Doric Hamstery)를 통해 영국에 들어왔고, 2018년 봄에 영국 최초의 블랙 새끼들이 태어났다. 이미 다른 종에서 발견되는 것과 마찬가지로, 블랙과 블루 둘 다 멜라니스틱(melanistic; 검은색 색소가 과다한 경우)처럼 보이고 파란색으로 더 옅어진 셀프(self; 단색) 컬러로 생각된다.

새틴은 털이 기름진 것처럼 보이는데, 털의 유형이지 질병의 증상은 아니다.

차이니즈 햄스터의 색상

야생 색상 외에 가축화된 품종에서 잘 알려진 변이종은 '스포티드 화이트(Spotted white)'라고도 불리는 도미넌트 스폿(Dominant spot)으로, 이 햄스터는 몸 전체가 회백색이고 등에 어두운 줄무늬만 있는 것을 종종 볼 수 있다.

아직까지 가축화된 차이니즈 햄스터에는 노멀(Normal; 야생 색상), 도미넌트 스폿(Dominant spot), 블랙 아이드 화이트(Black-eyed white) 등 세 가지 색상의 변이종만 볼 수 있다. 영국 전역의 반려동물시장에서 노멀과 도미넌트 스폿이 쉽게 구할 수 있는 반면, 블랙 아이드 화이트는 극히 드물어서 영국의 취미사육가들이 보유하고 있는 것은 소수에 불과하다.

차이니즈 햄스터 © Alexeames CC BY-SA 3.0

■ **노멀**(Normal) : 노멀이라는 용어는 야생에서 발견되는 자연스러운 색상을 나타낸다. 다른 색깔은 햄스터가 인간에게 사육된 이후 발생한 돌연변이(변이종)다. 노멀의 차이니즈 햄스터는 밝은 갈색을 띠고, 등 쪽에 어두운 줄무늬가 있다.

■ **도미넌트 스폿**(Dominant spot) : 도미넌트 스폿은 등 부분에 어두운 줄무늬가 있고 개체마다 각기 다른 양의 어두운 색소가 나타나는 흰색의 차이니즈 햄스터다.

■ **블랙 아이드 화이트**(Black-eyed white) : 블랙 아이드 화이트는 새로운 돌연변이기 때문에 유전적 구성에 대해서는 아직 확실하게 알려져 있지 않다. 이 색상은 일반적으로 반려동물 숍에서는 찾아볼 수 없으며, 일반 대중에게는 제공되지 않는다. 블랙 아이드 화이트에 대한 자세한 내용은 이 색상을 생산하는 포에버햄스(Foreverhams)의 웹사이트를 참고하는 것이 좋겠다.